サピエンティア 40 sapientia

リベラリズムの試練

ヴェール論争

Veil: Mirror of Identity

クリスチャン・ヨプケ［著］
伊藤豊・長谷川一年・竹島博之［訳］

法政大学出版局

序文

近年、イスラムのヘッドスカーフに関する書物が相次いで刊行されている。なかでも最も知的刺激に満ちているのは、文化人類学者サバ・マフムードの『敬虔の政治学』(Mahmood 2005)で、これはエジプトのカイロにおける女性のモスク礼拝参加者や活動家についての民族誌的研究である。ヘッドスカーフがたとえ自由意志で選ばれている場合でも、概念上は神への、しかし現実には男性への従属を意味せざるをえないという矛盾を、同書は(難解な学術用語だらけではあるが)はっきりと描き出している。ヨーロッパのヘッドスカーフ論争を取り上げた研究書の大半は、その母国となったフランスについて論じている。かつてユルゲン・ハーバーマスはアメリカのアカデミズム全般について、「アメリカ人はいつもあとからやって来て、全部説明しようとする」と、ちらっと述べたことがあるが、文化人類学者ジョン・ボーウェンの『どうしてフランス人はヘッドスカーフを好まないのか』(Bowen 2006)はその好例であろう。ヨーロッパのヘッドスカーフ問題を扱ったさまざまな本のなかでも、ボーウェンの本は私が好きな一冊である。フランス共和主義とフランス的な（すなわち「非宗教的な《ライック》」）宗教への対応を明快なかたちで総合した同書は、この問題をめぐって蓄積されてきた冗漫な論考、とりわけフランス人の手になるものの大半を葬り去ることになるだろう。著名なフェミニスト学者ジョーン・W・スコットの『ヴェールの政治学』（Scott 2007）も、それほど悪いものではない。同書の才気あふれる（やや強引な）解釈によれば、フランス人のヘッドスカーフに対する強迫観念は「ジェンダー体制の衝突」なのであるが、それというのも、イスラムにとってだけでなく、差異を度外視するフランス共和主義にとっても、女性の身体は実に厄介な代物だからである。しかしながら、イスラムによる女性の肉体の抑圧を「承認」と呼ぶ一方で、フランスにおける肉体の露出は「否認」であるなどと言うのは、少々虫のいい話であるし、それがプリンストン大学の外の世界で通用するかどうかは疑わしい。フランス人による議論で注目に値する一冊は、代表的なイスラムの専門家オリヴィエ・ロワの『イスラムに直面するライシテ』（Roy 2005）である。同書は「政治的リベラリズム」の真っ当な観点から書かれた、フランス人の筆になるものとしては驚くほど異色の作品であり、いまのところ最高の（一見すると読者を惑わせる）イスラム擁護論であろう。

では、数多くの類書が存在するにもかかわらず、本書があえて屋上屋を架す理由は何か。それは、法学者ドミニク・マクゴールドリックの『人権と宗教——ヨーロッパにおけるイスラムのヘッドスカーフ論争』（McGoldrick 2006）を例外として、フランス以外のヨーロッパ諸国でもヘッドスカーフ論争が発生しているという事実に注目するものが少ないからである。たとえばドイツでは、フランスとほぼ同時期にヘッドスカーフ禁止法が制定されている。これはぜひとも比較してみたくなる点であり、実際のところ私もこの点からヘッドスカーフの問題に関心を抱くようになった。しかし、先に挙げたヘッドスカーフ研究書の大半は、地理的のみならず概念的にも限定されたものである。とりわけフランスのヘッドスカーフに関する研究書は、アメリカ人の学者によって書かれているとしても、あまりにもフランス的である。つまり、フランス共和主義がリベラリズムの一種であることを見過ごしているか、そうでなくとも真剣に受け止めていなかったりする。したがって本書の狙いは、考察の範囲をフランスの外に拡げたうえで、ヘッドスカーフを受け入れるに際してリベラリズムがどのように機能するのかという点を検討することにある。ジョン・グレイが明快に指摘しているように、リベラリズムには二つの顔がある（Gray 2000）。すなわち、さまざまな生の様式を調停する暫定協定としてのリベラリズムと、それ自体が自律的かつ合理的に営まれる一つの生の様式としてのリベラリズムである。あえて単純化すれば、フランス共和主義は生の様式としてのリベラリズムであると言えるだろう。だから、共和主義の名においてヘッドスカーフを禁止することも、リベラリズムの枠内でおこなわれるのである。これこそ、フランスのヘッドスカーフ論争に関する研究書がことごとく見落としている点である。

というわけで、本書の特徴は、イスラムのヘッドスカーフをリベラリズムへの挑戦として捉えることにある。リベラリズムには二つの顔があり、したがってヘッドスカーフへの対応にもリベラリズムの範囲内で二つの両極端な態度がありうる。つまり、イギリスのようにヘッドスカーフを容認するか、あるいはフランスのように禁止するかである。本書はフランスとイギリスを比較することによって、二つのリベラリズムがヘッドスカーフに対処する際のそれぞれの困難を描き出そうとしている。リベラリズムが（フランスのように）倫理的なかたちをとる場合には、リベラリズムとは正反対の抑圧的なものになる危険性がある。他方、リベラリズムが（イギリスのように）手続き的なかたちをとる場合には、リベラルならざる過激主義を助長することになるのである。

しかし、ヘッドスカーフへの対処法として、リベラリズムの範囲内には収まらない第三の道がありうる。私は（部分的には）ドイツのやり方がそれに当たると考えており、本書で考察する事例はこれですべて出揃うことになる。ドイツの場合、イスラムのヘッドスカーフは、それがイスラムのものだという理由でことさらに拒絶され、逆にキリスト教徒のヘッドスカーフは、それが「われわれの」文化の一部だという理由で受け入れられる。ドイツの対応とフランスおよびイギリスの対応には、質の違いがある。つまり、ドイツ人ならばこのように言うだろう――ムスリムが皆と平等な条件で社会に受け入れられることなど望むべくもない、なぜならわれわれの社会は「キリスト教的－西洋的」だからだ、と。他方、フランスとイギリスのヘッドスカーフへの対応は、互いに異なりつつもそれぞれにリベラルなものであり、したがって社会への受け入れ（もしくは排除）をめぐっても皆に平等な条件が提示されることになるだろう。ドイツの対応は、「われわれ」と「彼ら」を共存しえない異質なものとして位置づけ、両者の間に排他主義的な区別をつけるという点で、名目ではなく実質においてナショナリスト的な対応なのである。このあたりで本書の読者は、ヘッドスカーフ論争に関する私自身の立場を知りたいと思うだろう。私はイギリスとフランスの対応はどちらも正当であると考えるが（もっとも、いずれがより好ましくない結果を伴うかについては議論があるかもしれない）、ドイツの対応には一つのヨーロッパという感覚が完全に欠落していると思う。いまやヨーロッパは一五〇〇万人のムスリムにとって故郷であり、ヨーロッパが一種のキリスト教クラブと化してしまうならば、他ならぬヨーロッパ自体が危険にさらされることになろう。

私は長年にわたって、移民やシティズンシップやエスニック・マイノリティ（要するに社会の構成員資格）をめぐる西洋諸国の政策においてリベラリズムが果たしている役割に関心を持ってきたが、本書はそうした関心の延長上に執筆したものである。以前の著作である『出自による選別――リベラル国家におけるエスニック集団の移住』（Joppke 2005）では、リベラリズムが過去半世紀にわたり、いかにして西洋諸国の移民政策から民族差別や人種差別の要素を取り除いて、より普遍主義的なものにしていったかについて説明した。今回の本では、リベラリズムの真骨頂たる宗教的対立の抑制という点に注目している。本書は最近の拙稿の一つ、「フランスおよびドイツにおける国家の中立性とイスラムのヘッドスカーフ」（Joppke 2007a）を発展させたものである。この論文では、文化的差異に対処する際の二つの対照的な方法として、国家の中立性と多文化主義的な承認を比較したが、本書ではリベラリズムのさまざまな形態ならびにそれらがヨーロッパにおけるイスラムの受容に与える影響について、より詳細に検討している。

付言すれば、本書の副題に表されているように、私はヘッドスカーフを「アイデンティティの鏡」として捉えている。この鏡によって、フランス人やイギリス人やドイツ人は自分たちが何者であるかを直視し、自分たちがどのような社会なり公的制度を持ちたいのか、再考せざるをえなくなるのである。リベラルな主題とナショナルな主題は密接に結びついている。ヘッドスカーフはリベラルな価値への挑戦である一方、ヘッドスカーフという鏡に映し出されるアイデンティティは、リベラルなアイデンティティなのである。ドイツの「キリスト教的－西洋的」という自己規定ですら、一種のリベラルなアイデンティティである。もっとも、それは起源と正当性との混同によって、リベラリズムを過度に特殊化するアイデンティティであり、結果としてムスリムはムスリムにとどまるかぎり（すなわち、異なる起源を持つ人々としては）ドイツの一部になりえないとされる。

イスラムがリベラリズムに対する根本的な挑戦であるという事実は、そろそろ認められてもよいのではないか。リベラルな国家や社会がこれに対していかに応じるとしても、自分自身のリベラルな原則のいくつかを曲げざるをえない。つまり、フランスやドイツのヘッドスカーフ禁止に見られるように、宗教的自由を抑圧するか、あるいは一見してイギリス的な寛容の結果がそうであったように、リベラルならざる価値観や行動を助長することになるのである。

本研究は二〇〇七年四月以来、スイス人口移住環境基金（ＰＭＥ）から助成金を受けており、同基金に謝意を表したい。この間、レイラ・アースランは研究上の支援を惜しまなかった。本書はＰＭＥの助成によるジョン・トーピー（ニューヨーク市立大学大学院センター）との共同プロジェクト——北米および西欧におけるイスラムの制度上の受容に関する比較研究——の第一段である。

二〇〇八年二月、パリにて

ヴェール論争——リベラリズムの試練◎目次

序文　iii
第1章　西欧におけるイスラムのヘッドスカーフ　1
第2章　共和国フランスにおける生徒のヘッドスカーフ　45
第3章　キリスト教的 - 西洋的ドイツにおける教師のヘッドスカーフ　89
第4章　多文化主義国家イギリスにおける過激なヘッドスカーフ　137
第5章　リベラリズムとムスリムの統合　185
訳者解題　219
訳者あとがき　241
参考文献・索引

凡例

一、本書は、Christian Joppke, *Veil: Mirror of Identity* (Cambridge: Polity Press, 2009)の全訳である。

一、本文に頻出するheadscarfおよびveilには、そのまま「ヘッドスカーフ」および「ヴェール」の訳語をあてたが、著者も注記しているように、基本的に両者は互換的である。

一、原文のイタリック体については、書名の場合には『 』で示し、強調の場合には傍点を付した。

一、文中の〔 〕は、訳者による註である。

一、原註は、(1)(2)……というかたちで、各章末に配した。

一、各章の扉に、各種ヘッドスカーフのイラストを配したが、各章の内容とは必ずしも関係はない。

一、巻末の参考文献のうち邦訳のあるものについては、邦訳書名、訳者、出版社、出版年を付記した。

第一章　西欧におけるイスラムのヘッドスカーフ

ヒジャブ

ニカブ

イスラムのヘッドスカーフをめぐる論争は、フランスでいわゆる「ヴェール事件」が発生した一九八九年にまで遡るが、こうした論争はもはやフランス一国に限らない。実際のところ、今日の西欧においてヘッドスカーフ論争を経験していない国は皆無である[1]。さらに言えば、ヘッドスカーフをめぐる論争は各国ごとに異なるかたちで展開している。フランスでは、これといって害のないバンダナが、いまや二〇年にわたって論争の原因となり、ついには公立学校における「これ見よがしの」宗教的シンボルを禁じる二〇〇四年の法律へと結実することになった。イギリスは長い間、宗教的な服装をめぐるヨーロッパ大陸の論争とは無縁の国だと考えられてきたものの、近年ではジルバブやニカブといった過激な衣類[2]が、イギリス多文化主義の限界を問い直すに至っている。オランダはヨーロッパのなかで、多文化主義とは最も厳格に距離をおいている国であるが、そのオランダでも二〇〇六年に、公共の場において顔を覆うヴェールの着用を全面禁止する法律が提案され（実際に制定されるまでには至らなかったが）、ことによるとヨーロッパ中で最も厳格な反ヴェール法が制定されかねない勢いを示している。ドイツの場合は、状況はそこまで激化していない。ドイツでは二〇〇四年と二〇〇五年に、連邦の下の州のレベルで立法化が次々となされ、公立学校の教員が宗教的な衣服を身にまとうことは禁止されたが、その一方では興味深いことに、キリスト教徒に対しては一定の例外規定が設けられたのである。

ヨーロッパで拡散するヘッドスカーフ論争は、少なくとも二つの問題を提起している。第一に、そもそも論争が生じたのはなぜなのかという問題であり、第二に、そうした論争が各国ごとに多様な様相を呈するに至ったのはなぜなのかという問題である。この両者を論じるに際しては、それぞれに対応する異なった枠組みが要求される。つまり一方では、ジェンダーの平等に代表される一定のリベラルな規範が「抑圧的な」ヘッドスカーフによって侵害されているという各国共通の側面がある。他方で、国ごとの違いとしては、宗教と国家の関係をめぐるナショナルな次元の遺産がとりわけ表面化している。

さらに深い次元で見れば、イスラムのヘッドスカーフとは、ヨーロッパ人に対して自分たちが何者であるかを認識させ、そして自分たちがどういった公的機構や社会を保持したいと望んでいるかを再考させる、いわばアイデンティティを映し出す鏡として機能している。近年のヘッドスカーフ論争が、「フランス的」、「ドイツ的」、「イギリス的」、「オランダ的」なものの意味の慌しい再検討と同時に生じているのは偶然ではなく、そして移民やエスニック・マイノリティをこうした定義に適応させるための、さまざまな法律や公共政策とともに生じているのも、また偶然ではない（Joppke 2007b, 2008を参照）。リベラルな国家および社会の中心となる前提——国家の中立、個人の自律、男女の平等——が問い直されている以上、それに対する反応も、当然ながら似たようなものになってくる。すなわち、フランス人やドイツ人やイギリス人やオランダ人といった「われわれ」とは、まずもって「リベラル」であり、女性の平等や個人の自律を尊ぶ存在である。そして今日、イスラムのヘッドスカーフはリベラルな自己規定への代表的な挑戦となっており、したがってそれを公的領域から追い出して消し去るべきだという要求が出てきても不思議ではない。いまやリベラリズムは、かつてレイシズムやナショナリズムを通じておこなわれていた類の「排除」の役割を担うわけである（このような排除のためのナショナリズムについては、Marx 2003 を参照）。これが意味するのは、積極的リベラリズムが各国ごとの顕著な色合い――つまりフランスにおける「共和主義的な」、ドイツにおける「キリスト教的 - 西洋的な」、そしてイギリスにおける「多文化主義的な」色合い――をもって登場しうるということであり、またその結果として、リベラリズムが復活したナショナリズムに飲み込まれてしまう可能性もあるということである。リベラリズムがナショナリズムのなかへと埋没してしまう状況は、フランスやドイツの反ヘッドスカーフ法に見られるように、さまざまなかたちですでに生じているようにも見える。しかし特筆すべきことに、イギリスではそうした現象は生じていない。イギリスで非難されたのは、イスラムのヘッドスカーフそれ自体ではなく、とりわけその過激な形態だけであった。

それにしても、アメリカ合衆国やカナダやオーストラリアでなく、ヨーロッパの国々でのみヘッドスカーフ論争が生じたのはなぜだろうか。ヘッドスカーフへの反対と積極的リベラリズムを安易に同一視してみたところで、明らかに何の説明にもならない。これら両者が同じものだとすれば、ヨーロッパ以外の前記のリベラルな国々でも（件数はともかく）類似の問題が起こるはずだからである。アメリカ合衆国について言えば、ヘッドスカーフ論争はこれまで発生したことがない。二〇〇四年三月にオクラホマ学区で、ヘッドスカーフを着用したムスリム女子生徒が停学処分を受けた際も、司法省は学区の決定に対して即座に反対し、「ムスリムをはじめ、いかなる宗教集団への差別も、そうした不寛容な行為はアメリカ的でなく……道義的に容認できない」と表明した。(3) このことは、ムスリム世界においては、イスラエルと並んで最も嫌悪される国であるアメリカが、ムスリム・マイノリティの統合にあたって国内的な問題をまったく抱えていないという大きな矛盾の一つとなっている。アリスティド・ゾルバーグとロング・リット・ウーンが指摘するように、移民やエスニック・マイノリティの統合の現場において、ヨーロッパにとっての「イスラム」に匹敵するものは、アメリカ合衆国にとっては「スペイン語」なのである（Zolberg and Woon 1999）。こういう状況に至った理由は多岐にわたるので、ここでは以下の事実を指摘するにとどめておく（この点に関する要を得た概説としては、Foner and Alba 2007 を参照）。

第一に、アメリカ合衆国における国家と宗教はヨーロッパよりも厳格に分離されている。この点ではフランスですらアメリカには及ばず、キリスト教とユダヤ教が享受してきた一定の法的特権ならびに法人資格が、フランスでイスラムに対して（不完全なかたちながらも）適用されたのは、ごく最近のことである。第二に、これとは矛盾するように見えるかもしれないが、ヨーロッパ社会はこの半世紀ほどの間に徹底して世俗化してしまい、世界のさまざまな宗教復興運動に比して、いまや例外的な一大地域となっている。他方で、アメリカの宗教化は時を追うごとに進展し、結果として西洋世界で最も宗教的な社会となるに至った。こうした宗教的な背景からすれば、アメリカではムスリムの宗教的な主張はヨーロッパほど意外なものとは捉えられていない。最後に、この点が最も重要なのかもしれないが、イスラムのヘッドスカーフが一種の「烙印」（Göle 2003）と化していき、そうした過程で抑圧のしるしが抵抗のしるしへと改変されるといったことは、ヨーロッパと比べてアメリカ合衆国ではあまり起こりそうにない。これは、合衆国のムスリムがヨーロッパとは異なり、社会経済的に収奪されていないという理由による。アメリカのムスリム移民は、その相対的に少ない人口や居住地域の拡散、そして社会経済的な地位と教育レベルの向上のゆえに、ヘッドスカーフの拡散の背後に存在する究極的な起動力としての、グローバルな規模で政治化したイスラムとは、それほど結びついてはいないのである（Skerry 2006 を参照）。

ヘッドスカーフの意味

西洋社会のなかでもアメリカ合衆国のように、ヘッドスカーフがまったく問題とならない社会がある一方で、イスラム諸団体や多くのムスリムの側では、ヘッドスカーフは広義の反西洋的な意味を帯びているように思われる。ハンス・キュングはイスラムを論じた名著のなかで、ヘッドスカーフは「親イスラムかつ反世俗国家的な……宗教や政治上の信念を表すシンボルである」と明言している（Küng 2004: 739）。しかし実際は、つねにそうであったわけではない。元来、イスラムのヘッドスカーフには政治的な意味も宗教的な意味もなかった。それはむしろ「ムハンマドの妻たちの私的領域の保護」（Ibid., 738）を表す、一つの地位のシンボルであった。したがって、女性の衣服に関するコーランの規定は、「宗教的な義務」ではなく「社会的な慣習」の観点からなされている（Ibid.）。

こうした状況はいまから四半世紀前に、イランや中東におけるヘッドスカーフの復興とともに変化してしまい、しだいにヨーロッパのムスリム第二世代、第三世代へと広がっていった。この点について、ある著名な文化人類学者はエジプトでの二〇年以上にわたるフィールドワークにもとづいて、以下のように回想している。「極貧の田舎者から最も教養あるコスモポリタンに至るまで、私の知る女性のなかで、アメリカ合衆国の女性を羨む者は一人もいなかった。アメリカの女性はコミュニティと切断され、性的な暴力や社会的なアノミーにさらされ、道徳心よりも個人の成功に取りつかれており、また不可解にも神を敬わぬ者だとされていた」(Abu-Lughod 2002: 788)。

ヘッドスカーフの復興に関する初期の研究の一つとして、「新しいエジプト女性」、つまり大学教育を修了した、あるいはその過程にある「完全に——顔も体も「ヴェールで覆った」」女性を分析したファドワ・エル・グインディの業績がある。エル・グインディはここで、ヴェールによって拒否される「下品さ」が「西洋主義と結びついている」と指摘している(El Guindi 1981: 465, 476)。そうだとすれば、その二〇年ほど後に、フランス大統領がイスラムのヘッドスカーフを「一種の侵攻」と見なしたのは穿ちすぎだったのであろうか。[4] 概して今日のイスラムのヘッドスカーフは、それを身につける者の意図にかかわらず、「西洋の物質主義や商業主義や価値観」の拒絶を意味しており(El Guindi 2001: 110)、だからこそヘッドスカーフをめぐる論争が生じてきたのである。

他方、イスラムのヘッドスカーフは一種の挑発行為となっており、そうした挑発に対抗するためには、西洋が寛容や宗教的自由といったみずからの価値観を否定する以外にない。ここにすべてのヘッドスカーフ論争の核心となる矛盾が存在している。つまり、ヘッドスカーフはリベラルな価値観への挑戦であるが、一方でヘッドスカーフに対する抑圧も反リベラルな行為であり、ゆえにリベラルな価値観を否定することになるのである。

ヘッドスカーフを伝統による制約ではなく、むしろ女性解放の自覚的に選択されたシンボルと見なし、その近代性を主張することはすでに常識となっている（こうした見方の典型は Göle 1996 である）。ただしそれは、サバ・マフムードがエジプトの女性モスク運動を対象とした民族誌的研究のなかで見事に描き出したように（Mahmood 2005）、極度に矮小化された類の近代性である。「イスラム復興」は近代的であると同時に反西洋的であり、イスラムの脱エスニシティ化された純粋な本質を追求しようとするものである。この点に関してマフムードの研究は深い洞察を提供している。エジプト社会において加速する「世俗化」と「西洋化」は、イスラムを「習慣と民俗」へと貶めたが、一九八〇年代に始まった女性のモスク運動はそうした趨勢への反発から生じた（Mahmood 2005: 44）。モスク運動に携わる女性活動家の言葉を借りれば、運動の目的は「われわれの日常をわれわれの宗教と調和させる」ことにあった（Ibid., 45）。この宗教の核心は、元来の啓示たるコーランにもとづいて回復されるという。このような主張は古色蒼然たるものに見えるが、その前提となっていたのは公教育や都市化といった一定の近代的要因であり、つまり公教育や都市化を通じて「現代のムスリム市民は……教条的な議論に精通するようになり……ついには宗教専門家と化した」のである（Ibid., 79）。しかし、以上のような主張をしたのが女性であるという事実は、イスラム復興の近代性を証明している。つまり、女性活動家が純粋なイスラムについて口にすることは、女性が家庭外の公の場で自身の居場所を得るための手段なのであった。

しかしながら厄介なことに、純粋なイスラムなるものは、少なくともイスラム復興によって回復された形態においては、家父長制を保証している。マフムードも認めるように、「敬虔さ」（これは女性のモスク運動の精神であった）「と男性優位は不可分に結びついている」（Ibid., 175）。そして男性優位の具現物こそ、ヘッドスカーフであった。ヘッドスカーフに関するコーランの有名な一節では、このように述べられている。「女の信者にはこう告げよ。目を伏せ貞淑を守り、そして己の装飾を誇る勿れ……ヴェールを胸まで垂れ、夫（そして男性親族）の他には、己の装飾を示す勿れ」[5]。ここには、女性をセクシュアリティの次元へと貶めることが含意されている。つまり、女性のセクシュアリティとは、「ムスリム共同体の神聖性にとって……危険なもの」を表しているのである（Mahmood 2005: 111）。ヘッドスカーフの機能は、ムスリム女性のセクシュアリティをその正当な所有者たる夫に限定し、また封じ込めることである（ただし夫以外でも男性の親族ならば、ヴェールを脱いだ女性を見ることは許されてはいる）。この種の所有権は、男性が女性にとって自然の守護者であるという大前提にもとづいている。コーランの第四スーラ（三四）は、こう述べている。「男は女の保護者である。それはアッラーが男を女より優れたものとして創り、そして男は女を扶持するために、己の財を費やすがゆえである。善き女は従順である。……女が歯向かおうとするなら、まずは諭し、効き目がないならば臥所より遠ざけ、それでも駄目ならばこれを打て」（*The*

Koran 2003: 64）。女性たちは信心深い生活、すなわちアッラーに忠実な生活を「選択」すればするほど、サバ・マフムードのような共感的な観察者ですら「自発的な奴隷」（Mahmood 2005: 149）の状況と呼ぶものと構造的に類似した立場へと陥っていく。つまり彼女たちは、従属を選び取るというわけである。

「敬虔の政治学」の枠内で理解されたイスラムには女性の従属が伴うということを認めたうえで、マフムードは洗練されてはいるが難解な筆致をもって、他律性が人間の条件の一部であると論じ、それによって前記のような矛盾を脱しようとする。彼女はアリストテレスとフーコーを引用し、「社会的に規定された行動形態」に先立つ「自己」は存在しえず、西洋が慣れ親しんだ自律的な自己などは幻であり、要するに啓蒙主義の虚構であるとする。このことは、「敬虔の政治学」をめぐる興味深い観点を提供している。つまり儀式の実践とは、その行為者の視点からすれば、自己の創造のための道具であり、それゆえ自己の表現ではありえない。したがって敬虔の政治学とは、いわゆるアイデンティティの政治学ではないのである。しかしこのことは、女性の従属と家父長制が結局のところ肯定されるという事実を変えるものではない。マフムードも認めるように、「かつては男性のものとされていた領域において、女性がその存在を主張する際に用いる表現は、同時に彼女たちの従属を固定化するのだ」（Mahmood 2001: 205）。一九八〇年代のトルコにおける女子大学生たちのイスラム・ヴェール運動を対象としたニルファー・ギョレの有名な研究も、同様の結論に至っている。「女性たちはヴェールを着用するという行為によって、西洋近代主義への政治的な反対を表明したが、しかし同時に、男性支配によって女性たち自身が不可視となり、また私的領域へと閉じ込められることを受け入れているようにも見える」(Göle 1996: 136)。

現代のヴェール着用運動が「男女の平等が存在した」イスラムの「黄金期」への回帰を訴えるのは空しいことである(Ibid., 104–8)。なぜなら、そのような時代はこれまで一度も存在しなかったからだ。ライラ・アハメドが、イスラムにおける女性とジェンダーについての有名な研究で示しているように、古典的なイスラム法が形成された時期は、「女性にとってはきわめて恵まれない時期であった」(Ahmed 1992: 100)。ムスリムに征服されたメソポタミアの各地では、「激しい女性嫌悪」がすでに顕著であり、ムスリムによる初期の侵略は「既存の生活様式の持続と強調」につながった(Ibid., 35)。マックス・ヴェーバーが印象的な言葉で述べているように、イスラムが元来「世界征服の戦士たち」(Weber 1976: 311)の宗教だとするならば、宗教社会学者ロバート・ベラーの言うとおり、そこから「女性の経験の領域が排除されている」(Bellah 1970: 155)ことは、まったく驚くには当たらない。こうしたイスラムの捉え方は、旧約聖書の神の男性的な特徴が「マリアという個性」(Ibid.)によって緩和されているといった、キリスト教(より正確に言えばカトリシズム)の捉え方とは対照的である。いまや忘れ去られたトルコの著述家E・チェレビは、オスマン帝国の外交使節の一員として一六六五年にウィーンを訪れた際に、以下のような観察を述べている。「この国では、そして一般に不信心者の国では、女は声高に主張する。女は聖母マリアへの愛ゆえに重んじられ、敬われている」(Lewis 2002: 65から再引用)。ロバート・ベラーはこれとは対照的に、イスラムのなかには男性の優位性が抜き難く存在しており、「女性の劣位は、男性が自身の人格における女性的な側面を受け入れられないということの反映である」と論じている（Bellah 1970: 164）。

バーナード・ルイスも同様に、キリスト教とイスラムを比較して、「おそらく両文明の間にある最大の差異」は「女性の地位」であろうと述べている（Lewis 2002: 67）。ルイスは、イスラムが元来「平等主義的な宗教」であり、「預言者の行動と言葉……は、血筋や生まれや地位、あるいは人種による特権に激しく反対する」（Ibid., 82）と認めるものの、イスラムの平等志向から排除された三つの集団として、不信心者と奴隷と女性を挙げている。なかでも女性は、「これら三者のうちで最悪の位置に置かれている」（Ibid., 67）。なぜなら、宗教的回心や奴隷制廃止に当たるものが女性に対して供されることはないからである。

こういうわけで、女性の従属なるものが植民地期からずっと、西洋によるイスラム批判の焦点であり続けていることは自明であり、ヴェールはこうした従属を最も露骨に象徴しているのである。もちろん、このような批判はきわめて偽善的であった。ライラ・アハメドはこの点に関連して、クローマー卿に触れている。クローマー卿は植民地時代のエジプトにおけるヴェール着用と性差別を告発したが、故国のイギリスに戻った際には「女性の選挙権に反対する男性同盟」の会長（および創立会員の一人）であった（Ahmed 1992: 153）。アハメドが厳しく批判するように、「ヴィクトリア期の植民地的かつ父権的な上流階級は、「他者」の宗教や文化を攻撃する際に、フェミニズムの言葉を盗用したのである」（Ibid., 152）。その一方で、フランツ・ファノンがアルジェリアのフランス人について述べたように、「占領者の側が」ムスリム社会から「ヴェールを除去しよう」とすればするほど、ヴェールは抵抗という新たな意味を帯びるようになった。そして抵抗のシンボルとしてのヴェールが一九八〇年代のイスラム復興においてよみがえった際には、「ヴェールの新たな意味をまずもって決定づけたものこそ西洋の言説である」というアイロニックな含意を伴っていたのである（Ibid., 164 から再引用）。イスラムのヘッドスカーフは西洋とイスラムが出会って以来、明らかに中心的な争点となってきた。だからこそ、「植民地的フェミニズム」を批判するコロンビア大学の文化人類学者アブー＝ルゴドは、クローマー卿に言及することで、タリバン支配下のアフガニスタンやその他の地域におけるイスラムのヘッドスカーフに対する西洋の攻撃を、「白人男性が褐色人男性から褐色人女性を救おうとする」ものとして弾劾するのである（Abu-Lughod 2002）。アブー＝ルゴドの巧妙な表現によれば、「われわれはイスラム主義《イスラミズム》に対する教条的な信仰のみならず、世俗的ヒューマニズムに対する教条的な信仰をも避ける必要があり、そして一つの伝統のなかで企てられる人間のさまざまな営みの複雑な可能性に対して心を開きつつ、別の伝統におけるそうした可能性に対しても同じく心を開く必要があろう」（Ibid., 789）。

女性をめぐっては「世俗的ヒューマニズム」も暗い歴史を有していることに疑問の余地はない。ギリシア・ローマやユダヤ・キリスト教の伝統は、ジェンダー関係における序列的な思考を欠いていたわけではさらさらなく、実際のところ、男性を理性と同一視し、女性を自然と同一視することで、後者を前者の下位に置いていた。ライラ・アハメドによれば、アリストテレスは『政治学』において、男性による女性の支配は「魂による肉体の、そして精神と合理性による感情の」支配に類するものだと主張している（Ahmed 1992: 29）。さらにアハメドに言わせれば、「子どもを産む機能がなければ、女性は男性にとって何の役に立つのか」、アウグスティヌスには理解できなかったのである（Ibid., 36）。

しかしながら、「世俗的ヒューマニズム」がこのような見解を徐々に捨て去ったのに対して、（アブー＝ルゴドの言う）「イスラミズム」がそうではなかったという点には、やはり違いがあるだろう。アーネスト・ゲルナーは両者の違いの原因を、イスラムの「世俗化に抵抗する」傾向に求めている（Gellner 1992: 6）。こうした抵抗を説明するためには、イスラムの二つの要素を考えなければならない。一つは極端な聖典主義であり、もう一つは一元論である。聖典主義に関しては、ユダヤ教とキリスト教という先行する一神教よりも、「イスラムは固定化した宗教であり、アブラハム的な伝統とその預言者の集大成であると自負している」（Ibid.）。ムハンマドは最後の預言者であり、神は彼を通じて全人類に最後に語りかけたのである（Schluchter 1991: 299）。コーランに顕れた神の言葉に付加すべきものは、聖俗いずれのかたちであれ、いっさい存在しない。イスラムの法は「人造物ではなく神の啓示」（Lewis 1993: 43）であり、したがっていかなる点も変更できず、なかんずく人間がそれを変えることなど不可能なのである。もちろん聖典とは、西洋のあらゆる一神教の特徴であり、西洋の一神教とは聖書宗教なのであって、イスラムはその究極の発展型にすぎない。両者の相違は、コーランが「書物と化した神の言葉」（Küng 2004: 93）である一方、聖書は「現世で編まれた」(Ibid., 620) ことにあり、後者が人間によって書かれたという点には、ユダヤ教やキリスト教の神学者もいっさい異論を呈していない。現代イランのイスラム思想家であるアブドルカリム・ソロウシュは、コーランが複数の筆者による合作であると主張しているが、こうした主張はイスラム内部では異端である (Nirumand 2008 を参照)。原始経典への回帰は「原理主義」の要素の一つである (Marty 2001 を参照) ――もちろん「原理主義」自体は二〇世紀初めのアメリカのプロテスタントによる発明品ではあるが。「聖なる言説」としてのコーランが有する「比類なく、神聖で、無謬で、論争の余地なき」本質のゆえに、イスラムはアブラハムの系譜を引く他の姉妹宗教よりも原理主義的な立場を本来的に取りやすいのである (Barlas 2002: 33)。

世俗化にイスラムが抵抗する第二の理由は、その一元論にある。アーネスト・ゲルナーはその有名な著作『イスラム社会』の冒頭で、「イスラムとは特定の社会秩序の青写真である」と述べている (Gellner 1981: 1)。国家と宗教の分離はイスラムには皆無であり、「神権政治」はその構造に埋め込まれている (Küng 2004: 207)。これとは対照的に、キリスト教の主要な特徴は聖俗領域の分離という二元論である。それは「カエサルのものはカエサルに、神のものは神に」という『マタイによる福音書』(22, 15–34) におけるイエスの有名な訓戒に表れており、そしてアウグスティヌスによる「神の国」と「人間の国」という (いささか挑発的な) 区別でも繰り返されている。フランスの宗教史家マルセル・ゴーシェが述べているように、こうした二元論によって、キリスト教は「宗教全般から離脱するための宗教」(Gauchet 1997: 4)、すなわち世俗化への道を開く宗教となった。他方、イスラムは一神教としては最も普遍主義的かつ平等主義的な宗教であり、この点では皮肉にも「近代性に最も接近した」（Gellner 1981: 7）ものであるため、ある社会階層のみが他の階層よりも神に近いというような、社会内部の分離を認めない。ゲルナーによれば、「こうした分離は機会の均等ないし平等に矛盾するし、諸々の法の広範な実施の要求にも矛盾するものとなるだろう」（Ibid., 1）。したがって、イスラムには聖職者もなければ教会もなく、また変化への契機たりうる世俗社会といった、分離した領域も存在しない。「イスラムが社会の各所に遍在する」（Ibid., 2）のは、神託が概念としては完璧かつ最後のものだからであり、さらには歴史的事実として、イスラムが預言者ムハンマドの時代に急速な政治的成功を収め、結果として聖俗権力の分離がそもそも生じなかったからでもある。

イスラムはこうした極端な聖典主義と一元論という二つの点で世俗化に抵抗しつつ、紀元八世紀の時点そのままの社会慣習に従うよう信者に強制している。当時の社会はイスラム内でいわば冷凍保存されており、たまたまその特徴の一つが女性の従属的な地位なのである。なるほどコーランによれば、男女は神によって創造され、したがって神の前では男女ともに平等ではあるが、だからといって男女が対等であるとされるわけではない。ハンス・キュングはこうした常識を以下のようにまとめている（Küng 2004: 204）。「コーランにおける男女間の平等を語ることなどありえない。父と息子、そして彼らの家族から成る家父長的な拡大家族のなかでは、そもそも男性の特権を話題にすることはない」。

アスマ・バルラスは、イスラムが家父長制を是認するという主流の見解に反対して、「コーランの教えはきわめて平等主義的であり、反家父長的でさえある」と雄弁に論じている（Barlas 2002: 93）。しかし彼女も認めるとおり、これは「神学的な擁護」であり、その前提となっているのは、「われわれが神の言葉についてどう考え、それをどう読解するかは、われわれが神について何を信じているかと不可分だ」という認識なのである（Ibid., 204）。したがって、コーランが「神の自己表現」であるとするならば、不正あるいは家父長制を神のせいにすることは、神の「聖性、正しさ、無比性」（Ibid., 13）を骨抜きにすることになるだろう。この種の神学的な擁護は、クリスチャン・モルゲンシュテルンの詩の一節にある「存在すべからざるものは、存在しえない」という皮肉な言葉に似ている。イスラムのなかにこうした見解を支持する人々は、それほど多くない。またバルラスの議論は、マルクス主義者にとってはお馴染みの厄介な問題を提起している。すなわち、コーランの「本質的に反家父長的な態度」（Ibid., 2）が、いかにして完全に誤解され、何世紀にもわたって大部分の註解者や信者たちによって、むしろ正反対のものに仕立て上げられたのかという問題である（Ibid., 205–10 において、この問題はきわめて明快に論じられている）。

　本書の目的にとってより重要なのは、コーランの家父長制をめぐるアスマ・バルラスの「読み直し《アンリーディング》」が、ヘッドスカーフに関する平等主義的な読み《リーディング》を含んでいないということである。彼女の見方によれば、コーランのなかにはヴェールに関する二つの捉え方が存在する。一つは特殊な捉え方であり、もう一つは一般的な捉え方である。特殊な捉え方とは、社会のなかでたまたま生じ、たとえば先に引用したヘッドスカーフをめぐる有名な一文に表れているとされる。それは宗教的な禁止という観点から表明されたものでもなければ、イスラム主流派によって危険と見なされてきた女性の肉体を、厳格に隠蔽するという観点から表明されたものでもない。奴隷を所有する非ムスリム社会《ジャーヒリー》において、公の場でヴェールをまとわない女性は、奴隷として捕らわれ売春婦とされ、憚ることなく獲物とされる存在であり、そこでのヴェールはもともと、ムスリム以外の男性から自由人身分のムスリム女性を守るための単なる道具だったのである（Ibid., 53–8）。他方、ヴェールの一般的な捉え方とは、より純粋に宗教的なものである。それは実効的なヴェールのことであり、この場合は人目を避けるというよりも、むしろ他人からの視線をどう管理するかが問題となる。また、ヴェールの一般的な捉え方に実際の身体や衣服が含まれる場合、それは女性と男性の両者に対して同様に課され、さまざまなかたちで実施されうる、服装についての全体的な節度を意味している（Ibid., 158–60）。節度という課題に対してこの種の解決（すなわちヴェール）を求めるといった非対称的な（つまり男性には適用されない）義務は、ヴェールの一般的な捉え方からは導き出せるはずがない。したがって、たとえ現代のムスリム女性が宗教的な義務としてのヴェールに固執しようとも、そんなものをイスラムの主要経典に見出すことはできない。それは保守主流派が「女性の不道徳性と劣等性の証明」（Ibid., 57）という観点からおこなった解釈にすぎない。要するに、バルラスの分析から導かれるのは、たとえヴェールの着用が自由意志にもとづいていようとも、結局は家父長制に縛られているということなのだ。

イスラムのヘッドスカーフに付与された多様な意味と動機を強調するのは、ヴェールの近代性を強調することと並んで、いまやありふれた行為となってしまっている。もう一度述べておくが、ヘッドスカーフが必然的に有する宗教的要素は、このような行為によって曖昧化されており、同時に女性の従属的な地位を神聖化している観もある。たしかにリベラルな原則からすれば、宗教の意味は客観的には規定されず、むしろ信じる者の主観による。しかしながら（Barlas 2002 に見られるような）フェミニストのイスラム解釈ですら、ヘッドスカーフをその家父長的な土台から解放することができなかったように、主観によってすべてがどうにかなるというわけではないのである。

フランスはヨーロッパのなかで最も深刻なヴェール問題を経験した国であり、ヴェールのさまざまな意味について、おそらくは最もよく研究されている国でもある。フランソワーズ・ガスパールとファルハド・コスロカヴァールの先駆的な研究によれば、ヘッドスカーフには三つの異なる意味がある（Gaspard and Khosrokhavar 1995: 34–69）。問題とされることがいちばん少ないのは「移民のヴェール」であり、それが示しているのは「出自のアイデンティティの永続性」である（Ibid., 34）。年配のムスリム女性が身につける昔ながらのヴェール（「お母さんのヴェール」と呼ばれたりする）[6]は、ムスリム諸国からの移民がいる所ならどこでも見られるものであり、「変化に伴う心の傷ならびに異なる社会への移住に際しての、故国の旧習の永続性を示している」（Ibid., 35）。論争が生じたのは二番目のヴェール、つまり「若者のヴェール」についてのみであり、この種のヴェールは淑やかさのシンボルとして、また娘のセクシュアリティを管理するため、親によって課される。ただし興味深いことに、この種のヴェールは解放の可能性を有しているという点で、第一のヴェールでもある。つまり、若いムスリム女性はヴェールをまとえば「外に出る」(Ibid., 37) ことを許され、郊外の同世代の友人や、自身の家族などの周囲の男性によるハラスメントから保護されるのである。若いムスリム女性にとって、周囲の同世代男性から成る荒れたゲットー文化や伝統主義的な家族のなかでは蔑まれかねないこと――たとえば学校での勉強を通じて、ムスリム女性にとって通常は無縁である、家庭の外で人生の成功を得ようと努めること――が許されるのは、まさにヴェールのおかげなのである。ガスパールとコスロカヴァールが述べるように、「若者のヴェール」は「両親に世代間の継続性という幻想を与えるが、それは実際のところ断絶の証である。つまりヴェールによって、アイデンティティ (あるいは伝統) の名の下に、他者 (あるいは近代性) への道が開かれるのである」(Ibid., 44)。この種のヴェールは、ライラ・アブー゠ルゴドが述べるように、イスラム諸国では「可動式の家庭空間《モバイル・ホーム》」のようなものなのかもしれない。つまり、これによって「女性は隔離された生活領域から出て行くことができるようになり、同時に、女性が一族以外の男性から自分を分かち保護するという道徳上の基本的な要求を満たす」こともできるわけだ (Abu-Lughod 2002: 785)。

第三の、そして最も矛盾を孕んでいるがゆえに最も興味深いのは、「自立のヴェール」(あるいは誇示的ヴェール) である。この種のヴェールは自由意志にもとづいて選び取られ、自己を主張する一六歳から二五歳までの若いムスリム第二世代にとっては、「イスラムのアイデンティティ」の表現である (Gaspard and Khosrokhavar 1995: 47)。ガスパールとコスロカヴァールが特筆するように、自立のヴェールを着用するのは、進学を通じて、あるいは下層中流階級としての自身の地位を通じて、フランス社会に最も「統合された」人々だとされる。実際、ガスパールとコスロカヴァールによれば、自立のヴェールは「フランス人でありつつムスリムでもありたい、近代的でありつつヴェールで顔も覆いたい、自立した個でありつつイスラム風の服装も身につけたいという欲求」の表れである（Ibid., 47）。さらに自立のヴェールには、たとえば「人種差別反対」（Ibid., 49）の異議申し立てであったり、また前記のイスラム復興に由来する宗教心の表明（これは最近、サラフィ派原理主義〔サラフィ派はイスラムの一派で、イスラム国家の樹立や厳格なシャリーアの実施など、初期イスラムの時代の理想へと還ることを主張する立場〕の拡散とともに盛んとなってきた）といったさまざまな種類のものがある。(7) 自立のヴェールは、いまやフランス社会学における由緒正しい研究テーマとなっている。とりわけ、フランス人でありながら同時にイスラムにも属したいという自立のヴェールが孕む二重性については、社会科学高等研究院におけるコスロカヴァールの弟子筋を中心に、さらに研究が進められている（Venel 1999; Weibel 2000）。

ジョーン・スコットがフランスのヘッドスカーフ論争を扱った秀逸な論考で述べたように、ヴェールの「多義性」には「意味の意図的な不明瞭化」が含まれており、したがってスコットの見解によれば、フランス政府による二〇〇四年のヘッドスカーフ禁止法の目的は、ヴェールの「不安定な記号としての地位」を抑制することにあった（Scott 2005: 117–19）。スコットのこうした見方は、あるいは正しいのかもしれないが、一方でヴェールの宗教性という厳然とした事実をやや軽視している観もある。イスラムのヘッドスカーフには——伝統主義に始まり、（甘受せざるをえない）強制、そして自発的な選択にまで至る——多様な意味が付与される可能性があるものの、ヘッドスカーフ自体が宗教性を脱することは決してありえない。ヘッドスカーフに宗教性がなければ、それは単なるファッションになってしまうであろう。そしてヘッドスカーフの宗教的な核心にあるのは、女性の従属的な地位なのだ。したがって、ユッテ・クラウセンのように、リベラルを志向する「ヨーロッパのイスラム」（Jytte Klausen 2005: 205）の勃興について楽観している者ですら、以下のように認めている。「女性が自分たちの「純潔」と「純粋」の証としてヴェールで顔を覆わなければならないという主張がしばしばなされるが、そこに表れているのは、ヴェールが女性の性的な自由を規制するものとして、まさに意図されているという事実である。女性の身体が男性の心を乱し、有害であり、それゆえ隠蔽されなければならないというなら、それこそが女性の劣位を暗示しているのだ」（Ibid., 186）。しかし、こうした見方を少しばかり進めれば、「ヴェールは事実として女性の疎外状況を意味している」という、フランスにおける二〇〇四年のヘッドスカーフ禁止法の根拠となったベルナール・スタジの報告書と同じになってしまう（Scott 2005: 116 から再引用）。フランスでは、ファドゥラ・アマラを指導者とする郊外のムスリム女性の「売女でもなく、忍従の女でもなく」運動が、これとまったく同じ立場をとっている。この運動は、若いムスリム女性がヴェールによって「郊外の少年たち」の攻撃的な振る舞いから保護されうることを認めるが、その一方で運動の主眼は、女性の従属の証たるヴェールの暴露に置かれている。つまり「ヴェールとは何よりも抑圧と疎外と差別の手段であり、男性の権力を女性に及ぼす道具であることを忘れるべきではない」（Amara 2003: 79）のである。

リベラルな国家とイスラムのヘッドスカーフの出会い

したがって挙証責任は、イスラムのヘッドスカーフが女性の従属を暗示し、それゆえリベラルな価値観の核心を侵害していることを否定する人々の側にある。しかしながら、これによってリベラルな国家による反ヘッドスカーフ的な立法が容認されるわけではない。宗教は人よりも神を尊ぶのが常であるから、結局のところ、ほとんどの宗教はそもそもリベラルではないと定義されるだろう。より具体的に言えば、ヘッドスカーフの着用は信教の自由の範囲内に収まる行為であり、信教の自由もまた、リベラルな国家のなかで保護される。さらに宗教の意味や、それが人間の行動に及ぼす意味合いの決定は（少なくとも第三者の権利が侵害される場合でないかぎり）、リベラルな国家の権限のはるかに及ばないところにある。この点で、イスラムが女性にヴェールをまとうよう本当に命じているのか否かに関しては、国家は沈黙を守らなければならない。つまり、ヴェールを着用している女性がそれを宗教的なシンボルだと捉えているならば、このような本人の認識自体を根拠として、ヴェールは宗教的自由権の範囲内に収まるというわけである。

宗教やその意味が何であるかを決めることができるのはその信者のみであるというのは、すでに西洋世界では最高裁レベルの判断となっている。たとえば「エホバの証人」が、他の既成宗教と同一の次元で国家により認められるべき正当な宗教であるか否かについて、ドイツ憲法裁判所は以下のような判決を下している。「宗教やイデオロギーの点で中立な国家は、信仰や教義を評価してはならない[8]」。「信条の自由」の「不可侵性」を定めたドイツ基本法第四条の目的は、一般に、国家が信仰の「正邪」を判断することを禁止し、これを信者自身に委ねることにあるとされる（Hillgruber 1999: 541）。欧州人権裁判所も同様に、欧州人権条約第九条で保障された宗教的自由権によって、「国家が信仰やその表明方法の正当性に関する評価をおこなうことは禁じられている」（McGoldrick 2006: 8から再引用）と判断している。ヨーロッパ以外でも、たとえば南アフリカ最高裁判所において、あるラスタファリ運動家〔ジャマイカ発祥のアフリカ中心主義と自然回帰を旨とする運動であり、大麻はこの運動の実践者の間で聖なる植物だとされる〕による大麻の使用が憲法で保障された宗教的自由権として擁護されるか否かが争われた際には、以下のような判決が下されている。「一般論として、特定の行為が宗教的な教義の問題として当該宗教の核心であるか否かという問題には、司法はかかわるべきではない。宗教とは信仰や思想信条の問題であり……またそれらは宗教的自由権によって保障されている」（Ibid., 10）。したがってヨーロッパ諸国の裁判所は、ヘッドスカーフの着用が宗教的な義務であるか否か、また宗教的自由権によって保護されるか否かの判断に直面した際に、コーランについての評価はもとより、その解釈にもいっさい踏み込もうとはしなかった。こうした評価や解釈をおこなったとすれば、それは宗教的問題に対する中立性というリベラルな国家の一般原則を侵害することになるからである（Ibid., 9)。

しかし同時に、前記のような厳密に中立的な態度も一定の矛盾を孕んでいる。そうした態度によって、宗教的動機によらない行為すら、単に法による保護を目的として「宗教的」なものへと恣意的に分類されることが可能となるからである。したがって、一方でヨーロッパ諸国の裁判所が、宗教の本質や教義に関する実質的な議論へと踏み込もうとする傾向もある。組織の次元では、たとえばサイエントロジー教会〔SF作家L・ロン・ハバードによって創始された新宗教団体〕が「単にサイエンス・フィクション的な物語を売ろうとしている」のか、あるいは「宗教的教義を表明している」のかについて判断を下さなければならない（Heinig and Morlok 2003: 778)。個人の次元では、ある行為が（単に宗派的あるいは狂信的なものではなく）宗教的とされるためには、当該行為が信教の自由に関する憲法上の条項の適用範囲内にあるか否かをめぐって、一定の基準となるべき定義がなされる必要がある。こうした定義は、信者自身による「主観的な」定義とは別に、最低限の「客観的な」共通の土台にもとづくものでなければならない。裁判所は、ある特定の宗教が指示する行動規範が何であるかを宗教の専門家たちに諮問することで、本質的に主観的なものを客観的に定義するというジレンマから脱しようとした。ただしイスラムの場合、こうした宗教的な行動規範について一致した解釈が得られることはまれであり、そこで話は振り出しに戻って、裁判所は司法の場での定義にはそぐわない問題について定義する破目に陥ったのである。

しかし、オリヴィエ・ロワがイスラムに対抗する世俗主義を論じた際に明快に指摘したとおり、リベラルな国家が宗教の教義に介入したり管理することなどあってはならず、宗教に対する国家の行動は、たとえば公共の秩序や第三者の利益といった、宗教以外の観点からなされなければならない（Roy 2005）。フランス人学者としては異例なことに、ロワはロールズ流の「政治的リベラリズム」（Rawls 1993）に依拠しつつ、リベラルな国家における合意とは、「共通の価値観」という実質的なものではまったくなく、「ゲームの共通ルール」という手続き的なものにすぎないと主張する（Roy 2005: 68）。したがってイスラムがその構造上、世俗主義に抗するものであったとしても、イスラムに対して世俗化するよう求めることはやはり間違い（ロワの言う「方法上の誤り」、Ibid., 69）なのである。ロワが正しく指摘しているように、フランスのカトリック教会は一九世紀を通じてライシテと共和制を拒否しており、フランスで宗教を私的なものと定めた一九〇五年の政教分離法を教会が容認したのは、何とその二〇年後である。もっと広く言えば、教会が世俗世界と和解するのは、一九六〇年代の第二次バチカン公会議の後になってからである。そして教会は今日も依然として、政治的な法を超越した「客観的かつ普遍的な真理」（ラッツィンガー枢機卿の言葉、Ibid., 68, n.1 から再引用）を信奉している（さもなければ、彼らが妊娠中絶に反対し続けるはずもない）。ヨーロッパ諸国は自国内の歴史ある既存の宗教に対して、つねに教義の自律性や非介入の原則をもって応じてきたのであり、したがってイスラムをそこから除外するのは明らかに筋が通らないだろう。

本書で論じていくように、裁判所、なかでも憲法裁判所は、ヨーロッパのヘッドスカーフ論争においてつねに主要な役割を果たしており、またほとんどの裁判では、政府による規制が退けられ、宗教的自由の主張が擁護されてきた。実際、これらの論争は、上級裁判所が民主的な政府と衝突したという点において立憲政治の典型例となっており、とくにマイノリティ人口を抱える西洋諸国に共通する政治的特徴でもある（ヨーロッパについては、Stone Sweet 2000 を参照）。

立憲政治の役割を十分に理解するためには、西欧世界におけるイスラムの受容全体に鑑みて、ヘッドスカーフ論争をより正確に位置づける必要がある。イスラムの受容は、組織と個人という二つの次元で生じており、それぞれの次元にはそれ相応の論理と進み方がある。組織の次元は集団協調《コーポラティズム》の論理に従っており、そこでの課題は、イスラムを組織の一員として、既存の国家－教会体制（ただしこの体制に含まれるのは、いまのところ社会のなかですでに定着した宗教のみである）に統合することである。他方で、個人の次元は個人の権利の論理に従っている。つまり、すべての近代憲法には宗教的自由という条項が含まれ、それは当然ながら信仰者としてのムスリムにも及ぶのである。

これら二つの次元には、それぞれの進み方がある。憲法で定める宗教的自由が侵害されれば、それは即座に個人の次元の問題となる。したがって、イスラムの統合とはまず何よりも――この点はまだ一般には認識されていないにせよ――上級裁判所によって促進されてきたのである。上級裁判所は数十年にわたり、公立学校のキリスト教的色彩を帯びたカリキュラムの免除を許可してきたのであり、また食事をめぐる宗教上の教義に合わせて諸々の屠畜関連法規を改正してきた。そしてもちろん、ヘッドスカーフの着用を理由とする学校や職場からの排除をしばしば撤回させ、それによって法がとくに介入すべき領域を限定し明示したのである。

これとは対照的に、概して組織の次元での受容は、既存の国家－教会体制の歴史的な継続性のゆえに、はるかに緩慢である。それでも近年では、ヨーロッパ諸国のなかでもとりわけフランスやイギリスやドイツにおいて、国家が（司法上の配慮というよりもおそらく公共の秩序という観点から）イスラムの教会組織的な統合を積極的に促進するといった特筆すべき潮流が現れている（Haddad and Golson 2007 を参照）。こうした潮流の最もドラマティックな展開として、二〇〇三年に当時の内務大臣ニコラ・サルコジの下で創設されたフランス・ムスリム評議会（CFCM）がある。このような統合組織の設立にあたって主たる障害となったのは、イスラムに対する偏見ではなく、イスラムの内部が宗派別、出身国別に分割されているという、その教会的ならざる性質であった。もちろん、さらに言えば、世俗的組織とは別次元の「救済組織」としての教会の存在こそが「聖俗二元論」の表明となっているのであり、それはキリスト教の本質ではあっても、イスラムの本質ではない（Gauchet 1997: 132–4）。

組織宗教としてのイスラムがキリスト教と完全に対等な地位を得ようとする場合には、しばしば微妙な障害が存在している。たとえばドイツのイスラムにとっての課題は、「公法上の団体」として認可されることである。イスラム側が最も強く求めている権限を二つだけ挙げれば、イスラムの「教会」がその構成員に対して、国家の支援にもとづいて課税したり、国庫負担により学校で宗教教育をおこなうことがある。こうした権限はドイツ基本法第一四〇条によって、一九四八年のドイツ連邦共和国の成立以前からすでに存在した法人については自動的に認められているが、新しく法人資格を求める団体は、その「内部構成」と「成員数」にもとづき規定される「永続証明」をまず確定しなければならない。少なくともこれはイスラムを含む新規参入を求める宗教の側に、「手続きや協議の上でのいっそうの努力」(Gusy 2006: 183)を求めるものであり、こうした要求は既成宗教には課されていない。イスラム側は公共団体の地位を得ようと、今日まで繰り返し努力してきたにもかかわらず、彼らの試みはドイツではまだ実を結ぶに至っていない。けれども近年では、連邦政府は公立学校におけるコーランの教義教育を後押しするといった踏み込んだ態度を示しており、これは組織の面や社会的な承認という面で依然として存在する障害を取り除くという点では、良い兆しとされている(Bundesministerium des Innern 2008 を参照)。

　組織としてのイスラムの受容という点で最低限言っておくべきなのは、過去は水に流せないということである。歴史的な国家－教会体制は、イスラムの受け入れにあたって考慮せざるをえない条件として、いまやきわめて多様な形態をとるに至っている。それはフランスやアメリカ合衆国においては国家と教会の峻別となり、イギリスやスカンジナヴィア諸国では国家公認教会の特権化となり、ドイツやオランダでは当該社会の主要な宗教が公的な認可および地位を与えられる混合体制となっている(Ferrari 1995 を参照)。したがって、こういったさまざまな国家－教会体制が、組織としてのイスラムを受け入れるに際して、表面上はすべての宗教に最も敵対的かつ非宗教的《ライック》なフランスも、また国教会の国として明らかに最もキリスト教的なイギリスも、すべて似たような方向に進んでいるのは、まったく驚くべきことである。

このように言ってしまえば、ヘッドスカーフ論争は組織の次元の外側、つまり個人レベルのイスラムの受容という次元に位置づけられるであろう。なるほど、こうした二つの次元は、イスラムの地位が公認されることによって、個々人が自身の宗教的な主張をより効果的におこなえるようになるという点では相互に関連しているが、個人の次元はやはり組織の次元とは別個に維持される。個人の次元は組織の利益（あるいは損失）とは無関係に機能しており、また個人の次元はリベラルな国家がその成員に対して否定しえないものであるため、原理的にははるかに迅速で、強力で、確実なのである。他方、集団協調の論理は非対称かつ不平等であり、社会の主要な勢力や関係者に対しては公共生活や公共政策における特権的な役割が割り振られる一方で、必要不可欠な人数を動員できない小規模の集団に対しては、そうした役割は与えられないのである。

しかしながら、個人の次元における宗教的な権利は絶対的ではない（絶対的であれば、ヘッドスカーフの禁止といった問題は生じないであろう）。宗教的な権利には、他者や第三者の権利、公共の秩序に対する国家の配慮といった点で、一定の限界が存在する。さらに言えば、リベラルな国家においては、ヘッドスカーフを着用する権利は決して個人の領域の問題ではない。この点は瑣末かもしれないが、それでも明確にしておくべきである。ヘッドスカーフは公的な領域でのみ、つまり第三者およびその権利や利益が関係する場合にのみ問題化する。もちろん、公私の線引きはそれぞれの国家によって異なる。オランダの「ブルカ禁止法」は、反テロリズム施策として政府が擁護してきた法案だが、同法案における「公的なもの」には、映画館や鉄道駅や空港といった、多くの人々が集まる具体的な場所が含まれている。これは「公的なもの」をかなり拡大した解釈であり、したがって公の対極にある「私的なもの」は、それによって根絶されかねない。ブルカ禁止法は結局のところ、例外的な施策にとどまり、関連施策も（当面は）実現されることはなかった。

ヘッドスカーフが公共の場で争点となる二つの典型とは、職場と学校である。職場という領域においては、ヘッドスカーフは雇われる側の宗教的自由権と、雇う側の経済的利益の対立点として浮上する。こうした対立は裁判所が介入した場合、他の問題では積極的な多文化主義政策をとろうとしないドイツのような国においてさえ、しばしば宗教的抗議をおこなう側に有利なように裁定されてきた（Thüsing and Wege 2004; Schiek 2004 を参照）。たとえばドイツ連邦労働裁判所は二〇〇二年の有名な判決で、地方都市ヘッセンの大手デパートの香水売り場でヘッドスカーフを着用したトルコ系女性従業員が解雇された事例を「不当解雇」であると断じている。店舗の責任者は、ムスリムのヘッドスカーフが、とりわけヘッセンのような小さな都市では、大多数の住民の好みに必ずしも合うものではなく、その着用が販売に悪影響を及ぼしうるとして、解雇は正当であると主張した。興味深いことに、こういった言い分が個人の基本的権利を制限するための十分な論拠と見なされることはなかった。つまり、労働裁判所が判決で指摘したように、ヘッドスカーフを着用した従業員を店頭の目立つ場所から、売り場の奥の方へと移動させることも可能だったはずであり、単に販売の落ち込みが予想されるからといって、それは解雇の十分な根拠にはならない。もし雇用者がこうした販売の落ち込みを証明することができれば（実際にはできなかったのだが）、裁判所は雇用者と従業員の「双方の利益を勘案」して別の判決を下した可能性もある。イスラムのヘッドスカーフが西洋社会の内部へ着実に浸透してきたのは、このような（ほとんど）目立たない、きわめて法律論的な経路を通じてであった。

しかし何と言っても、ヘッドスカーフ論争の典型的な場となっているのは、公立学校である。教師によるヘッドスカーフ着用の権利が関係する場合には、この種の対立は雇用の問題とも重なり合ってくる。ドイツで起こったのはまさにこれであり、論争の発端は、上昇志向の強い一人の教師が、公立学校の教室でヘッドスカーフの着用に固執したことにあった。しかし、相互に衝突する権利と利益の関係は、職場における単なる対立の場合よりも、公立学校のほうが明らかに複雑である。というのも、公立学校では問題にかかわる当事者がさらに多くなるからであり、また公立学校という環境自体が、私的雇用には見られない社会構造や公秩序の次元を有しているからである（私的雇用での対立は、それが家庭の外部で発生し、また第三者の関与があるという点でのみ、かろうじて「公的」なものとなる）。公立学校でのヘッドスカーフ問題で考慮され、調停されなければならない権利と利害としては、たとえばヘッドスカーフを着用している教師ないし学生の宗教的権利、宗教に関する他の学生の消極的自由（すなわちヘッドスカーフを着用している教師や周囲の学生と対面しない権利）、親の権利（これはヘッドスカーフへの賛否両方にかかわる）、そして学習や児童の発達、市民性の涵養に資する環境を国家が提供する権限などがある。

本書で論じるヘッドスカーフ論争の事例は、それぞれ大きく異なる点もあるとはいえ、すべて公立学校という場で生じている。ドイツの場合には、教師の権利が争点となった。つまり、ドイツの公立学校の教師は公務員であり、諸々の大きな特権の享受と引き換えに、国家に対して特別の忠誠の義務を負うという点で、いわば国家の代理人なのである。そうした事実を考慮すれば、教師たちは他の個人と同様の宗教的自由を完全に認められていると言えるだろうか。それともこの種の権利は、教師がその職に留まる際に制限されるのであろうか。これとは対照的にフランスでは、教師のヘッドスカーフ着用が許されないこと自体は、まったく問題とはならなかった。教師の側がヘッドスカーフ着用の権利を主張したとすれば、フランスでは常軌を逸した理解不能の発言とされたであろう。その代わりフランスで争点となったのは、生徒がヘッドスカーフを着用する権利であった。ここに表れているのは、宗教やエスニシティを払拭した「共和国の聖域」としての公立学校であり、また公立学校の持つ国民形成《ネイション・ビルディング》の一大機能である。逆にドイツでは、国民形成における学校の権限がフランスほどには発展しておらず、したがって学生がヘッドスカーフを着用する権利が疑問に付されたことは一度もなかった。つまりこの問題は、公的な次元に関係のない個人的な選択として捉えられたのである。最後にイギリスでは、問題は教師および学生の両者の宗教的権利をめぐって展開したが、争点はイスラムのヘッドスカーフを着用することそれ自体ではなく、(目以外の)顔と体全体を覆う過激なヘッドスカーフのみであった。この種のヴェールは、あからさまに分離を示す指標に対してどこまで寛容であるべきかという政治的な問題と同時に、「互いの顔が見える」効果的なコミュニケーションの前提条件をめぐる社会言語上の問題を提起したのである。

このように、社会での役割や身分についてはさまざまな違いがあるが、リベラルな国家はそうした違いをいっさい顧慮することなく、イスラムのヘッドスカーフを決して単一の要素として捉えようとはしない。立法や行政といった国家の政治部門と司法の間には、少なくとも一つの分裂が存在する。すなわち、司法は権利を保護する立場をとる傾向があるのに対して、立法や行政では、権利の保護とは異なる、より集団志向の価値や配慮が優先される。こうした価値の一つとして、治安や公共の秩序が挙げられる。それはグローバル・テロリズムの時代に復権した、ホッブズ的な意味での基本的な国家の役割と対応している。たとえば「公共の秩序」は、オランダで提案された「ブルカ禁止法」を正当化するための根拠となったのである。

二つ目の価値は「中立性」である。中立性がいっそう興味深いのは、それがより複雑かつ真にリベラルな価値として、イスラムのヘッドスカーフに対する国家の政治的（のみならず法的）な反応を左右してきたからである。中立性はロック的な国家概念にもとづいている。それによれば、リベラルな国家とは「魂への配慮」には立ち入らず、国家の役割は個人の所有権の外形的な保護に限定され、それによって社会の成員に平等な自由権が与えられると一般に理解されている。国家の中立性は、一六世紀から一七世紀にかけてのヨーロッパの宗教戦争をめぐる解決策であった。つまり、中立性の登場はリベラリズムの誕生そのものなのである。二一世紀初頭のフランスやドイツで国家による反ヘッドスカーフ法が制定されたとき、中立性がそうした行為を正当化するものとして、イスラムのヘッドスカーフ論争に再登場してきたことには、何の不思議もない。

しかしながら、中立性にもとづいてヘッドスカーフの禁止を正当化することは、自由の名において自由の制限ができるかという矛盾した問題を孕んでいる。ドイツでは、国家は宗教やイデオロギーの問題に関与しないと定められている。したがって、国家の代理人たる教師が宗教的衣服を身につけ、それによって前記のような国家の方針に反する態度をとった場合、国家の中立性は損なわれ、さらには生徒が宗教を避けるための消極的宗教権にも抵触するとされた。ここにはドイツにおけるヘッドスカーフ禁止の正当化をめぐる、複雑で歪《いびつ》ですらある側面が垣間見えるにすぎないが、少なくとも、いかにして自由が自由のために制限されうるかを感じさせる問題ではある。フランスでは、規制の対象は教師ではなく学生であり、中立性を持ち出すことによってヘッドスカーフ禁止が正当化されうるか否かは、ドイツよりもさらに不明瞭である。具体的に言えば、国家の支配に服してはいるものの、国家の関係者ではない学生が、宗教的衣服を着用したからといって、国家の中立性が危険にさらされる可能性はあるのだろうか。公立学校が（フランスという国家において国民形成のための古典的な手段である軍隊と並んで）、特定の起源を示す指標（エスニシティ、人種、宗教など）から脱却した空間として定義され、その結果として、自由で平等な市民が登場する道が開かれるというのならば、この問いに対する答えはイエスとなろう。

「中立性」は、イスラムのヘッドスカーフ論争において、重層的な原則として姿を現した（Joppke 2007a を参照）。個人の側からすれば（あるいは個人の利益を考えれば）、中立性は通常は司法と協調しつつ権利を保護する原理となりうるし、実際そのようなものとしてヘッドスカーフの擁護のために持ち出されたのである。この立場からすれば、フランスのライシテは、一九〇五年の政教分離法の第一条で（暗に）示されているように、まずもって個人の宗教的な自由を保護する原則ということになる。またドイツの中立性は、国家が宗教を扱う際の公平性を義務づけており、キリスト教とユダヤ教の公共空間への参入を認めてしまった後では、同様の特権をイスラムに対して拒否することはできない。他方で政治の側からすれば、中立性は集団志向の原理として現れ、社会的な多元主義を背景に、国家の基本となる統一性はもとより国民としての一体性をも保障している。こうした論理によって、イスラムを（他のすべての宗教と同じく）公共空間から排除することが正当化されうる。

興味深いことに、本書で考察する三つの事例のなかで、イギリスは「中立性」がヘッドスカーフ論争における中心的な争点とはならなかった唯一の国であるが、これは単に、イギリスという国家がこの論争と周縁的にかかわっていたにすぎないからである。ベルトラン・バディとピエール・ビルンボームは、国家に関する興味深い政治社会学的な分析のなかで、「真の」国家とは市民社会から自律し分化したものであると述べ、こうした意味での国家がイギリスには見られないと主張している。「イギリスでは……市民社会による自治が可能であると証明されたので、政治の中心が真の国家へと発展するには至らなかった」[9]（Badie and Birnbaum 1983: 125）。したがって、イギリスのヘッドスカーフ論争で主役を演じたのはムスリムであり、学校はいっそう過激なイスラムの衣服を容認するように責め立てられ、裁判所はこうした対立に裁定を下さなければならなかった。そしてついに「国家」の出番はなかったのである。トニー・ブレア首相が二〇〇六年に、ヘッドスカーフ論争の高まりについてコメントを求められた際、「こういった問題は政府ではなく、個人の見解にかかわるものであり」、したがって「現場で解決される」べきであると述べ、自分はそれを論じる立場にないと答えるにとどまったことは、イギリスという国家の不干渉の姿勢を端的に表している。[10] こうした姿勢は、過激なヘッドスカーフが統合を拒むシンボルと化してしまった場合には、不承不承ながら放棄されなければならなかった。しかし、この問題に関してイギリスの「国家」が発表したのは教育省による「諮問文書」のみであり、学校側はこの文書にもとづいて、「健康、安全、他者の権利ならびに自由の保護」[11]を理由として、イスラムの過激な服装をともかくも規制できるようになった。要するにイギリスという国家は、ヘッドスカーフを国家とは無関係な問題であると宣言して、学校現場へと委ねたのであったが、それは賢い選択であったのかもしれない。

けれどもイスラムのヘッドスカーフは、結局のところイギリスですら、影の内閣の内務大臣デイヴィッド・デイヴィスが言うように、「まさしくわれわれの国民的な統一性という問題」を提起することになった。[12] デイヴィスのこの発言は、公共の秩序や中立性と並んで、国家がヘッドスカーフの拒否を正当化するための第三の根拠を示している。それによれば、ヘッドスカーフは国民の自己定義に対する挑戦であり、著名なムスリム知識人がこの点について説明しているように、「プライバシーや個人の選択」に制限を加える「イギリス社会なるものが存在している」わけである。[13] ヘッドスカーフは「分離と差異の可視的な表明」（ニカブに対するジャック・ストロー元内務大臣の非難[14]）によって、国民社会を一つに統合するものは何なのかという問題を否応なく提起した。別の言い方をすれば、ヘッドスカーフはいかなる形態であれ、アイデンティティを映し出す鏡として機能していたのである。こうした論理は個人の次元では、以下に紹介する「四〇過ぎの母」の経験談に端的に現れている。この女性は列車に乗ったとき、絨毯敷きの英国風仕切り客室のなかで全身をヴェールで覆った女性に出くわしたのだが、そのとき突如として自分が『ザ・サン』のヌード・ページに登場する若い娘みたいな、安っぽく淫らな存在」だと感じざるをえなかったという。「自分の国で自分の国の服を着ているのに見下されたと感じるのは、あまり気持ちのよいものではありません[15]」。

もしヴェールによって「自国における自国の服」への意識が喚起されるとすれば、単純なナショナリズム――「これがこの国での、われわれのやり方だ」式のこだわり――が、結局のところ、イスラムのヘッドスカーフに対する拒絶を助長してきたのだと言い出す者も現れるかもしれない。しかしこうした見解は、部分的にはともかく総論としては誤りであり、リベラリズムの重大な要素を捉えてもいない。ヨーロッパ各国のリベラリズムを形作っているのは（偽善的なかたちであれ）ヘッドスカーフへの反発なのであり、またムスリムの統合をめぐるヨーロッパの大論争のなかで現れた、ありとあらゆる国民的な自己定義の試みでもある（Joppke 2008 を参照）。規制の対象とされることで自由の制限を象徴しているのが、だぼだぼのズボンやピアスやタトゥーではなく、一枚の布であることにもう一度注意してほしい。「啓蒙原理主義者」[16]であるヒルシ・アリの言葉を借りれば、ヴェールが「外界に対してつねに象徴しているのは、一種の抑圧的な倫理である。そうした倫理にもとづいて、ムスリムの男たちは女性の所有者となるのであり、また彼らは同じ倫理によって、自分の母親、姉妹、おば、義理の姉妹、従姉妹、姪、そして妻が、性的な接触を持つのを妨げるという義務を負うのである[17]」。

本書の概要

フランス、ドイツ、イギリスのヘッドスカーフ論争に関して、これから本書でおこなう比較は、論争の過程で現れた国ごとの展開や特徴のみならず、それぞれの論争に共通するリベラルな主題をも公正に評価しようとするものである。各国の特徴とは、フランスではライシテと共和主義であり、ドイツでは「開かれた中立性」ならびにキリスト教的‐西洋的な自己定義であり、イギリスではリベラルな多文化主義であった。しかしこのような違いにもかかわらず、ヘッドスカーフはこれら三国のすべてで——フランスとドイツでは議会の立法によって、イギリスでは、過激なイスラムの衣服を排除する学校の権利が高等法院の判決で是認されることによって——最終的には規制された。

これら三国の規制を比較するためには、「誰の」あるいは「どの」ヘッドスカーフが争点となっているのかという第三の考察が導入されなければならない。フランスでは、生徒のヘッドスカーフが、ヨーロッパで最も重大かつ広範な影響を及ぼすヘッドスカーフ規制を生み出すことになった。ドイツで争点となったのは、公立学校の教師が身に着けるヘッドスカーフのみであり、彼らは公務員として、まさに規制を実施する国家自体の代理人という立場にある。イギリスでは、イスラムのヘッドスカーフそれ自体は、学生が着用する場合も教師が着用する場合も、どちらも容認され続けているが、その過激な形態については学校が果たすべき教育上の責務の障害になるという理由で認められていない。

第四の考察は、前記の比較の総括である。ヘッドスカーフに関する要求を処理していくのは、どういった公的機構なのか。ドイツとフランスの場合には、立憲政治の論理が確認されることになるだろう。すなわち、ヘッドスカーフに対するリベラルな寛容は、以前はこれら両国の司法制度を規定していたが、現在のヘッドスカーフ関連法規は、こうしたリベラルな寛容に対する政治の反動と化している。イギリスにおいてのみ、国家は概してヘッドスカーフ論争には立ち入らなかったので、この論理は当てはまらない。つまり寛容と規制は、いずれも司法の場から登場しているのである。

原註

（1）「ヘッドスカーフ」も「ヴェール」も、女性がイスラムの教えどおりに、体の線を隠すために顔や頭部や体を覆う衣類であり、本書ではこの二つの言葉を（とくに注記のない限り）相互に交換可能な言葉として用いる。このような衣類を指すアラビア語の一般的な言葉は、「覆う」や「囲う」を意味するヒジャブであるが、一方でこの種の衣類には地域や伝統や時代によってさまざまな種類があり、それぞれに（よく知られた例としてはジルバブやニカブやブルカなど）別個のアラビア語があてられる。この点については、El Guindi（2001）を参照。

（2） ジルバブはもともとアラブ地域のものであり、「地味で暗い色合いの、厚ぼったい生地でできた、長袖で膝までとどく長さの、ゆったりとした衣服」である（*Oxford Encyclopedia of the Modern Islamic World*, Shadid and Koningsveld 2005: 35 から再引用）。ニカブは目の部分のみが細長く開いた顔用のヴェールであり、しばしばジルバブとともに用いられる。

（3） Department of Justice, 'Justice Department Reaches Settlement Agreement with Oklahoma School District in Muslim Student Headscarf Case'（19 May 2004）, http://www.usdoj.gov/opa/pr/2004/May/04_crt_343.htm（last accessed 3 June 2008）.

（4） 他方、シラク大統領のこうした発言に関するジョーン・スコットの興味深い解釈にも目を向けておこう（Scott 2007: 159）。スコットによれば、「ヴェールの内側を見る快楽は、一つの自然権として理解されており……女性による侵攻の主眼は、この種の自然権を（フランスの）男性から奪うことにあった。これは男性セクシュアリティに対する攻撃、つまり一種の去勢行為として捉えられたのである」。スコットはさらに、ヘッドスカーフに対するフランスのこだわりが「ジェンダー体制の衝突」に由来するものであり（Ibid., 168）、（イスラムと共和主義という）それぞれのイデオロギー的な枠組みに従って、イスラムのジェンダー制度は女性のセクシュアリティの脅威を「承認する」一方で、フランスのジェンダー制度はそれを「否認する」と論じている。これはイスラム内部の女性の隷属をめぐる、あまりにも奇怪な弁明である。

（5） Surah 24（30）, reproduced in the *Koran*（2003: 248）.

（6） この用語は、私のリサーチ・アシスタントであるレイラ・アースランの教示による。

（7） マフムード（Mahmood［2005］）の議論に連なる独仏比較としては、Jouili and Amir-Moazami（2006）を参照。

（8） Decision of the German Federal Constitutional Court, BVerfGE 102, 370（Körperschaftsstatus der Zeugen Jehovas）, p. 17.

（9）「国家なき」社会としてのイギリスについては、Dyson（1980）の古典的な解説や、さらに近年の業績としては Laborde（2000）も参照。

（10）Agence France Press, 16 October 2006（from Lexis–Nexis）.

（11）Department for Education and Skills（DfES）, *Guidance to Schools on School Uniform Related Policies*（London, 20 March 2007）, p. 7.

（12）Shadow Home Minister David Davis, ‘Do Muslims really want apartheid here?’, *Sunday Telegraph*, 15 October 2006, p. 24.

（13）*International Herald Tribune*, 23 October 2006, p. 3.

（14）*Guardian*, 6 October 2006.

（15）*Daily Mail*, 11 October 2006, p. 15.

（16）これはティモシー・ガートン・アッシュがその書評「ヨーロッパにおけるイスラム」（‘Islam in Europe’, *New York Review of Books* 53（15）, 5 October 2006）で、ヒルシ・アリに対して侮蔑的に用いた表現である。

（17）Hirsi Ali, *The Caged Virgin*, *Independent* of 8 July 2006, p. 11 から再引用。

第2章　共和国フランスにおける生徒のヘッドスカーフ

ブルカ

アル・アミラ

イスラムのヘッドスカーフを「アイデンティティの鏡」と呼ぶのに最もふさわしいのは、あらゆるヘッドスカーフ論争の母国であるフランスの事例を措いて他にない。郊外にあるいくつかの学校でごく少数の生徒が着用していた、これといって害のないバンダナは[1]、ヨーロッパの他の地域では大目に見られるか、宗教的自由権により保障されたものと見なされてきたが、フランスでは「共和国の」アイデンティティおよび統合の諸原理をめぐる論争を巻き起こした。そしてこの危険な着衣は、最終的には国家が法制化という伝家の宝刀を抜いたことで一掃されたのである。ジョン・ボーウェンが指摘しているように、二〇〇四年のヘッドスカーフ禁止法の本質は、「法制化による浄化《カタルシス》を通した社会の再生」であった（Bowen 2006: 16）。

フランスの大物思想家であるピエール・ブルデューは、長期化する自国のヴェール事件にことさら関心を示さなかったが、それでも以下のように述べている。「学校のなかで「イスラムの」ヘッドスカーフは許容されるべきか否かという表面的な問題が、フランスにおいて北アフリカ出身の移民は許容されるべきか否かという潜在的な問題を隠蔽している」（Laurence and Vaisse 2006: 163 から再引用）。このようにブルデューは、社会学の専門家として事態の本質を見抜いているものの、一方でイスラムが共和国の自己規定にとってどれほど苛立たしい存在にならざるをえないかを見逃している。イスラムと共和主義は真っ向から衝突する。つまり、イスラムは公的領域と私的領域の区別を認めないため、私的なものを公的領域に持ち込むことになり、他方で共和主義は「公的」という意味を拡大解釈するせいで、結果的に「私的領域を……骨抜きにする」（Levinson 1997: 356）。共和主義のまさに核心である公私の区別をイスラムが断固拒否するとしたら、いったいどうして二つのシステムが平和的に共存することなど期待できようか。なるほど言葉と生きられた現実は、おのずと別の次元に属する。けれども哲学を重んじるフランスにあっては、言葉は中身のない入れ物では決してなく、期せずしてこのことが「聖典を重んじる」イスラムとの共通点を作り出しているのである。

さらに差別と排除に対するブルデューの紋切り型の批判は、フランスにおけるムスリムの統合が、少なくとも社会文化的な次元では、驚くほど成功を収めてきたという事実を見えにくくしている(2)。ヘッドスカーフへの国家の締め付けにもかかわらず、近年の調査によれば、フランスにおける四二パーセントのムスリムが「まずはフランス人、次にムスリム」と自己規定している。注目すべきことに、イギリスのムスリムは「多文化主義」の恩恵を享受しているにもかかわらず(あるいはそれゆえに)、国への忠誠を宗教への忠誠よりも上位に置いている人はこのうち、わずか七パーセントにすぎない(Schain 2007: 46, table 6)。さらに言えば、フランスではキリスト教信者よりもムスリムのほうが、フランスの民主主義はうまくいっていると考えている。その割合は、ムスリムがほぼ七〇パーセントに達するのに対して、プロテスタントでは六三パーセント、カトリックでは五八パーセントにとどまる(Laurence and Vaisse 2006: 47)。以上のような見方は、一般のフランス人の七四パーセントが「敬虔なムスリムであること」と「近代社会のなかで生きること」は対立しないと考えているという事実に対応している(見返りを得ていると言うべきか)(Pew Research Center 2006: 3)。

「共和主義的な」統合は、排除の現実を覆い隠すための煙幕というわけではない。統合に関してきわめて明確かつ厳格な規則が定められているものの、その意図は理解される傾向にあり、この規則に従う者は見返りとして「共和国の食卓」に招待されるのである。(3)

これは単に歴代内務大臣の現実離れしたレトリックというわけではない。フランスのイスラムについて議論しようと思えば、フランスのムスリムにおける高度な文化変容、あるいは世俗化とも言うべき事実から出発しなければならない（この現象を最初に明らかにしたのは、Tribalat 1995 である）。フランスのムスリムのほぼ八〇パーセントは、「宗教の異なる人と付き合ったり結婚したりすることに違和感はない」（Laurence and Vaisse 2006: 43）。フランスにおける異宗教間の結婚は、ヨーロッパのムスリムのなかで最も高い比率を示している。すなわち、ムスリム男性の半分はムスリム以外の女性と結婚し、ムスリム女性の四分の一はムスリム以外の男性と結婚しており、こうしてイスラムにおける一つの重要な禁制が崩れていっているのである。フランスにおけるムスリムの六一パーセントは、ムスリム以外にも「多くの」フランス人の友人がいると答えている（Ibid.）。宗教面について言えば、ムスリムのほぼ七〇パーセントがライシテを、すなわち教会と国家の厳格な分離を支持している（Giry 2006: 4）。実際のところ、フランスのムスリムで規則正しく礼拝に参加している者は八パーセントから一五パーセントにすぎないし、毎週金曜日にモスクに参列している者は五パーセントにも満たない（Laurence and Vaisse 2006: 76）。興味深いことに、近年になってサハラ以南のアフリカからやって来た移民は最も厳格に儀礼を守ろうとするのに対して、植民地支配から独立後のアルジェリアからやって来た典型的移民はその傾向が最も弱い（Ibid., 87）。フランスに居住するムスリムは五〇〇万人とも推計される。彼らがヨーロッパ最大のムスリム・マイノリティを形成しており、実にヨーロッパのムスリム総人口の三分の一にのぼることに、一般にわれわれは強い印象を受ける。しかし、彼らの圧倒的大多数はもっぱらエスニック上のムスリムであり、宗教的な意味でのムスリムではない。つまりフランスでは、「イスラム」は一つのマイノリティ集団のなかの、さらに一つのマイノリティ集団だけに関係する問題なのである。

他方、フランスにおいてイスラムの受け入れを枠づけてきた共和主義は、リベラリズムの一種であるということを認識しておかなければならない。実際、フランス共和主義は「政治的リベラリズム」（Rawls 1993）にきわめて類似している。両者に共通するのは、公私の峻別、とりわけ公的領域では単なる私的な関心や流儀を厳格に排除するという点である。ロールズが『政治的リベラリズム』の冒頭で再確認しているように、リベラリズムの歴史的起源は宗教の私事化にあり、フランスではライシテと呼ばれている。人は私的領域では何らかの宗教的信者でありうるが、同時に公的領域では「公共的論議」（Rawls 1993: 212ff）に参加する一市民となるのであり、自分自身の私的な信仰から引き離されるのである。公的領域においては、宗教的あるいはその他の「包括的な教義」は決して使用されず、宗教やイデオロギーによって分裂している人々でも理解し同意することのできる政治的な（すなわち共和主義的な）言語だけが使用される。セシル・ラボルドが指摘しているように、「フランス共和主義は、平等主義的で差異を考慮しないリベラリズムの強硬なバージョン」

なのである（Laborde 2005: 315）。

たしかに「強硬」である。そして政治的リベラリズムとの類似もここで終わる。というのも、ロールズはリベラリズムを、さまざまな信条や生活様式に執着している自由な（そして願わくは「理性的な」）人々によるボトムアップ型の同意と考えたが、フランスでは国家主導の「強力な社会形成事業」によってトップダウン式にもたらされたからである（Laborde 2005: 316）。ここには、まったくアングロ・サクソン的ではない要素が働いている。ジョン・ボーウェンが簡潔に述べているように、それは本質的にはルソーとロックの――つまり「国家による自由」か、「国家からの自由」かという――対立である（Bowen 2006: 15）。フランスのリベラリズムは国家による倫理的プロジェクトであるという点で、よりプラグマティックなアングロ・サクソン型のリベラリズムとは区別される。両者はリベラリズム内部の一つの緊張関係を両極端なかたちで体現している。すなわち、リベラリズムは一つの実質的な生の様式であるのか、それとも複数の生の様式を調和させるための手段であるのかという緊張関係である（Gray 2000）。国家が中心となって社会を構築するという長きにわたる伝統は、中世後期にまでさかのぼるもので（Strayer 1970 を参照）、そうした伝統に掉さすフランスのリベラリズムは、際立って倫理的な社会構築のプロジェクトなのである。

その兆候は、フランスの言論界において「統合」が積年の強迫観念と化してしまっていたことに見出される。統合という概念が移民を対象とするようになるずっと以前から、フランスの古典的社会学、なかでもエミール・デュルケムの仕事は、社会全体を統合するものは何か、とりわけ人も物もすべてが遠心化しているような、分化され個人化された近代社会を統合するものは何かという問いに突き動かされてきた。そこにはつねに一つの前提が置かれていて、統合というものは、イギリスでよく言われるように自然に生じるのではなく、君主制の時代における「宗教」であれ、民主主義の時代における「政治」であれ、何らかの作為の所産でなければならないのである（Schnapper 1994を参照）。このような見方によれば、ライシテとは宗教を私事化するフランス流のやり方であるのみならず、「宗教的信仰の多様性を超越する」ような「近代国家に不可欠な属性」でもあって、「社会的紐帯はもはや宗教的なものではなく、ナショナルなもの、それゆえ政治的なものである」ことを表している（Ibid., 73f）。宗教によるにせよ、政治によるにせよ、およそ統合というものは「超越」を含意している。すなわち、各人の特殊な忠誠心や生まれ育ちの特徴から身を引き離すということである。当然ながら、超越的なものは神聖な雰囲気を帯びており、そうした神聖さは民主主義の時代にあって、宗教からネイションへとすっかり移行してしまった。「国家の社会改良的な役割」（Bowen 2006: 15）を自明の前提にすると、リベラリズムが別の何ものかに変容してしまうおそれがあることは理解できるだろう。フリードリッヒ・ハイエクは、二〇世紀のリベラリズムの重要著作である『自由の条件』において、「フランス人の」自由は「思弁的かつ合理主義的な」傾向をそなえており、これは「『社会的』かつ全体主義的な民主主義」によってリベラリズム自体が破壊される前兆であると考えるに至っている（Hayek 1960: 55）。

さらに、共和主義的リベラリズムは公的空間を「拡大」解釈して、そこでは宗教やエスニシティが一掃され、普遍主義的な価値や関与で満たされるべきだと考えるので、いかにイスラムが苛立たしい存在となるかもまた理解できるであろう。とりわけイスラムが精神的領域と世俗的領域を切り離すことを拒否しているために不信感が生じる。ドミニク・シュナペールが端的に述べているように、イスラムは「宗教であると同時に政治システム」であり、それゆえ「フランス国家の要求するものとは矛盾する」（Laborde 2005: 320 から再引用）。興味深いことに、この見方の正しさはイスラムの側でも、代表的なイスラム法学者であるユースフ・アル゠カラダーウィーによって裏づけられている。彼の考えでは、「イスラムの観点からすれば、すべては宗教と関連するし、すべては法と関連する」（Ibid.）。ものの見方が異なれば、おのずと忠誠心も異なるのであって、イスラムの普遍主義的な思考方法は、ナショナルな次元の市民権を優先するフランスの発想とは衝突することになる。イギリス政府は最近、反抗的なムスリムの懐柔策を展開しており、「イギリス人ムスリムの市民権」という奇妙な概念を持ち出して、「世界」と「ウンマ（イスラム共同体）」への関与を「イギリス」への関与それ自体よりも優先させることを認めている。これと同じことがフランスで起こっていれば、国民的な警戒心を呼び覚ましたに違いない。フランスのムスリム指導者が「コーランこそわれらの憲法である」と述べた際の大騒動を思い起こしてみればいい（Bowen 2007a: 1008 において引用・検討されている）。

しかし、イスラムが伝播する価値観が共和国のそれと調和するのであれば、おそらくこうしたことはそれほど大きな問題にならなかったであろう。フランスとイスラムの出会いにおいて、ジェンダーの平等が中心的問題になった理由はまさにここにある。移民の統合をめぐって協議された最近の仏独首脳会談で、ドイツの首相が言語習得の重要性を強調したと伝えられているのに対して、フランス大統領はもっぱら女性の権利について語ったという(4)。たしかに、ヘッドスカーフが女性にとって抑圧的であるというのは、二〇〇四年にヘッドスカーフ禁止法を制定した一つの(ことによると唯一の)理由であった。ラファラン首相が国民議会で述べたように、「私にとってヘッドスカーフ禁止法を支持する基準は一つです。……同法が女性を、すべての女性を保護するのであれば、それは善き法であり、この点が重要なのです。これこそ私たちが提案している……同法を判断するための第一の基準でしょう」(Gresh 2004: 270から再引用)。しかしながら、共和国の平等のためにヘッドスカーフを剝ぎ取るには、共和国のもう一つの価値、すなわち自由という価値を侵害せざるをえない。より具体的に言えば、ヘッドスカーフを禁止するためには国家の側に立ってヘッドスカーフの意味を客観的に解釈するとともに、ヘッドスカーフの多様な主観的意味を捨象しなければならない。こうした多様な主観的意味は、国務院《コンセイユ・デタ》〔行政訴訟における最高裁判所であると同時に、政府の法律案の審査をおこなう諮問機関でもある〕による一連の判決で言われているように、それぞれの事例を個別的に解釈するしかないのである。

しかしこうした衝突とは別に、フランス国家とイスラムは、「国家が宗教団体への選択的な承認と支援を通して宗教を統制する」という「ガリア教会」の伝統の延長上で、共謀してきた面もある(Bowen 2007a: 1008)。過去二〇年で顕著だったのは、「フランスのなかの」イスラムを「フランスの」イスラムに変容させ、また（カトリックやプロテスタントやユダヤ教の長と同じく）ムスリムの長を国家の主たる対話者に指名しようとする取り組みであった。そうした取り組みは、中世末期に創設されたガリア教会がローマ教皇から独立していった歴史を彷彿させるものである。このような動きは、二〇〇三年、当時の内務大臣ニコラ・サルコジの下でフランス・ムスリム評議会（CFCM）が創設されたことで頂点を迎え、さらにフランス国家を共和国のイデオロギーと相容れない事実上の多文化主義の一種へと駆り立てた。ある識者は、徹底して多文化主義的な「代償の原則」を承認することこそ、「内務大臣の公式の立場」であるとまで見なしている（Basdevant-Gaudemet 2000: 107, 103）。こうした見方に従うならば、既存の宗教と比べてイスラムが被っている数多くの不利益を是正するために、とりわけ（これに限定されるわけではないが）祈禱場の認可と助成に関して、フランス国家はイスラムを優遇しなければならない(5)。例によって人騒がせなニコラ・サルコジの主張によれば、国家の支援を受けた宗教が疲弊した共和主義に取って代わることも十分ありうるのである。「今日われわれを取り巻いている環境は、精神的な荒廃である。……共和国が若者に向かって、自尊心であるとか他者や女性への敬意について語り……えないとは言わない。……しかし……共和国はそうした役割にすすんで取り組もうとはしないし、また現に取り組んでもいない。宗教が共和国にとって役立つのは、まさにこの点においてである。宗教は現代の男女に対して、人間存在の根本的な問い、すなわち生と死の意味、社会と歴史の意味について見通しを与えるのだ」（Schain 2007: 15 から再引用）。

全体として見れば、ガリカニズム〔ローマ教皇の至上権を制限し、王権の教権からの独立をめざす立場〕と共和主義の関係はある種の弁証法的な緊張関係であった。二〇〇三年五月のフランス・ムスリム評議会の創設が、その一年後に通過するヘッドスカーフ禁止法をも刺激することになったのは偶然ではない。有力なイスラム団体であるフランス・イスラム組織連合（ＵＯＩＦ）の年次大会の壇上で、「共和国の」法律は身分証明書にヴェールなしの顔写真を要求すると主張して非難を浴びたサルコジは、その関連性をこう説明している。「私はここに来なければなりませんでした。これは（ムスリムという）信仰集団を組織化するのと一対をなすものだからです[6]」。こうした見方によれば、二〇〇四年のヘッドスカーフ禁止法による共和主義の原則の再確認は——とりわけ、エジプトの原理主義組織であるムスリム同胞団に由来する急進的なフランス・イスラム組織連合に対して卑屈になることによって——（あまりにも）ガリア教会的な枠組みのなかでイスラムを容認してきたことへの反動であった。

けれども、問題は依然として入り組んでいる。以下で詳しく説明するように、ヘッドスカーフ禁止法で再活性化されたはずのライシテという共和主義の原則は、決して一枚岩ではない。それどころか、それは権利と宗教的自由の原則であると同時に、ナショナルな統一性と統合の原則でもあるという緊張関係によって特徴づけられる。それゆえ、ライシテの名においてイスラムのヘッドスカーフを擁護することも拒否することも、どちらも可能なのである（そしてどちらの行為も実際におこなわれてきた）。フランスの最上級行政裁判所である国務院がライシテを権利の原則として理解したのに対して、政治の側はそれをナショナルな統一性の原則として理解した。したがって、二〇〇四年のヘッドスカーフ禁止法は、司法に対する政治の自己主張であり、権利の重視に傾く裁判所に対する政治側の巻き返しであった。その背景には、世界規模で政治化したイスラムによって、すぐれて共和主義的な制度である公立学校が試されているという状況認識があった。

ライシテの二形態――権利 対 統一性

二〇〇四年三月、フランス国民議会は左右両派の圧倒的支持を背景に、公立学校内で生徒が「これ見よがしの」宗教的標章を着用もしくは誇示することを禁止する法律を可決した。同法の核心は、以下の簡潔な条文にある。「公立学校において、生徒がこれ見よがしに宗教的帰属を明示することになる標章または衣服の着用は禁止される」。フランスの公立学校におけるイスラムのヘッドスカーフをめぐり一五年の長きにわたって繰り広げられた論争は、同法によってあっけなく決着を見たのである。

二〇〇四年法で強化されることになったライシテは、個人の権利と国家の統一性との緊張関係をその特徴としている。このような緊張関係は、フランスのライシテにとっての法的基礎、すなわち一九〇五年の政教分離法の最初の二カ条に内包されている(条文にライシテという言葉自体は出てこないにしても)[7]。同法の第一条には、「共和国は、信教の自由を保障する」として、宗教的自由の原則が明記されている。しかるに第二条では、「共和国は、いかなる礼拝も公認せず、報酬を出さず、補助金を交付しない」として、共和国を特徴づける国家と教会の分離が規定されている。第二条は、概念上は不介入の原則であるが、法制化以来、二つの実践的な方向に合わせて都合よく再解釈を施されてきた。一方では、それは宗教を支援する前向きの介入のことを意味するとされた（ただし、こうした介入は公平ないし均一におこなわなければならない）。内務省の宗教担当局長が述べているように、第二条は、「共和国は一つの宗教に便宜を図ったり、一宗教内の一つの教派に便宜を図ったりすることはない」（Bowen 2007b: 11 から再引用）という意味である。他方では、それは「秩序と社会的一体性のために真に必要とされる」（Messner et al. 2003: 49）場合、自己主張の強い宗教を抑えこむための後ろ向きの介入を意味するとされた。

けれども全体として見れば、一九〇五年の政教分離法はリベラルな性格をそなえており、融和志向のアリスティド・ブリアン（一八六二～一九三二年。フランスの政治家、社会主義者）がエミール・コンブ（一八三五～一九二一年。フランスの政治家）の戦闘的な反教権主義を打ち負かしたことを意味している。つまり同法は、一九〇一年の結社法（その他の団体には一律に不要とされた法的認可を、宗教的結社にのみ要求した）のように、宗教団体を徹底的に破壊することを目指したわけではなく、宗教団体が私的組織という低い地位に甘んじるのであれば、その存続を保障するものであった。しかしそれでも、政教分離法の下では、宗教的自由として理解されたライシテと、共和主義の自己定義として理解されたライシテとは、つねに衝突する可能性があった。いずれにせよ、政教分離法の成立はバチカンを怒らせるには十分であり、結果としてフランスとの外交関係は二〇年にわたって断絶することになった。

ライシテの二側面については、一般に「戦闘的」ライシテと「多元的」ライシテに区別される(その一例として、Fetzer and Soper 2005: 73–6)。前者は共和国の統一性を優先し、後者は宗教的権利を擁護する。興味深いことに、一九八〇年代後半にイスラムのヘッドスカーフをめぐる対立が最初に噴出したとき、リベラルなライシテは共和主義的なライシテよりも優位に立っていたように思われる(8)。たとえばピエール・ビルンボームは、「共和主義国家からの撤退」や「フランス社会のプロテスタント化」といったことまで口にしていた(Birnbaum 2001, ch. 6)。こうした状況の下で、個人主義、寛容、世俗主義といった価値観が支配的となり、一方で「国家は教会に手を差し伸べ」、ド・ゴールからミッテラン、そしてシラクに至る政治指導者たちも、みずからのカトリック信仰を公言してためらわなくなる。このような展開に含まれている論理は明白である。すなわち、もはやカトリック教会が共和国に対する重大な挑戦を意味しなくなると、共和国はカトリック教会の存在を受け入れ、社会における教会の積極的役割を利用しさえするのである。この点に関してJ・M・ヴォーリングは、国家の中立性が「消極的」概念から「積極的」概念に変容したと説明している(Woehrling 1998)。一九〇五年の政教分離法では前者が支配的であり、国家は宗教といかなる関係を持つことも拒否していたのに対して、国家が宗教の社会的有用性を認識できるほどに緊張関係が緩和した今日では、後者のほうが支配的になったのである。

ある著名な宗教社会学者は、戦闘的ライシテから多元的ライシテへの変化を「ライシテのライシテ化」と名付けている。つまり「ライシテは宗教に対抗する制度というよりも、多元的な世界観を調整する枠組みとして定義される」というわけである（Willaime 1998: 15）。こうした見方を最初に提示したのは、法律家のジャン・リヴェロである。彼はライシテが「イデオロギー」から「法規」へと変容したと説明しており（Rivero 1960）、その結果として「ライシテが意味するのは、もはや思考および教義の統一性ではなく、むしろ多元主義に関する合意となったのである」（Messner et al. 2003: 124）。

こうした見方に立てば、旧来の「戦闘的ライシテ」は何らかの制度を神秘化し崇拝しているという意味で、敵であるカトリックとも共通しており、いずれの場合もその制度は神聖な価値を付与されている。振り返ってみれば、一七八九年の革命家たちは旧体制を自分たち自身の「市民宗教」と神聖な制度によって置き換えたのではなかっただろうか。デイヴィッド・マーティンが名著『世俗化の一般理論』のなかで指摘しているように、「フランス啓蒙主義の教義の核心は、いわば裏返しのカトリシズムであり、またフランスによって作られた世俗宗教は、往々にしてキリスト教なきカトリシズムの一種である」（Martin 1978: 24）。ここに一貫しているのは、国家とは善き社会のなかに有徳な市民を創り出す倫理的プロジェクトに取り組むものだという発想である。ジャン・ボベロは次のように述べている。「仲介者としてのカトリック教会という概念と対をなしてきたのは、人類に幸福をもたらす諸制度の全能に対する革命家の信念である」（Baubérot 1990: 139）。昔も今もフランスの国家建設に携わる共和主義者は、デュルケム主義の実践者であり、彼らによれば「神聖なもの」と「世俗的なもの」の区別は社会に関する普遍的な二分法なのであって、統合と統一の基礎は、神聖さという触知できない基本的領域を世俗性の影響から保護することにある（Shils 1972も参照）。この「カトリック－ライシテ（*catho-laïcité*）」において、キリスト教の三位一体は「理性－科学－進歩という摂理の三位一体」（Morin 1990: 38）に取って代わられたにすぎない。この種の思考様式が死に絶えたわけでないことは、現代の共和主義の言説に見られる公立学校の神聖化によって裏づけられる。ニコラ・サルコジは今日のフランスの政治的エリートのなかで共和主義から最も遠い人物であると言えるが、そのサルコジが「共和国の食卓にイスラムを招待する」ための条件をどんなふうに説明していたかに留意するべきである。「モスクに入ったら、私は靴を脱ぎます。ムスリムの若者が学校に入ったら、ヴェールを取らなければいけません(9)」。

ライシテそれ自体がライシテ化されていき、「戦闘的」ライシテから「多元的」ライシテへと変容するにつれて、共和主義的制度は神聖さを剝奪され、個人の権利のほうが優位に立つようになった。この点に関してジャン・ボベロは、「世俗的制度とその聖職者たちを標的とする新しい反教権主義」について語っている（Baubérot 2004: 67）。共和主義者がそのまま受け入れ、彼らなりの世俗的なやり方で作り替えてきた「伝統的なカトリックの制度概念」（Ibid., 145）が、個人主義の影響によって不可避的に蝕まれていたまさにそのとき、よく知られた一九八九年のヴェール事件が発生したのである。そこにおいて、すでに死んだと見なされていた「戦闘的ライシテ」は生き返ったのだ。

注意すべきことに、この言い回しはヴェール事件の始まりを告げる悪名高い先制の一撃、すなわち五人の「共和派」知識人が署名したリオネル・ジョスパン教育大臣宛ての公開書簡「教師たちよ、降伏するな」のなかで肯定的に使われている。

ライシテはつねにさまざまな勢力の緊張関係の間にあった。宗教の側が再び戦う意欲を取り戻しているときに、上品に振る舞おうとするあまり、いわゆる「戦闘的ライシテ」なるものを手放してよいのであろうか。ライシテとは原理上、闘争であるし、闘争であり続けるのであって、公立学校も共和国も自由それ自体も、まったく同様である。それが存続していくためには、われわれ全員の規律と犠牲とちょっとした勇気が必要なのである。[10]

パリ郊外クレイユの公立学校で、ムスリムの少女三人がヴェールを脱ぐことを拒んだのを受けて、ジョスパンが示した最初の反応は、何よりもまず「対話」を勧め、また生徒の利益のためにヴェールを受け入れることを勧めるというものであった。「学校は生徒を排除してはならない。なぜなら学校の目的は生徒を受け入れることだからである」(Gaspard and Khosrokhavar 1995: 22 から再引用)。アラン・フィンケルクロート、エリザベート・バダンテール、レジス・ドゥブレを含む共和派の知識人たちは、こうしたジョスパンの妥当とも見える姿勢を「共和国の学校のミュンヘン協定」であると一蹴し、イスラムへの手ぬるい対応を一九三八年のナチス・ドイツに対するフランスとイギリスの悪名高い「宥和」政策になぞらえてみせた。[11]「戦闘的ライシテ」はこうした論争を通してよみがえっていくのだが、興味深いことに、ここで「戦闘的ライシテ」が標的としたのは、有害とされた宗教的行動それ自体というよりも、厳格さを欠いた「新しいライシテ」による誤った寛容なのである。[12]言い換えれば、今回の衝突は、一九世紀における共和国とカトリック教会の闘争のような、ライシテ勢力と宗教勢力の衝突というよりも、二つの異なるライシテ理解の衝突なのである。つまりライシテは、原理としてはすべての人に共有され同意されている一方で、現実にはリベラルなライシテと共和主義的なライシテという二つの対立的な意味を与えられているのである。

国務院とリベラルなライシテ

リベラルなライシテ概念は個人の権利を重視するがゆえに、イスラムとの対立が発生するずっと以前から、司法が国内においてその重要な担い手となってきた——そしてかなりの成功を収めてきた——ことは間違いない（Rivero 1960 を参照）。裁判所主導によるリベラルなライシテは、一九八九年のヴェール事件から二〇〇四年のライシテ法に至るまで、つねに主流をなしてきた。ヴェール事件は至るところで共和国フランスの旧態依然たる不寛容さを示す徴候と受け取られる一方で、この事件がムスリムの少女たちに有利なかたちで解決されたこと、また校長がヴェールを脱がなかった生徒に退学処分を下すという事例が相次いだものの、そのほとんどは裁判所命令により復学を許可される結果に終わっていることは、フランス人以外の者の目に留まることは少なかった。一九九二年から一九九九年までの間、国務院で審議された退学処分に関する四九件の訴訟のうち、実に四一の事例について裁判所は処分の取り消しを命じているのである（Haut Conseil à l'intégration 2000: 56）。

リベラルなライシテをイスラムに適用する場合に鍵となるのは、一九八九年一一月二七日に出された国務院の見解であり、これがこの先一五年にわたってムスリムのヘッドスカーフをめぐる法的状況を大きく規定することになる。クレイユの中学校でムスリムの少女三人が退学処分になったことはよく知られているが、裁判所はこの処分を取り消すにあたって、教師と生徒ではライシテが意味するものは異なると論じている。教師にとってそれは「中立性」を意味し、特定の宗教的信条に肩入れしたり、それを人に教え込んだりしてはならない。他方、生徒にとってそれは「信教の自由」を意味し、公立学校においてみずからが信仰する宗教を表明してもよい。このように裁判所は二面的なライシテ理解を打ち出したのである。「ライシテの原則は、一方で教師の中立性を尊重しながら、また他方で生徒の信教の自由を尊重しながら、教育がおこなわれることを要求している」（この国務院の見解は William 1991 に再録）。したがって、ヘッドスカーフ着用は基本的な宗教的自由の表明であり、憲法ならびにフランスが署名した国際条約によって保障されているのだから、公立学校においてヘッドスカーフを容認することはつねに遵守されるべき規則なのであって、それを禁止するとしても、個別に判断しなければならないような例外的事例に限られるのである。

ただしこのことは、寛容の限界が存在しないことを意味しない。そのような限界として、第一に、生徒がすべての教科課程に出席することが絶対的義務とされている。その後の判決でもこの義務が厳格に取り扱われているところに、この問題に関するフランスとその他の大陸法系諸国の間の理解の違いが現れている（後者については、Albers 1994 を参照）。第二に、こちらのほうがヘッドスカーフの扱いそのものに関連してくるが、寛容が限界に達するのは「あからさまな」ヴェール着用の場合であり、これは「圧力、挑発、布教、宣伝」といった行為につながるし、自分以外の「教育の場の成員」の権利を侵害したり、学校の正常な機能を危険にさらしたりするものである。つまりヘッドスカーフは、宗教的シンボルとしては「許容範囲内」であるが、政治的シンボルとしては「許容範囲外」なのだと言えるだろう。残念ながら、とりわけイスラムが世界規模で政治化した時代にあっては、こうした区別は曖昧さに満ちており、おそらく原理的に不可能な区別ではある（本書第5章を参照）。

しかしながら、一九八九年の国務院の見解は、過去に出された諸々の判決の要約にすぎなかったし、法的拘束力も持たなかった。国務院がはじめて強硬に介入したのは、それからちょうど三年後、いわゆるモンフェルメイユ事件のときであった。これは、パリ近郊モンフェルメイユで、ムスリムのヘッドスカーフを（「すべての宗教的、政治的、哲学的標章」というかたちで）全面的に「禁止した」校則にもとづいて、コレージュ（中学校）を除籍されたムスリムの少女三人が関係した事件であり、したがって一九八九年に国務院が要求した個別的判断という方法を真っ向から否定するものであった。国務院は一九九二年一一月二日の判決で[13]、校則の禁止条項は「その表現の一般性」のために「違法」であると断定し、少女らは国務院の命令により復学を許可された。これはまことに皮肉な裁定である。というのも、現場の個別的判断という方法が、まさに現場の学校当局の頭越しにトップダウンで命じられたからであり、さらにそれ以来、ヘッドスカーフ反対論者やあまりにも「リベラルな」国務院の批判者から怒りを買うことになったからである（Coq 2003, ch. 6 の激烈な批判を参照）。

国務院の「ケルーアー裁定」として知られることになったこの事例は、もう一つの意味でも重要である。というのも、この事例によってヘッドスカーフの敵と味方がそれぞれ依拠している論法の違いが前面に押し出されたからである。ある人がヘッドスカーフを容認する場合、それはヘッドスカーフを着用する女性にその解釈を委ねる主観的方法にもとづいている。逆に、ある人がヘッドスカーフに反対する場合、ヘッドスカーフの意味は国家によって確定されうるとする客観的方法にもとづいている。主観的方法を擁護する議論は、国務院が採用することになり、ケルーアー事件で国務院の調査官を務めたダヴィド・ケスレルはこれについて詳しく説明している（Kessler 1993）。しかし、ギ・コックが辛辣に批判するように、この議論には曖昧なところがあり、もしナチスの鍵十字が禁止されるとしたら（実際、フランス反差別法で禁止されている）、なぜヘッドスカーフについては容認されるのか、という疑問を引き起こす（Coq 2003: ch. 6）。ケスレルに言わせれば、鍵十字の場合、「標章そのもの」が「解釈」の如何にかかわらず「憎悪を挑発するもの」となる（Ibid., 117）。これに対してヘッドスカーフについては「標章そのものではなく、その認識の仕方」が問題になるのであり、行政や司法の立場から「イスラム内部におけるこの標章の地位を解釈すること」は「非宗教的《ライック》な国家、宗教的自由、信教の自由の尊重という諸原則を著しく侵害する」ことになるだろう（Ibid.）。これはフランス以外の国の裁判所でも採用されている立場である。しかしながら、コックが自信たっぷりに指摘しているように、この考え方には首尾一貫しないところがある（Ibid., ch. 6）。「標章そのもの」と「解釈」を必要とする標章を区別することはできず、鍵十字も含めてすべての標章は解釈を必要とする。つまり、ヘッドスカーフを宗教的シンボルに分類することは——ヘッドスカーフを憲法の保障する自由権の範囲内に含めるためには必要なことであるが——当然ながら一個の「解釈」行為である。けれどもそうだとしたら、ヘッドスカーフ反対論者のように、ヘッドスカーフを性差別のシンボルとして解釈してもよいはずである。ヘッドスカーフ容認論が依拠する不可知論は首尾一貫していないことが、ここから分かるだろう。しかし逆に、ヘッドスカーフ反対論者はいったいどんな根拠があって、本質的に主観的であるはずの「解釈」の余地なしに客観的意味を確定できるなどと言えるのだろうか。ヘッドスカーフをめぐる論戦は、その敵と味方のどちらにとっても、避けて通れない不安定な基盤に支えられているのである。

とはいうものの、国務院のリベラルかつ権利重視のライシテ概念は、イスラムへの対応としては支配的な手法となり、統合高等評議会（Haut Conseil à l'intégration 2000）もこの概念を共有するに至った。統合高等評議会の報告書『共和国のなかのイスラム』によれば、一九〇五年の政教分離法は「まずもって自由の法」であり、たとえ公の場であっても個人および集団の宗教的礼拝の自由を保護し、すべての宗教の平等を保障する一方、それが共和主義的な「政教分離の法」であるというのは第二義的なことにすぎない（Ibid., 14）。統合高等評議会のなかで強硬な反対意見を述べた二人が指摘しているように、国務院が解釈する宗教的自由には、生徒が「学校施設内で自分たちの信仰を表現し明示する権利」[14]も含まれており、こうした積極的な解釈によって、共和主義の観点から理解された中立性の原則は消し去られることになる（Kaltenbach and Tribalat 2002: 212）。そういうわけで、いまや公立学校は共和国の「聖域」から社会の民族的・宗教的多様性を映し出す鏡へ、さらにはその増幅装置へと変化せざるをえなくなったのである（Ibid.）。

ライシテは伝統的に共和主義的中立性と結びつけられ、公的な同質性の論理を肥大化させ私的領域にまで侵入させるものであると見なされてきた。ところが、ある学者が述べているように、「いまや宗教的自由はライシテよりも上位の価値となったように見える」（Barbier 1993: 84）。ライシテを中立性に関する共和主義的な理解の一種であると考えたり、あるいはライシテとは異質なものとして理解された宗教的自由の原則と並置したりといったことが、フランスにおけるイスラムのヘッドスカーフをめぐる論争にはしばしば見受けられる。これは事の本質を見誤らせるおそれがある。というのも、一九〇五年の政教分離法の第一条に明文化されているとおり、宗教的自由の保護はライシテの伝統そのものの本質をなすからである。

政教分離法と並んで、リベラルなライシテにとって重要な参照基準となるのは、ジュール・フェリー〔一八三二〜一八九三年。フランスの政治家。第三共和政における公教育体制の確立に尽力〕の有名な『教師たちへの手紙』であり、これは後に国務院が採用する二面的なライシテ理解の先駆けであった（Ferry 1883）。フェリーによれば、ライシテが要求する中立性とは、もっぱら生徒ではなく教師に対する命令である。教師は生徒の宗教的感情を侵害したり傷つけかねないことは慎み、ライシテの命じる宗教的自由を尊重するように求められる。フェリーの手紙のなかで最も有名な一節は以下の部分である。「生徒の父親が君の授業を参観し、君の話を聞いているとしよう。父親たちのなかに、君の言うことに信仰心から反対する者が一人でもいそうかどうかを自問してみたまえ。答えがイエスなら、君は言おうとしていたことを慎まなければならない。……子どもの良心のように繊細で神聖なものを相手にする場合には、いくら注意してもしすぎることはない」。たしかに、こうしたリベラルな自制を伝統的な共和主義的観点から正当化しているのは、公立学校で伝達されるのが「個人的英知」だけではなく「普遍的秩序」に関する「人間の英知」といった「人類の遺産」に属するものなのだという楽天的な想定である（Ibid.）。

リベラルな傾向はまぎれもなく最初からライシテの伝統の一部であったが、国務院による権利の強調は法律の一般的発展に沿ったものでもあって、これを受けて権力機関のなかには、権力を持たない人々を保護するための権利重視の言説が溢れるようになったのである。国務院判事のダヴィド・ケスレルは、ケルーアー事件について、「私はドイツやイギリスの裁判所であっても異なった判断を下したとは思わない」と述べている（Kessler 1993: 101）。実際、一九八九年の国務院見解が肯定的に引用している同年の教育基本法第一〇条では、次のように規定されている。「生徒は多元主義および中立性原則の範囲内において、情報の自由および表現の自由を行使する」(Gresh 2004: 293から再引用)。有力な共和派の社会学者ドミニク・シュナペールによれば、基本的な趨勢として、現代の国民国家における「超越の喪失」は避けられないのである (Schnapper 2006)。

リベラルなライシテを批判する者たちは、こうした変化がグローバルな潮流の一部であることに気づいた結果、適切に理解されたライシテとは「フランス的例外」(Debray 1990) なのであり、そういうものとして保持すべきだと主張せざるをえなくなった。この議論で鍵となったのは、共和主義的な国家建設における公立学校の中心的役割を強調することである。レジス・ドゥブレにとって、「個々人の事情や現実の境遇が棚上げにされる……切り離された空間」として学校が存在するおかげで、「ライシテは子ども時代から二重生活を送る可能性を高める」(Ibid., 200f)。公立学校は、子どもをみずからの社会的背景から解放し、真の市民にしてくれるのである。このような共和主義の理想に対する反感を前提としてはじめて、学校は階級的不平等を「再生産」するというピエール・ブルデューとジャン゠クロード・パスロンの有名な主張 (Bourdieu and Passeron 1970) がもたらした衝撃の大きさも理解できよう。けれども、こうした解放のためには、「家」と「学校」、「私」と「公」、「市民社会」と「公共空間」といった厳格な二分法を必要とした。さらに解放を進めるにあたって、学校は共和主義の中心的価値を体現し、「神聖な」ものと化した。なぜなら、デュルケム学派のドゥブレが言うように、「社会集団の一体性を作り出しているのは、その集団が神聖と考えているもの」だからである (Debray 1990: 205)。この角度から見ると、「ライシテをライシテ化する」というリベラルな発想は、結局のところ「社会的なものを再び聖化すること」になり、有害な多様性を生み出しかねない。必要なのは、ライシテの「再定義」ではなく、「それを復活させる」ことである（Ibid.）。

一九八九年以来、ヘッドスカーフに対する攻撃はすべて学校の神聖化を前提としてきた。「教師たちよ、降伏するな」によれば、学校は「普遍的なものに捧げられた唯一の制度」であるにもかかわらず、「共同体主義の圧力」によって「社会的宿命の学校」に堕してしまうおそれがあった。(15) 一九九四年のバイルの政令は、学校における「あからさまな」宗教的標章の全面的禁止を命じた点で、リベラルな国務院に対する最初の直接的な政治的攻撃であったが、国民を作り出す共和主義的な学校の復活を次のように高らかに謳っている。

国民とは権利を保有する市民の総体であるだけではない。国民は運命共同体なのである。この理想はまずもって学校において作られる。学校とはすぐれて教育と統合の場所なのであり、そこですべての子どもたちは、共に生きること、互いを尊重することを学ぶ。……性別、文化、宗教をめぐるあらゆる差別は、学校内にあってはならない。この非宗教的《ライック》で国民的な理想こそ、共和主義的な学校の本質であり、市民教育をおこなう学校の権限の基礎である。(16)

二〇〇四年のヘッドスカーフ禁止法に先立つスタジ報告書も、その基調は同じである（Stasi

Report 2003)。「学校は共和国の基本的制度であり」、未成年者に「さまざまな差異を超えて共に生きる」ことを教えるが、一方で彼らは「世界の騒々しさから」保護されなければならない（Ibid., 56)。そして、今日の権利重視の言説のなかで学校が脱神聖化されていることを踏まえつつ、「共和国の学校は単なる（制度の）利用者ではなく、賢明な市民になるべき生徒の集まりである」と述べている（Ibid.)。

国務院の「可変的に設定されるライシテ」（Kaltenbach and Tribalat 2002: 119）という発想には、公立学校が共和主義のプロジェクトのなかで占めている特別な地位を否定しようという意図が含まれているのは間違いない。それどころか、リベラルなライシテは、郵便局であれ学校であれ、渾然とした国家制度内にサービスの「提供者《プロバイダー》」と「利用者《ユーザー》」を区別することによってはじめて成立する。そのうえでライシテの異なる側面がそれぞれの側に適用されることになるのである（提供者には「中立性」、利用者には「自由」というように）。国務院の裁定をムスリムの大衆に広めた悪名高き「アブダラ博士」は、次のように述べている。「公的サービスの中立性というものは、郵便であれ、学校教育であれ、このサービスの提供者に課されるのであって、その利用者に課されるのではない」[17]。こうした見方は、権威ある『フランス宗教法概論』でも承認されており、同書によれば「公立学校の中立性が及ぶのは、教師、授業科目、建物、場所までであり、生徒には及ばない」（Messner et al. 2003: 1119）。これに対して、カルタンバックとトリバラは以下のように指摘する。一九八九年七月一〇日の教育基本法は、クレイユの退学処分に関する国務院の例の見解が出されるちょうど数か月前に通過していたが、そこにも「教育共同体」という全体論的概念は含まれている。この概念によって、教師と生徒は共同の教育プロジェクトに参画することになり、郵便局のようなより一般的な制度にとっては意味があるかもしれない提供者／利用者という二元論は否定されるというのである（Kaltenbach and Tribalat 2002）。となると、一九八九年の教育基本法第一〇条は、通常、宗教的自由を定めた条項だと理解されているが、これは中立性原則を生徒にも適用するものであり、したがって生徒の宗教的表現を制限していると理解できるかもしれない。「コレージュにおいて……生徒は中立性の原則を……尊重する限りにおいて情報……および表現の自由を享有する」（Ibid., 121から再引用。強調は筆者）。これは国務院がその後の決定を下す際に採用しなかった道筋であり、二〇〇四年のライシテ法が採用した道筋である。大統領設置のスタジ委員会に対抗して国民議会から委任を受けたドゥブレ報告書は、通常の公的制度における社会的関係とは異なる「教育共同体」という考え方をすぐさま持ち出してきた。「生徒たちは公的サービスの単なる利用者ではなく、彼らを育成する使命を帯びた制度の内部で成長しつつある個人なのである」（Debré Rapport 2003, tome I, 1ère partie: 30）。

国務院のリベラルな裁定は、宗教的自由の表現としてのヴェールを総じて受け入れるものであった。にもかかわらず、現場の校長たちは政令に従って生徒との「対話」に入らざるをえなかったのであり、その唯一の目的はヴェールの除去であった。こうした矛盾は、一九八九年一一月の国務院の見解を受けて、これを実行に移した最初のジョスパンの政令以来、つねに存在してきた。「生徒の利益のため、また学校が正常に機能するため、生徒が宗教的標章を身につけるのをやめるように、ただちに生徒および両親との対話が実施されなければならない[18]」。

現場の学校管理者は、いかなる場合に宗教的標章は禁止されるべきかについて、より明確で客観的な指針を要求したため、これに応じて政府はいわゆる一九九四年のバイルの政令を発布した（フランソワ・バイル教育大臣により発布）。この政令によって、「自分の信仰への個人的愛着を表現する」「控えめな」標章と、「それ自体が布教と差別の一部であるようなあからさまな標章」の区別が導入された（強調は筆者）[19]。明確さと客観性のために発布されたにもかかわらず、バイルの政令はヴェールをめぐる国務院の姿勢と完全に矛盾するものであった。後者がヴェールそのものは禁止されず、「あからさまな着用」だけが禁止されると明言した一方で、バイルの政令はこれを覆し、ある種の標章は「それ自体として」違法であると明言したのである。しかしながら、こうした国務院への明白な妨害行為は、実際的な影響を及ぼすことはなかった。国務院はそれを単なる法律の「解釈」にすぎないと受け止め、従来どおりのリベラル路線を維持した。

そういうわけで、二〇〇四年のライシテ法に先立つ法的状況は、以下のようにまとめられよう。国務院のリベラルなライシテ理解は、一般にムスリムのヴェールを容認する根拠となっていた。これに対して、より厳しい制限を課そうとする歴代の教育大臣による通達は、単なる法律の「解釈」という従属的な意味しか持っておらず、したがって現実的な効果をもたらさなかった。全体として見れば、ヴェールを禁止する法的根拠はまったく存在しなかったのだが、国家はジョスパンからバイルに至るまで、各種の通達によってこれを規定しようとした。けれども、欧州人権条約に従えば、基本的自由の行使を制限するには明文化された法的根拠が必要である。だからこそ、二〇〇三年の夏、ヴェールに関する助言をおこなうためフランス国民議会によって設立されたいわゆるドゥブレ委員会は、二〇〇三年一二月には、ライシテ法の制定を勧告したのである（Debré Rapport 2003, tome 1: 33）。

政治的領域における共和主義的なライシテの勝利

二〇〇四年のライシテ法への道程は「政治的企ての勝利」（Lorcerie 2005: 11）、あるいは単純に「政治家による乗っ取り」（Bowen 2006: 98–112）と要約できるかもしれない。最初の一撃は一般に、二〇〇三年四月一九日、フランスの有力ムスリム団体であるフランス・イスラム組織連合（ＵＯＩＦ）の年次大会がパリ近郊で開かれたとき、当時内務大臣であったニコラ・サルコジが騒然とした雰囲気のなかを（しかし冷徹に計算ずくで）登場したことだとされる。サルコジが当たり障りのないねぎらいの言葉を突然打ち切り、ムスリムの聴衆に向かって「身分証明書の写真は頭部を覆わずに撮影しなければならない、なぜなら「共和国の法」はそれを要求しているからだ」[20]と発言すると、聴衆は総立ちになり、残りの演説は野次にかき消されてしまった。メディアはすぐさまこの問題を取り上げ、一一か月後にヘッドスカーフ禁止法が通過するまで報道は続いた[21]。皮肉なことに、サルコジはフランスの政治的エリートのなかでヘッドスカーフ禁止に唯一反対するのだが、その彼が後におこなった説明では、四月一九日の発言は「四月二一日への私なりの応答」であったという（Ibid., 102）。四月二一日とは、二〇〇二年春のあの衝撃的な日曜日のことであり、ルペンはこの日、大統領選挙の第一回投票で社会党の最有力候補リオネル・ジョスパンを退けたのである。それはまた、シラク大統領が超党派的に国民的結束を維持するという任務を自覚して、共和国の救世主としてよみがえった日でもあった。[22]ライシテ法はこうした大義にぴったり合致するものであった。

そういうわけで、法律の制定に至るまでに、一九八九年のヴェール事件のような劇的な大衆的事件もなければ、ヴェールを被った生徒の数が驚くほど増加するということもなかった。実際、ヴェールをめぐって生じた衝突の数は、二〇〇三年夏の時点で一〇年間低下し続けていた。[23]二〇〇三年九月に新年度が始まったとき、ヴェールを被った生徒の事案はフランス全土で一二五六件であった。これはバイルの政令が出され緊張が高まった一九九四年の一一二三件を、ほんの少し上回る程度にすぎない。さらに、三か月後の二〇〇三年一二月の時点で、未解決の事案はわずかに二〇件であり、そのうち四件だけが強制的な除籍処分に終わった。全生徒数九〇〇万のうち、これはきわめて少数である。ドゥブレ委員会に対してこの数字を示したニコラ・サルコジは正しかった。「しかし、共和国が危機に瀕しているなどと言うのは、この数字を考えるなら、ばかばかしいことである」（Debré Rapport 2003, tome II, 6ème partie: 112）。さらに言えば、フランスの学校全体のわずか五パーセント——すなわち、ムスリム住民が過度に集中する貧しい郊外にある学校——が、生徒が頑なにへッドスカーフを着用し続けるという現象から影響を被っているにすぎない (Ibid., tome I, 1ère partie: 51)。最後に、現在フランスのムスリム全体で宗教的実践をおこなっているのは一二パーセントに満たないとされることを考慮すれば (Ibid., 67)、社会的現実に迫られて、現状を改善するためにヘッドスカーフ禁止法が制定されたと結論づけることはできない。だからドゥブレ委員会は次のように認めざるをえなかった。「共同体主義の主張は、実際のところ、フランスにおけるいかなる社会学的現実も反映しておらず、それはむしろ少数の個人による政治的煽動と見なされなければならない」(Ibid., 68)。こうして、スタジ委員会が「ライシテに対する永続的な**ゲリラ戦**」について語っていたことも理解できる (Stasi Report 2003, section 3. 2. 2. 強調は筆者)。つまり「ゲリラ」とは、結局のところ、はっきりとは見えないものなのである。

しかしながら、フランス国家によるイスラムへの対応には、つねに暴力に対する根強い恐れがうかがえる。この恐怖は長年にわたって影響力を有しており、イスラムのヘッドスカーフは「ヘッドスカーフ＝イスラム＝テロリズム」という等式の下に認識されてきた (Bowen 2006: 90)。アルジェリア独立戦争で深い痛手を負ってからというもの、植民地解放後にこうした地域からやって来る移民たちはフランス国家に敵意を抱いているのではないかという(根拠がないわけではない)疑いが存在した。最初にヘッドスカーフ論争が起こった一九八九年以来、アルジェリアでは軍事政権と戦闘的なイスラム運動の間で血みどろの内戦が勃発し、フランス政府はアルジェリア政府の後ろ盾になっていたから、これはフランスに飛び火するおそれがあった。一九九五年には、パリの地下鉄でイスラム過激派による爆弾テロが発生し、フランスの警察部隊は凶悪な郊外のテロリスト、ハレド・ケルカルを殺害した。二〇〇〇年代の初頭、パレスチナの第二次インティファーダ〔イスラエルに対するパレスチナ人の抵抗運動〕とグローバル・テロリズムは、貧困にあえぐ郊外に大きな反響を巻き起こすおそれがあった。ニコラ・サルコジがムスリム代表組織（CFCM）の設立に奔走したことも、この文脈で理解しなければならない。二〇〇三年の冬、サルコジがフランスにおけるムスリムの指導者たちに力説したように、「ムスリム共同体とユダヤ共同体を対立させてフランス社会を揺るがし、ムスリム共同体の信頼を損ないかねないあらゆる暴力に対処できるように……あなたがたは速やかにCFCMを創設しなければならない」（Laurence and Vaisse 2006: 157f から再引用）。実際、フランスはヨーロッパ最大のムスリム共同体のみならず、ヨーロッパ最大のユダヤ共同体も抱えている以上、イスラムをめぐる中東ならびにグローバルな紛争は国内紛争に変換されるおそれがあった。二〇〇三年、ヘッドスカーフ禁止法が超党派的に支持されていたときに流行していたのは『共和国の失地』（Brenner 2002）という本であり、同書は、イスラムの戦闘性を考慮すると郊外の学校では「ユダヤ人大虐殺について教えることができない」と主張していたことを忘れてはならない。

暴力への不安が募るなかで、リベラルなライシテはもはや望むべくもない贅沢品であった。スタジ委員会が簡潔に説明しているように、「いまや問題は信教の自由ではなく公共の秩序である」（Stasi Report 2003: 58）。その最終報告書はほとんど被害妄想的に「共和国の抵抗力を試している組織集団」(Ibid., 43) を描き出している。[24] 委員会で唯一反対意見を表明したのは、ライシテ研究で著名な社会学者ジャン・ボベロであったが、彼の考察は、もともとヘッドスカーフ禁止法に反対していた委員を最終的に賛成に回らせた諸々の圧力や集団的思考というものについて、若干の示唆を与えてくれる。ボベロによれば、嫌がらせを受けていたムスリム女性の、ごく一部の激しく感情的な証言によって「イスラムの脅威」という印象が作り出されたが、それを裏づける社会科学上の具体的証拠などいっさい存在せず、結果としてこうした証言が何を意味しているかも確定できなかった(Baubérot 2005)。実際のところ、ヘッドスカーフの実態に関する独自の調査を実施することもなく、またヘッドスカーフ着用の頻度や動機に関してフランス社会学が蓄積してきた証拠すら精査しなかったことは、スタジ委員会の最も顕著な怠慢の一つである。ヘッドスカーフ着用の現実的な動機を徹底的に研究してきた国はフランスを措いて他にないことを考えれば、これはいっそう驚くべきことである。ヴェールを着用したムスリム女性が委員会に招致され証言したのは、調査の最後の一例のみであった。

ボベロが明らかにしたスタジ委員会の内幕によれば、女性の権利の問題が「支配的な観念」となって、もともと乗り気でなかった委員たちをヘッドスカーフ禁止法賛成に回らせたようである。その最たる例は、移民問題の専門家パトリック・ヴェイユである。彼はこのような法律には反対するつもりであると公言して委員会に参加したが、最後には賛成に転じた。それは「スカーフを着用したり他人に押し付けたりすることが、個人の自由の問題ではなく、公立学校を自分たちの戦場として利用する原理主義集団の国家戦略の問題になってしまったから」である（Weil 2004）。ここで興味深いのは、自由を制限するはずの法律が個人の自由を保護する法律へと改変されていることである。ヴェイユはそのために支払わねばならない代償に気づいている。「フランス議会を通過した法律のせいで、公立学校において、周囲に迷惑をかけることなく、みずからの意志でスカーフの着用を望んでいるムスリムの少女の権利が否定されるということを、私は認める」（Ibid.）。このようにヴェイユは、ヘッドスカーフ禁止法の被害者となるのが、自由意志にもとづいてヘッドスカーフ着用を選択したムスリム女子生徒であることを正確に指摘している。社会学の知見によれば（とくにBabés 1997）、自主的なヘッドスカーフ着用は、ヘッドスカーフの背後に「共同体の」圧力が働いているという考え方の誤りを暴くものであり、若いムスリムの生徒たちの間では一般的となってすでに久しい。たしかに、二〇〇四年のヘッドスカーフ禁止法の制定過程で世間の注目を集めた事件、すなわちユダヤ人と宗教実践をおこなっていないムスリムを両親に持つ姉妹、リラ・レヴィとアルマ・レヴィの事件では、ヘッドスカーフは明らかに「若者の自己主張ないし反抗」に手を貸すものであった（Laurence and Vaisse 2006: 166）。では、野球帽やだぼだぼのズボンはどうして禁止しないのだろうか。ヘッドスカーフ禁止は、ヘッドスカーフが女性を虐げているという客観的な解釈に依拠しており、こうした解釈によってそれ以外の意味はすべて消去される。それ以外の意味と言っても、イスラムの教義の観点からすれば的外れで奇異に映るかもしれないが、それでも宗教的自由権の範囲内には含まれているのである。

また興味深いことに、相当に厳格で自由を制限するはずの法案は、「社会の多様性」を尊重する法案として提出されたのだった。それは、実際にはこの法律によって否定された「開かれた寛大な」ライシテなるものの実例であるとさえ見られていた。だからスタジ報告書では、今日求められていることの一つは「社会の多様性を尊重しつつ、統一性を作り上げること」（強調は筆者）であると指摘されている（Stasi Report 2003: 16）。そして国民議会の社会党代議士の一人は、「共和主義者にとって」ライシテは「寛容に還元されない」のであり、神聖な公的空間としての学校の「類まれなる特異性」を守るためにもヴェールは禁止しなければならないと述べた後で、なおも「開かれた寛容なライシテ」（繰り返すが、この法律によって葬り去られたものだ）に賛成であると主張したのである。(25) 同様にジャック・シラク大統領も、スタジ報告書の刊行からわずか二日後、エリゼ宮の大聴衆を前にライシテ法の制定を公式に要請した際、公立学校における「これ見よがしの」宗教的シンボルを禁止することは「多様性」の尊重および「開かれた寛大な」ライシテに合致するのであり、後者は「信教の自由を保障するものである」と長々と説明した。(26) これによって分かるのは、かつての共和主義的な「戦闘的」ライシテを想起させる法律には、権利を否定する内容が盛り込まれていたとはいえ、それでもリベラルかつ権利重視のライシテ理解が主導権を握っていたということである。

ヘッドスカーフ禁止法をめぐる議会内の論争を仔細に検討すると、実質的な反対意見がまったくなかったことに気づく。それは投票結果からも明らかである。審議の第一段階では国民議会の代議士のうち四九四人が賛成、三六人が反対、三一人が棄権し、政党による相違としては、共産党の代議士に反対する傾向があった程度である。ラファラン首相が開口一番、法案提出の目的は「われわれの価値の永続性」を確実にすることにほかならないと述べたことで議論の方向性が決まり[27]、続いて演説に立つ者はみなうんざりするような儀式的な単調さでもって、あからさまなナショナリストの言葉づかいでライシテを擁護することに終始した。すなわち、ライシテとは「フランスの特性」(クレマン議員)であり、「共和主義的なやり方で「共に生きる」ための原理」(アサンシ議員)であり、「われわれの集団的歴史を形作るもの」(ブール議員)であり、「わが国民の道徳的ないし精神的統一性の中心要素であり……われわれの社会契約であり……共和国の約束の核心」(ヴァイヤン議員)であり、「わが共和国の……「神聖な」価値」(ゲラン議員)であり、「共和主義的価値の土台」(ブラール議員)であり、「国民的共通財産の根幹」(ポール議員)であり、「わが共和国樹立の原則」(ディオニス・デュ・セジュール議員)であるという具合である[28]。

唯一重要な意見対立が生じたのは、宗教的シンボルを禁止する際の正確な表現をめぐってであった。そこに「目に見える」すべてのシンボルを含めるべきなのか、「あからさまな」シンボルだけを含めるべきなのか。この点について二つの委員会報告書は異なる提言をおこなった。議会委任のドゥブレ委員会は「目に見える」を選択したものの、スタジ委員会は「これ見よがし」を選択して、これが最終的な結果となった。概して社会主義者はより制限の厳しい「目に見える」のほうに傾いたが、それはこの表現だけが客観的基準を提供し、それによって現場の行政担当者がヴェールの背後に隠された主観的意図を証明するという困難な作業を免除されるからであった。しかしながら、マルセル・ロングとパトリック・ヴェイユが影響力のある新聞記事――これが発表されたのは審議開始の数日前で、しかも戦略上、最左翼の『リベラシオン』に掲載された――のなかで指摘したように、「目に見える」は、欧州人権条約と合致しない点で問題であり、同条約の第九条では「自分の宗教を明示する自由」が保障されているのである。(29) その結果、最終的に「これ見よがし(*ostensible*)」――社会主義者が望んでいた「目に見える(*visible*)」と、既存の法律用語「あからさま(*ostentatoire*)」の折衷案――が選択されたのも、欧州人権裁判所がフランスに介入することを危惧したためであった。

「これ見よがし」と「あからさま」と「目に見える」は、正確にはどう違うのだろうか。多数意見(「これ見よがし」がその他の選択肢よりも好ましい)に与したド・ゴール派の代議士の一人は、次のように説明している。「これ見よがし」は「見られたいという欲求」を表現しており、客観的に外面に表れている標章はすべて、その標章を身に着けている人の主観的意図にかかわらずこの基準に含まれる。「あからさま」(バイルの政令で用いられた既存の法律用語)は「一石を投じたいという欲求」を含意するものの、主観的かつ「曖昧」すぎて使用できない。最後に、「目に見える」はあまりにも「自由を制限する」ので、これも裁判所の介入を恐れて放棄せざるをえなかったのである。(30) こうした語義に関するさまざまな考察が教えているのは、立憲政治の時代にあって、ごく普通の議員に驚くべき記号操作の能力が求められているということである。さらに言えば、最終的に通過した法律よりも、自由を厳しく制限する法律を社会党員が望んでいたことが分かる。

二〇〇四年のライシテ法はそれまで機能していた法体制を根本的に覆した。この法律以前には、権利中心的かつリベラルなライシテの保護の下、ヴェールを許容するのが規則であり、禁止するのは例外であった。この法律以後は、一定の個人的権利の侵害は不可避であると目をつぶって国民的統一性および一体性をめざす共和主義的ライシテの保護の下、ヴェールを禁止することが規則となり、それを認めるのは例外となったのである。フランスの政治的エリートのなかで異を唱えたのは当時の内務大臣サルコジだけであったが、彼は次のように論じている。この法律は「ライシテというフランス的概念の修正」を意味している。というのも、この概念は伝統的に「宗教の権利を承認すること」によって成り立ってきたからであり、したがって「非宗教的《ライック》でなければならないのは、子どもではなく学校なのである」[31]。ライシテの一部をなす中立性はこれまで生徒にではなく教師にのみ適用されてきたという意味において、サルコジの議論は正しい。他方、共和主義的規範に従うことが最初からライシテの「もう一つの」側面であったという意味では、サルコジの議論は正しくない。

フランスのヘッドスカーフ禁止法の影響はどのようなものだったのだろうか。多数意見を代表したのはファドゥラ・アマラであった。彼女は郊外の抑圧的なイスラム主義を非難するフェミニズム運動「売女でもなく、忍従の女でもなく」の代表的指導者であり、ヘッドスカーフ禁止法はイスラムの好戦性を刺激することにしかならないと推測していた。「若者の反応は恐ろしいものになりそうだ。……ヴェールの代わりに、ブルカを強制される女性も出てくるだろう」(Gresh 2004: 262 から再引用)。実際には正反対のことが起こった。二〇〇四年九月の新学期(新しい学年の始まり)は大いに懸念されたが、ヘッドスカーフを被って登校した生徒はわずか六三九人であり、そのうちヘッドスカーフを脱ぐのを拒んだのは一〇〇人にすぎなかった。その一年後、全国で登校初日にヴェールを被っていたのは、たった一二人であった(Laurence and Vaisse 2006: 171)。皮肉なことに、国境を超えて広がるイスラムは、二〇〇四年のヘッドスカーフ禁止法の打倒対象であったにもかかわらず、二〇〇四年の新学期に真の共和主義的友愛(32)をもたらすのに一役買ったのである。イラクでフランス人ジャーナリスト二人が、フランスのヘッドスカーフ禁止法の撤回を求める急進的イスラム主義者によって誘拐された事件は世間を騒がせたが、この事件をきっかけとしてフランス国家はかつてないほど結束力を強めることになった。パリ・モスクの指導者は名もなきムスリムの少女の言葉を引きつつ、「私のヘッドスカーフが血に染まることは決してない」と断言した(Ibid., 171)。これはフランスのムスリムの国民的忠誠心が試された決定的瞬間であったが、彼らは見事にこの試験に合格し、共和国の「犠牲者」から「英雄」に成り上がったのである(*Le Monde*, Ibid., 171 から再引用)。まさしくローレンスとヴェッスが正しく指摘しているように、フランスのムスリムがヘッドスカーフ禁止法を最終的に受け入れたことは「フランスにおけるイスラムの統合と国民化の深さを明らかに示した」のである(Ibid., 172)。

原註

（1）ヘッドスカーフ禁止法以前の二〇〇三年において、フランスのムスリム女子生徒二五万人のうち、ヒジャブ着用者はわずか一二五四人であった（Laurence and Vaisse 2006: 80）。

（2）社会経済的な統合については同様ではない。アルジェリアおよびモロッコ出身のフランス市民の失業率は現在三〇パーセントであり、生粋のフランス人の失業率の三倍にのぼる（Giry 2006: 5）。悪名高い郊外の公営団地では、ムスリムの失業率は四〇パーセントを上回る（Laurence and Vaisse 2006: 38）。

（3）当時の内務大臣ニコラ・サルコジは、フランスを代表するムスリム団体の創設を求めた際に、「共和国の食卓にイスラムを招待する」という表現を用いた（たとえば *Le Figaro*, 12 September 2003）。

（4）*Le Monde*, 14 November 2007, p. 9.

（5）一九〇五年の政教分離法によれば、国家は一九〇五年以前に建立されたすべての教会を所有する。これは実際問題としては、一九〇五年以前の教会建造物は国家予算により維持管理することを意味している。これに加えて国家は、閉鎖的な施設（刑務所、学校、病院）および空港の施設付司祭の聖務日課を組織・助成し、公共テレビ放送で宗教放送を提供し、国家が支援する宗教学校の教員給与を支払う（Bowen 2007a: 1010 を参照）。

（6）*Le Figaro*, 21 April 2003.

（7）「非宗教的《ライック》」という言葉が最初に登場するのは、一九四六年憲法の第一条である。「フランスは不可分で、非宗教的《ライック》で、民主的で、社会的な共和国である」。

（8）「リベラル」なライシテと「共和主義的な」ライシテの区別は次節以降でも使用するが、すでに論じたように、共和主義はそれ自体が宗教の私事化の一種であり、したがってリベラリズムの一種であるということを忘れてはならない。しかしながら、ヘッドスカーフ論争の経緯そのものが証明しているように、共和主義はリベラルとは言えない形態をとりうる。

（9）*Le Figaro*, 12 September 2003.

(10) E. Badinter, R. Debray, A. Finkielkraut, E. de Fontenay and C. Kinzler, 'Profs, ne capitulons pas!', *Le Nouvel Observateur*, 2 November 1989.

(11) Ibid.

(12) Ibid.

(13) Arrêt du Conseil d'Etat, 2 November 1992, M. Kherouaa et Mme. Kachour, M. Balo et Mme. Kizic (reprinted in *Revue française de droit administratif*, 9/1, 1993, 118f).

(14) Avis du Conseil d'Etat, 27 November 1989, reprinted in William (1991; 強調は筆者).

(15) From 'Profs, ne capitulons pas!', quoted above.

(16) Circulaire no 1649 of 20 septembre 1994 (Education nationale, Jeunesse et Sports: 'Neutralité de l'enseignement public: Port de signes ostentatoires dans les établissements scolaires').

(17) Thomas Milcent ('Dr Abdallah'), in his testimony to the Debré Commission (Debré Rapport 2003: tome II, 2ème partie, p. 36).

(18) Circulaire du 12 décembre 1989 (Education nationale, Jeunesse et Sports: 'Laïcité, port de signes religieux par les élèves et caractère obligatoire des enseignements').

(19) Circulaire no 1649 du 20 septembre 1994 (see above).

(20) 実際には、この「共和国の法」は融通のきかないものではない。一九九一年三月の通達によれば、「修道会に帰属する女性」はヴェール着用のまま写真撮影することが許されている。もともとこの免除規定はカトリックの修道女のためのものであったが、「顔がまったく覆われておらず、完全に識別可能であるという条件で」ムスリムにも拡大適用された。一九九四年一一月の通達だけが、写真は頭部に何も着用せずに撮影しなければならないと規定している。全体として見れば、このような「共和国の」要求をめぐって、過去二〇年にわたって右往左往させられたのである(Gresh 2004: 277 を参照)。

(21) ボーウェンが指摘しているように、二〇〇三年九月から二〇〇四年二月までの間、フランスの主要三紙

（『ル・モンド』『フィガロ』『リベラシオン』）の各々に、イスラムのヘッドスカーフに関する記事が一日あたり二本の割合で掲載されていた（Bowen 2006: 123）。

（22）二〇〇四年二月三日付の『フィガロ』によい記事が掲載されている。

（23）Xavier Ternisien, ‘Pourquoi la polémique sur le foulard à l’école?’, *Le Monde*, 17 June 2003.

（24）フランスにおける「政治的イスラム主義の衰退」と「ムスリムの若者の脱政治化」をより現実的に描き出したものとして、International Crisis Group（2006）を参照。

（25）G. Bapt（PS）, *Assemblée Nationale*, 3 February 2004, 2ème séance, p. 1337.

（26）‘Discours prononcé par Jacques Chirac, Président de la République Française, relatif au respect du principe de laïcité dans la République’, 17 December 2003, Elysée Palace, Paris（accessed through http://www.aidh.org/laic/pres-17-12-chirac.htm）.

（27）Prime Minister Raffarin addressing the *Assemblée Nationale*, 3 February 2004, 2ème séance.

（28）*Assemblée Nationale*, 148ème séance and 149ème séance, 3 February 2004 から再引用。

（29）M. Long and P. Weil, ‘La laïcité en voie d’adaptation’, *La Libération*, 26 January 2004, p. 39.

（30）Bernard Accoyer（UMP）, *Assemblée Nationale*, 3 February 2004, 3ème séance.

（31）ドゥブレ委員会でのサルコジの証言より（Debré Rapport 2003: tome 3, 6ème partie, pp. 119, 115, and 118 respectively）。

（32）この言葉は当時の教育大臣フランソワ・フィヨンが使用したものである（*Le Figaro*, 9 September 2004）。

第3章　キリスト教的―西洋的ドイツにおける教師のヘッドスカーフ

ヒマール

シェイラ

フランスを別にすれば、ドイツはヨーロッパで今日、イスラムのヘッドスカーフを法律で禁じている唯一の国である。この点を正当化するドイツの論拠は、フランスの場合とよく似ている。ヘッドスカーフが違法とされるのは、それが宗教的シンボルだからではなく、自由民主主義的な価値観を拒絶する政治的シンボルだからである。[1]「ヘッドスカーフは……文化的断絶を表明するものであり、したがって社会平和を脅かす政治的シンボルである」。バーデン゠ヴュルテンベルク州の教育大臣アネッテ・シャヴァンは、ドイツのヘッドスカーフ論争の口火をきる発言のなかで、このように論じた。[2]

フランスとドイツにはこうした共通の特徴が見られる一方で、その背後には二つの重要な相違がある。第一に、ドイツのヘッドスカーフ禁止法の対象となっている社会的カテゴリーは、生徒ではなく教師である。反対に、生徒のヘッドスカーフ着用は、ドイツ基本法第四条に従い宗教的自由権によって保護されるべきものであり、これまでこの点に疑義が生じたことはない。それに対して、教師は国家の代理人として、宗教や思想の表明からは「距離」をおき、「中立」であることが期待された。ヘッドスカーフの着用は、教師のこのような立場を侵害してしまうと考えられたのである(Goerlich 1999を参照)。

第二に、ドイツのヘッドスカーフ禁止法の大半は(ドイツの連邦制では教育は州政府の管轄下にあるため、禁止法が複数存在する)、とくにイスラムだけを対象にしており、キリスト教のシンボルに関しては適用の除外が明記されている。ドイツでは、フランス型のライシテがあらゆる宗教的なものへの敵意を意味すると誤解されているが、ヘッドスカーフの禁止は、このようなライシテをドイツにも移植しようとするものでは決してなかった。ドイツのヘッドスカーフ禁止法の目的は、表向きリベラルな国家の中立性を守ることにあると同時に、「われわれの中立性とはキリスト教的であることだ」と書かれているようにも見える（Oestreich 2004: 51）。二〇〇〇年五月にシュトゥットガルトの行政裁判所は、バーデン＝ヴュルテンベルク州によるルディン女史の雇用拒否を支持する判決で、あけすけに次のように述べている。「州憲法の価値判断に従うならば、キリスト教徒ではない教師は、キリスト教徒の教師よりも限られた条件でしか自分の宗教的帰属を表明することができない」（Ibid., 52; 強調は筆者）。実際、州憲法第一六条は、国民学校《フォルクスシューレ》が「キリスト教的な特徴」を有すると定めている。

しかしながら、ドイツ国家が（州レベルであれ連邦レベルであれ）キリスト教を「支持」し、イスラムに「反対」するという偏向を許されたキリスト教国家である、との考えを裁判所が支持したのは、この判決が最後である。エスニック・ナショナリズムは、特殊な「われわれ」を設定し、外部の「彼ら」は決してその一部になれないと主張する。だが、そうしたエスニック・ナショナリズムの残滓は、ヘッドスカーフに関するその後のすべての上級裁判所判決で拒絶されることになった。実際、ドイツのヘッドスカーフ論争は、「ドイツ国家」の意味をめぐる争いとして解釈することができる。すなわちドイツ国家とは、いかなる宗教的信条の信奉者であれ平等に扱う義務を負ったリベラルな国家なのか。それとも、イスラム・マイノリティが享受できない一定の特権を、「キリスト教的－西洋的」な多数派には認めるエスニックな国家なのか。前者の立場をとったのは憲法判断にたずさわる裁判所であり、後者の立場をとったのは、ヘッドスカーフに反対する法律を策定し、住民に説明責任を負う地方議会である。

二〇年にわたってイスラムをめぐる活発な政治的議論がなされてきたフランスに比べると、ドイツでの議論はかなり低調であった。イスラムをいかに受け入れるかという問題は、ヘッドスカーフ関連法規が政治問題化するまで、司法制度による地味な作業にほぼ委ねられてきたのである。イスラム受容のための主たる仕組みを定めたのが、ドイツ基本法の第二条と第四条で保障された個人の自由と信教の自由であり、これらの自由は国籍にかかわらず、すべての個人に普遍的に与えられる。ドイツにおける司法主導のイスラム統合の方策について詳しく述べると、職場で礼拝のための休憩時間を与えたり、ムアッジン〔礼拝を知らせる役目の人〕による夜明け前の呼び声を許可したり、宗教儀式での動物の殺生に対して動物保護法を適用しないことはもちろん、とりわけ刑法で「文化保護」概念を大胆に採用するなど、まさに枚挙にいとまがない(3)。

本書の目的にとってとりわけ重要なのは、ドイツの公教育で広範囲に認められている宗教的自由権である。フランスの裁判所は、宗教色のある学校カリキュラムを容認するのを極力避けていたが、ドイツの裁判所はこの点に関してはるかに寛大である。連邦行政裁判所は一九九三年の画期的な裁判で、一二歳のトルコ人女子生徒には、宗教で禁じられている行為、たとえば自分のヘッドスカーフが「脱げて」しまったり、「身体にぴったり張り付く少年たちの運動着」を目にするといったおそれがあるため、男女共同の体育の授業を欠席する権利があるとの判決を下した。(4) 少女の両親は裁判で、「西洋的な基準」に従って娘が「解放」されることを望んではいないと、公然と表明した(Albers 1994: 987)。たしかに、生徒と親の宗教的権利は、国家の教育権と折り合いをつけなければならない(つまり、司法の用語を用いれば、両者の間で「実際的な妥協」がなされなければならない)。(5) ただし、ドイツの裁判所はほとんどの場合、国家の教育権よりも宗教的権利を優先したが、臆病な政府当局の抵抗にあうことはあまりなかったのである。

一九九三年の連邦行政裁判所による画期的な裁判を肯定的に引用した典型として、ノルトライン＝ヴェストファーレン州の上級行政裁判所による判決がある。この裁判は、第一〇学年のあるムスリムの少女には、年一度のクラス旅行を欠席する権利があるとの判決を下した。その理由は、豚肉を食べないとか、一日に五回お祈りをするといった宗教的義務に違反する「恒常的なおそれ」にさらされ、「同伴者がいる場合のみ旅行が可能な精神障害者の状況」に類すると判断されたからである。(6) この突飛な類比はさておき、同判決は、地方のある聖職者が主張したいわゆる「ラクダのファトゥア」を暗に容認したことで、人々を驚かせた。この聖職者の説明によれば、ラクダのファトゥアとは、ムスリム女性がマーラムとよばれる血縁男性の付き添いなしに、家から八一キロ――ラクダが二四時間で歩けるとされる距離――以上離れた場所に旅行することはコーランの法で禁じられている、とする教えである。

結局のところ、学校がイスラムの教義を受け入れるために「組織としてできることをすべて実施する」ことができない場合[7]——学校には限られた資源しかないためそうなりがちである——、ムスリムの親には、公立学校のカリキュラムに不都合があれば、自分の子どもをそれらに触れさせない自由裁量が与えられた[8]。これは、ドイツの教育現場における結束と道徳観に明らかな影響を与えた。そうした寛大な状況では、教室でヘッドスカーフを着用する生徒の権利について誰も疑問を抱かなかったとしても不思議ではない。

ドイツの裁判所は、公立学校という状況を考慮して多文化主義的な判決を下したが、公立学校は、原則的に「キリスト教的」なものであった。たいていのヨーロッパ諸国と同様に、ドイツの公教育の起源は宗教にある。一九七〇年代になってようやく特定の宗派性が取り除かれ、ドイツの公立学校の大半は「キリスト教的なコミュニティ・スクール」というかたちを取るようになった。それは、いかなる特定の宗派にも結びつかないが、「キリスト教的な文化の伝統に根づいた」学校である（Avenarius 2002: 83）。ドイツ諸州の代表例とも言えるバーデン＝ヴュルテンベルク州憲法は、公立学校は「根幹においてキリスト教的」であり（第一六条第三項）、「キリスト教的－西洋的な教育的・文化的価値にもとづいて」子どもを教育しなければならないと規定している（第一六条第二項）。一方で、ドイツ憲法裁判所はこうした州憲法の規定と、国家の宗教的中立性を求める宗教的自由権とを両立させるために、新設の「キリスト教的なコミュニティ・スクール」が宗教的意味ではなく文化的意味においてのみ「キリスト教的」要素を教育することができるという判決を、すでに一九七〇年代に下している[9]。

とはいえ、文化と宗教をどう線引きしたらよいのだろうか。憲法裁判所は一九九五年の有名な十字架判決で、キリスト教の十字架を「宗教に固有のシンボル」であると宣告することで一定の線引きをおこなった。したがって、州立学校の各教室に十字架を取り付けるよう命じたバイエルン州の学校規則は違憲である。なぜなら、その規則は生徒たちに「「十字架の下で」学習するよう強制し[10]」、生徒（とその親）の宗教的自由権を侵害するからである（ここでの宗教的自由権には、宗教的シンボルにさらされない
ということという消極的権利も含まれる）。概して、宗教的権利をめぐるドイツの上級裁判所の判決は、イスラムによって宗教が問題化される以前は、ドイツの公立学校からキリスト教的な要素を一貫して取り除こうとしていたのである。

また宗教的権利を強く擁護するドイツ憲法の規定も、（個人の次元ではなく）組織の次元でイスラムを受け入れる行程に影響を与えた[11]。そうした規定があるため、ドイツ国家はイスラム系の宗教団体を不公平に扱うことは許されない。一般に考えられているように、少なくとも公的・制度的意味においてイスラムがドイツで受容されるには、イスラムが公法上の団体の地位を手に入れることが残された最後の課題である。ワイマール憲法では、公式の（プロテスタント）国教会というそれまでの制度が放棄され、憲法に公法上の団体の地位が、キリスト教会を念頭に置いてはじめて作られた。それは宗教の全体的な私事化を強く要請するフランス志向の左派と、教会の公的な権力と地位を保持しようとするカトリック系の右派との間の妥協の産物であった（Walter 2005: 37 を参照）。特定の宗教に公法上の団体の地位を与え、他の宗教にそれを認めないのは、もともとは国家にとっ

ての「社会的有用性」の問題であった（Ibid., 35）。ある保守派の憲法学者の言葉を借りれば、国家が宗教に公法上の団体の地位を与えるのは、「利他的ではなくみずからの利益のため」、そして「自己保存」のためである。すなわち「立憲国家」は、みずからの基盤となる「キリスト教の遺産」を特別扱いせざるをえないというわけである（Hillgruber 1999: 547）。

実際、ドイツ国家は長きにわたって、国家に十分な「忠誠」を示さない宗教団体に、公法上の団体の地位を認めてこなかった。ただし一方で、ドイツ憲法裁判所はエホバの証人に関する判決のなかで、宗教の認可に関するこうした国家主義的な論理の最後の残滓を違憲であると断じた[12]。この判決によれば、国家がかろうじて宗教団体に要望できるのは「法の遵守」であり、国家への「忠誠」を求めるのは行き過ぎである。憲法裁判所の指摘によれば、「忠誠」とは「内面的な気質や信条を伴うものであり、外面的な振る舞いにとどまるものではない」。他方で、中立的な国家が公法上の団体に対して（さらには、あらゆる団体や個人に対して）要請できるのは、外面的な振る舞いだけである。したがって、エホバの証人が世俗国家を「悪魔の手先」であると非難し、世俗国家において投票や立候補しないように信者を教導するのは、瑣末なことにすぎない。ドイツ基本法第一三七条に従えば、公法上の団体の地位は「国家への親密さ」をとくに表すものではなく、むしろ「信教の自由を押し広げるための単なる手段」であると裁判所は結論づけている[13]。ある識者が認めているように、この判決によって、「信教の自由は、個人権に加えて団体権的な要素を含む包括的な基本権へと進化した」のである（Hillgruber 2001: 1348）。反対に、公法上の団体の地位を選択的に与えることで文化的・歴史的な特殊性を保持しようとする国家の試みは、すべて否定された。したがって、イスラムの組織が公法上の団体の地位を獲得できない理由や、ドイツのキリスト教会やユダヤ教コミュニティがすでに持っているのと同じ特権を享受できない理由は、(以前はともかく)今日ではもはや存在しないのである。

とはいえ、現実の障壁は、かつての法律上の障壁と同じくらい不利益をもたらす場合がある。ドイツ連邦政府は公式には、「中心的組織」の存在が公法上の団体の地位を手に入れる重要な条件となっているので、ドイツのムスリムの間に一つの中心的な組織ができることを「歓迎する」という立場をとっている。しかし同時に、ドイツ政府はフランス政府とは対照的に、「宗教の自己決定権」の尊重という形式的な議論を持ち出して、こうした地位の取得を支援しようとしない[14]。実際、第二回ドイツ・イスラム会議(ドイツにいる三〇〇万人のムスリムとの「対話」を促進するために、連邦内務大臣が計画した事業)の直前には、ドイツにある三つの主要なムスリム組織が古くからのライバル関係を克服し、二〇〇七年四月にはムスリム調整評議会を設立して、多くの人々を驚かせた。だが、ドイツ政府はこれに対して冷淡な反応を示し、ムスリム調整評議会はドイツのムスリムのせいぜい一五パーセントの代表であり、しかも宗教的な保守層や、政治的にいかがわしい人々を代表しているにすぎないと述べたのである[15]。ある有名なイスラム・フェミニストの識者も同様の論調で、ムスリム調整評議会を「ムスリム諸部族の指導者会議」であると非難し[16]、そうした指導者たちはドイツに住む世俗的ムスリムの多数派の意見を代表していないと論じた。しかし、公法上の団体の地位を手に入れる条件として、多数派の意見を代表しなければならないというのは、いかがなものであろうか。カトリック教会は、人気歌手のマドンナの意見まで代表しないと正統ではないのかといえば、そんなことはないだろう。[17]たしかに、公法上の団体の地位を与えればイスラム保守派を勢いづかせるだけだという懸念には、十分な根拠がある。たとえば、憲法による保護の対象である原理主義集団に国家が集めた税金を注ぎ込んだり、原理主義集団が独自に公費でコーランを学校の通常科目として教えることを許容したり、ドイツの公共放送を管轄する評議会への参加権を原理主義集団にも与えたりしたところで、「ドイツ人ムスリム」や「啓蒙された国の啓蒙されたムスリム」――ドイツ国家が掲げるムスリムに対する政策目標――が、目に見えて生み出されはしないだろう。[18]リベラルな国家は、徴税者としての国家を「悪魔の手先」と見なす集団のためにも教会税を徴収しなければならないのと同様に、宗教的なムスリムがリベラルな見地からすれば望ましくない見解を支持するようになったとしても、[19]とりうる対抗措置はほとんどないのである。

ところで、ドイツのムスリムとはいったい誰なのか。ドイツにいる三〇〇万人のムスリムのうち七五パーセントはトルコ人であり、ドイツのイスラム研究の大家であるヴェルナー・シフォイアーは、これを「ドイツの幸運」と呼んでいる。[20]実際、近隣ヨーロッパ諸国――とりわけオランダ――のムスリムによるはるかに激しい直接行動とは対照的に、「わがドイツの街は平和である」。シフォイアーは、オランダの映画監督テオ・ファン・ゴッホ〔一九五七～二〇〇四年。イスラムにおける女性への暴力をテーマにした短編映画を製作〕が同国のムスリムに殺害された直後に、このように述べている。[21] 一九九〇年代半ばになってはじめて、トルコ系ムスリムによる異議申し立ては「トルコ人」というよりも「ムスリム」の立場からなされるようになった。かねてから予想されていたとおり、こうした変化は、トルコ人によるドイツ市民権の取得の増加とともに生じた。ただし、第二世代あるいは第三世代の「トルコ人」の多くは、たとえドイツの市民権を手に入れたとしても（一九九九年の国籍法改正による緩和以降、ますます増加傾向にある）、自分のことを「トルコ人」や「外国人」と認識し続けている。フランスとドイツにおける女性のヴェールに関する研究によれば、ドイツでインタビュー回答者が自分を「外国人」という言葉で表現する場合、当然の事実としてそう述べているだけであり、「そこに否定的な含意はまったくない」（Amir-Moazami 2007: 234）。反対に、ドイツでヴェールを着用しているムスリムの女性は、とりわけ学校でも大学でもヴェールが禁じられている世俗主義のトルコに比べて、ドイツ社会の「寛容」で「リベラル」な特徴を強調する人が少なくない（Ibid., 235）。アミール＝モアザーミが冷静に付け加えているように（Ibid., 232）、ドイツ社会やドイツ国家では、ヴェールをまとった女性の外見が、ヘッドスカーフ反対論者が一般的に考えるような「政治的」行為と解されることはほとんどない（とはいえ、ヴェールの着用によって、いわゆる「反西欧的な」立場は除外されず、それどころか助長されることもあるのは当然である）。少なくとも、ドイツ国家に対してムスリムの態度を硬化させたり、彼らを憤慨させたり、過度な政治化に向かわせたりするような植民地主義の残滓は、ドイツにはまったく存在しないと言える。

こうした背景があるからこそ、中東におけるユダヤ人とアラブ人の紛争の影響――世界中でイスラムの政治化をもたらす誘因となっている——が、ドイツのトルコ系ムスリムではほとんど見られないのである。「政治的イスラムの主体はトルコ人ではない。ジハードはトルコ人には関係ない。パレスチナはトルコ人の問題ではない」と、あるトルコ系ドイツ人の実業家は述べている（Yurdakul and Bodemann 2006: 51 から再引用）。国際危機グループによる近年の報告が認めているように、「イスラムの直接行動は、非トルコ系ムスリムに限られているように見える」（International Crisis Group 2007: 1）。とくに一九九〇年代初頭の排外主義的暴力の高まりを経験した後、ドイツのトルコ人は、もっぱら受け入れ先のドイツ社会の懸念を払拭することに関心を向けるようになった。彼らは「ドイツのユダヤ人の言葉を先人の教訓として役立て」（Ibid., 52）、一九九二年にメルンで起きた放火事件（トルコ人の母親と幼児二人が死亡）を「ホロコースト」になぞらえ、「明日のユダヤ人にはなりたくない」をスローガンに掲げた（Ibid.）。トルコ人協会（Türkishe Gemeinde）やドイツ・ムスリム中央評議会（Zentralrat der Muslime in Deutschland）といった新組織の名称でさえ、ユダヤ人協会（Jüdishe Gemeinde）やドイツ・ユダヤ人中央評議会（Zentralrat der Juden in Deutschland）など、すでに実在するユダヤ系団体の実例に倣った。トルコ系ムスリムは、ドイツのユダヤ人からこのように言葉や組織のあり方などさまざまなものを拝借し、さらにユダヤ人指導者層に個人的な支援も要請している（これに対しては、ユダヤ人側からの目立った反応はない（Ibid., 60））。要約すれば、フランスやイギリスやオランダのムスリムは、国内における安全保障上の懸案となっているのは間違いないが、ドイツのムスリムは、トルコ人とユダヤ人が友好関係にあるおかげで同じ轍を踏まずにすん

でいるのである。(22)

ドイツのイスラム諸団体には、もともとトルコ国内の政治状況がそのまま反映されていた。世俗主義的なトルコ・イスラム連盟は、モスクを統括するイスラム組織としてはドイツ最大であり、トルコ政府公認のイスラムの立場を代表している。これに対して、ミッリー・ギョルシュはドイツ第二の規模を誇るモスク統括組織であり、トルコでは最近まで違法とされていた原理主義的なイスラム律法主義の立場をとっている。この二つの組織と直接に対立するのは、世俗的な組織であるドイツ・トルコ人協会(Türkishe Gemeinde in Deutschland)やベルリン=ブランデンブルク・トルコ人同盟(Türkisher Bund Berlin-Brandenburg)であり、どちらもナショナルな出自に依拠してトルコ人を動員し、その主たる関心は受け入れ先であるドイツ社会の諸問題に向けられている。一九九〇年代半ばから、宗教組織でさえ、ますます受け入れ先のドイツ社会の諸問題に目を向けるようになった。ミッリー・ギョルシュに関して言えば、いまや構成員にドイツの市民権を取得したり、子どもを高等学校に通わせたり、ドイツ語でコーランの教えを学ばせることを推奨している。ミッリー・ギョルシュ研究の第一人者は、「隠された同化」について論じている。つまり、そうした同化を通して、もともと戦略にすぎなかったドイツ社会への適応は、時が経つにつれ、心からの確信に変わりうるというのである(Schiffauer 2003: 156)。

このように組織の状況が入り組んでいるために、ドイツのヘッドスカーフ論争では立場は実にさまざまである。トルコ・イスラム連盟は、公式に表明している世俗主義とみずからの宗教的体質との間で引き裂かれた結果、この問題に関していかなる立場を取ることも拒否した。トルコ人協会は、公立学校での宗教的シンボルを全面的に禁止するよう強く主張した。ヘッドスカーフの着用（およびその主導者であるフェレシュタ・ルディン）を支持したのは、ミッリー・ギョルシュ（その全国組織であるイスラム評議会との関係上支持した）とドイツ・ムスリム中央評議会（アラブ系を基盤としている）だけであった。とはいえ、この二つの組織は、「ドイツ系ムスリムにおける正統派マイノリティ」としての立場を示したにすぎない（Oestreich 2004: 102）。

ドイツのヘッドスカーフ論争はフランスとは違って、警戒心の強いイスラム組織に支援された、ヴェールを着用した女性たちの大衆運動として理解することはできない。むしろドイツの論争は、司法政治の直接的な産物である。すなわち、フェレシュタ・ルディン事件という、長期にわたる一つの裁判によってもたらされたのであった。

本章の以下では、まず最初に「開かれた中立性」および「キリスト教的－西洋的」という概念について解説する。ドイツでは、これらの概念を用いてイスラムとそのヘッドスカーフが扱われてきた。次に、二〇〇三年九月に下された憲法裁判所による最初期のヘッドスカーフに関する判決を詳しく検証する。この判決は、各州の反ヘッドスカーフ立法の引き金になったものである。そして第三に、この立法の最も重要な特徴、すなわち「キリスト教的－西洋的」なドイツ国家の定義を支持している点について検討する。

ドイツにおける開かれた中立性とキリスト教的－西洋的国家

フランスとイギリスのヘッドスカーフ論争は、リベラリズム内部の相反する潮流の間で、すなわち倫理的完成を強調する潮流と寛容を強調する潮流の間で展開された。これに対して、ドイツの論争は、リベラリズムの内部と外部の両方で生じた。

リベラリズムの内部にあるのは、ドイツ版の「開かれた」「包括的な」中立性である（Böckenförde 2001: 725）。国家と宗教を厳格に分離するフランスのライシテとは対照的に、ドイツの開かれた中立性は、個人が私的領域のみならず公的領域においてもみずからの信仰を表明し、信仰に従って生きられることを保障するよう国家に要請する。また宗教団体が教会である場合は、教育、社会サービスの提供、医療福祉の面で重要な公的機能を有すると見なされる。このような中立性では、国家が宗教を歓迎し受け入れるので、中立性は国家が特定の宗教に一体化しないための、そして社会のすべての宗教が公正かつ公平に扱われるための、一つの要件に還元される。教師のヘッドスカーフ着用を禁ずる法案に反対する緑の党のある党員は、理想的な国家像について（ドイツ版の開かれた中立性に依拠しながら）こう的確に述べている。「国家は、何が正しい宗教かを決める裁定者ではなく、すべての宗教が自由に繁栄できることを保障する仲裁者でなければならない(23)」。

とはいえ、宗教を公平に受け入れることは、理論的には可能でも、実現するのは難しい。まさにここにおいて「キリスト教的－西洋的」という原理が登場するのであり、この原理によってドイツの事例はリベラリズムの枠組みを外れてしまう。ドイツ国家が「キリスト教的－西洋的」であると自任すればするほど、国内にムスリムの居場所はなくなる。こうした隠れナショナリスト的な態度は、フランスやイギリスではまったく見られない。両国はいずれも（少なくとも政治的に主流の立場にある人々は）、キリスト教徒の「われわれ」がムスリムの「彼ら」とそもそも異なった存在であると断定したことなどない。「キリスト教的－西洋的」という原理は、ある意味でエスニックなネイションという使い古された慣用句の代替物である[24]。他方でドイツには、自国を革命ではなく進化の観点から理解する長い伝統がある。つまりドイツ国家は、特定の（キリスト教という）宗教的な伝統が世俗化されて作り出されたというわけである。とりわけ、ネイション形成とプロテスタンティズムとの間には、密接な関係がある。あるドイツ史の大家は、一九世紀のプロイセンについて論じる際、次のように述べている。「プロイセンの改革派は、フランス革命との明確な対比の下で、みずからを宗教的な観点から捉えていた。すなわち彼らは、宗教の復活を国家や社会の基礎にしようとしたのである。ここで発生したナショナルな運動は……宗教的、とりわけプロテスタント的だったからである[25]」。そうした背景からすれば、「不偏不党性」がドイツには縁のないリベラルな規範であり、特定の伝統を再生させるという国家の使命を妨げる原理として扱われてきたのは、無理もないことなのである。

こうした見解をとるのは、イスラムのヘッドスカーフをことさらに排除する保守派の人々であり、彼らの観点からすれば、フランス型のライシテは「価値観なき社会」という恐るべき事態を象徴するものであった。「ライシテ主義は間違ったやり方である。価値観なき社会は無価値な社会である。われわれの社会は、西洋的かつキリスト教的な価値をその特質としている[26]」。ただし、こう述べた議員は、ライシテがフランスでは確固とした「価値」であることを見落していた。すなわちライシテは、カトリック的な君主制に対抗する世俗的な共和国を規定する一つの価値なのである。たしかに、「キリスト教的‐西洋的」という原理とは対照的に、ライシテは、宗教やエスニシティといった個々人の背景に関係なく、基本的にすべての人が賛同できる価値である。これまでドイツでは、革命による建国といったアイデンティティを規定する行為がなかったため、国家次元での「価値」は、自分たちで生み出すのではなく、外的な源泉から与えられるものであり、そのなかで最も重要なのが宗教であった。この意味で、国家は宗教と親密に結びつくことで、みずからは供給できない道徳的な源泉を確保しているのである。このような考え方の基本線は、一八三二年のハムバッハ集会で示されたジョセフ・フォン・アイヒェンドルフの有名な発言に示されている。「どんな憲法も……みずからを永遠不滅の存在とすることはできない」。同様の発想は、E・W・ベッケンフェルデのよく引用される言い回しにも見られる。すなわち「世俗の国家は、みずから保障できない条件に寄生しているのである」(Böckenförde 1967)。ドイツの反ヘッドスカーフ立法に際して政府に助言したある保守派の法律家から見れば、こうした言い回しに示唆されているのは、宗教は世俗国家を育む苗床となってきたのであり、国家はいまだにそのような宗教との親密な関係に依存しているということである。[27]

ここに至って、イスラムのヘッドスカーフがアイデンティティの鏡としてどう機能しているのかについて、ドイツとフランスでは根本的な違いがあるのが見えてくる。フランスでは、共和制とライシテに依拠した明確な自己規定は、中立性をめぐる手続き的な普遍主義と難なく調和できただけでなく、アイデンティティという点では中立性を再定義した。対照的にドイツでは、中立性とキリスト教的－西洋的という二つの自己規定が、それぞれ異なる要請をしており、一方を実現しようとすれば、他方を踏みにじることにならざるをえない。実際、中立性を完全に実現しようとすれば、「キリスト教的－西洋的」という隠れナショナリスト的な自己規定と衝突することになるだろう。

イスラムのヘッドスカーフに関して、ドイツの立法者たちは、二つの相反する可能性に直面した。第一は、宗教を容認する中立性というドイツの伝統を拡張させる可能性である。これに従えば、ヴェールを着用したムスリムの教師は、同じくヴェールを身につけたカトリックの修道女の教師がすでに受け入れられているのと同様に、公立学校でも受け入れられるだろう。この選択肢は、単に現状の延長線上にあるように思われるが、にもかかわらず、キリスト教的－西洋的な国家という伝統的な自己規定を侵食することになるのは間違いない。というのもこれによって、イスラムのヘッドスカーフを身につけた教師は、ありきたりの光景となるからである。ある法学者は、公立学校の教師にヴェール着用を容認することで起こりうる影響について、次のように的確な指摘をしている。「この国家を何とかつなぎとめている紐帯の弱まり」が、「誰の目にも明らかになる」であろう。[28]

第二は、より厳格なフランス型の中立性に近づけるという可能性である。この場合、国家がヘッドスカーフを違法化するならば、すべての宗教的なシンボルを禁止しなければならないだろうし、そこには当然、キリスト教のシンボルも含まれることになる。この第二の選択肢においては、ナショナルな自己規定を蝕む中立性の影響力がさらに明白となる。ドイツはこの場合、キリスト教的－西洋的という国家の自己規定を放棄するよう強いられるからである。したがって、ヘッドスカーフに関して国家がどう対応するにせよ、この種の自己規定から一定の距離をとることは避けられないだろう。中立性はどう解釈しようとも、一部の宗教を不平等に扱うこととは両立できないからである。ドイツの反ヘッドスカーフ法の際立った特徴は、概念上は国家の中立性を擁護しながら、実際には国家の中立性を侵害して（キリスト教ではなく）イスラムのシンボルだけを排除することで、このようなジレンマの存在をなきものとしているところにある。

信教の自由と中立性の擁護――憲法裁判所のヘッドスカーフ判決

ヘッドスカーフに関する立法の必要性が生じたのは、二〇〇三年九月にフェレシュタ・ルディンの裁判で憲法裁判所の画期的な判決が下されたためである。彼女は、教室でヘッドスカーフを外さなかったため、バーデン＝ヴュルテンベルク州の学校教師という公務員職への任用を拒否されていた。ルディンは、一九七二年にアフガニスタンで生まれ、一九九五年にドイツに帰化した人物である。大方の予想どおり、彼女は、開かれた中立性というドイツの伝統に訴えかけ、みずからの主張を擁護した。開かれた中立性に従えば、彼女には「個人的」そして「宗教的」理由からイスラムのヴェールを着用する権利があるというわけである。ヘッドスカーフの着用に政治的意味はないとする彼女の姿勢には、多少とも偽善的なところがある。というのも、彼女はミッリー・ギョルシュやドイツ・ムスリム中央評議会というイスラム主義的な環境のなかで活動していたからである。これらの組織は、彼女の裁判費用を支援し、彼女もかつて、ヘッドスカーフが「西洋的退廃から身を守るもの」であると団体の集まりで述べていた (Oestreich 2004: 116)。

にもかかわらず、ルディンがこれまでドイツでおこなわれてきた宗教の扱い方に依拠しようとしたこと自体は、正当なものであった。彼女の主張によれば、学校行事で礼拝が容認されており、また教師が明らかにそれを宗教実践としておこなっている以上、当然ながらヘッドスカーフも許されるべきだというのである。さらに一般的に言えば、「包括的で、開かれた、尊重すべき中立性」の伝統においては、学校は社会の外にある「避難所」ではなく、社会の多元性を映し出す鏡であるべきだとされる。つまり学校とは、「将来、社会で出くわす物事に対して若者を備えさせる」場所なのである。したがって、国家の中立性の要請を侵害したとしてルディンを非難する際、実際のところ、国家は中立性の「厳格な」理解のほうに軸足を移していたのである。それは、むしろ「ライシテ国家」を想起させ、ドイツの伝統からは逸脱していた(29)。

連邦行政裁判所は、ルディンの不採用を正当と認めた二〇〇二年七月四日の判決で、まさにフランス的な中立性の方針を採用した。「多元的な社会では、国家は父兄からの非常に多様な意見を尊重しなければならず、どんなかたちであれ教師による宗教的な教化は慎まなければならない。したがって中立性の要請は、文化的・宗教的な多様性が増すにつれますます重要となり、ドイツの文化的・民族的・宗教的な多様性がいまや学校生活までも形作っている現実に鑑みれば、こうした中立性の要請は——原告のルディン自身も認めているように——蔑ろにされてはならないのである」(30)。

連邦行政裁判所の論法は、リベラルな国家が宗教や文化の差異をどう扱うべきかという問題の核心に迫るものである。国家はこうした差異を反映し承認すべきなのか、それとも差異に距離をおき、宗教的・文化的差異と密接に結びついた多様な利害や要求に対して公平なバランスをとるべきなのか。フランス国家もドイツ国家もヘッドスカーフを禁じるにあたって、細部では異なるにせよ、結局のところ二番目の回答を選択した。フランスでは、ヘッドスカーフの禁止が「並存」と対立する「共生」の問題として(Debré Rapport 2003: tome 1, partie 1ère: 42)、すなわち分離主義的な社会でいかにナショナルな統一性を確保するかという問題として捉えられた。

ドイツでは、さまざまな権利の間でバランスをとるための法律談義が盛んにおこなわれた。憲法の次元では、衝突する権利や利害の間で「実際的な妥協」が図られるべきだとされた。第一に、教師の権利としては、ドイツ基本法第四条と第三三条で保障されている「信条の自由」と「公職への平等な就任権」がある。第二に、学校に通う子どもの権利としては「消極的な」信教の自由、すなわち教師に特定の教義を押しつけられない権利が認められている。第三に、親の「当然の権利」としては、基本法第六条で保障されている自分の子どもを教育する権利がある。そして第四に、国家による公教育と中立性の要請がある。バーデン＝ヴュルテンベルク州政府は、連邦行政裁判所によるこれまでの判例と同様に、教師の権利は二次的なものであり、生徒と親の「より弱い」立場が優先されなければならないと論じた。つまり、生徒と親が国家権力にさらされるのは不可避であるとした一方で、国家権力は、教師という存在を通じて作用すると捉えたのである。「小中学生は、宗教を選択するのに十分な年齢にはまだ達していない。したがって、小中学校で子どもの立場を守ることがますます必要になっており、これは、公的な場でみずからの宗教を表明する教師の権利よりも優先される」[31]。反対に教師は、「宗教的・イデオロギー的な中立性」という国家の要請を実行する義務を負った国家の代理人であり、その役割を果たすために教師個人の権利は制約されるとした[32]。

二〇〇三年九月の連邦憲法裁判所の判決は、ルディン事件に関するこれまでの判決や政府決定のすべてを一挙に覆した。教師に無条件に認められる憲法上の権利は、制定法の根拠なしに制限できないのだが、この訴訟にはそうした根拠がないと、この判決は論じた。これはおそらくドイツ憲法裁判所が下したなかで最も批判され、嘲笑された判決の一つであり、その核心において自己否定的で反「法治」的な判決であった。それによれば、宗教や文化の差異をどう扱うかといった社会的・政治的な争点に決定を下すべきは、裁判所ではなく国家の政治部門であり、とくに重要なのが民主的な立法府である。学校における宗教的多様性を「互いの寛容を育む学習の手段」として扱ったり、教師によるヘッドスカーフの着用さえも容認したり、国家の中立性に関して「より厳格で、宗教と距離をおく」理解へと移行することは、実質的に立法府の裁量に委ねられた。[33] しかしながら、バーデン＝ヴュルテンベルク州政府がルディンの雇用を拒否した事例で明らかなように、フランス型の「宗教と距離をおく」選択肢を選んだ場合には、制定法が必要不可欠であった。こうした制定法の根拠は、中立性に関する法律や（ドイツでは州政府が管轄する）改正学校教育法については、「さらに」必須となる。「なぜなら異なる宗教共同体の構成員であっても、この点では平等に扱われなければならない」からである。[34] この主張が明確に示唆しているように、中立性に関する法律や改正学校教育法はヘッドスカーフだけをことさらに規制の対象にはできず、すべての宗教的シンボルを平等に学校から排除することになる。これこそまさに憲法裁判所のヘッドスカーフ判決の考え方であるが、各州がその後に制定したすべての反ヘッドスカーフ法では（ベルリンの法律を唯一の例外として）、この憲法裁判所の考え方は露骨に無視されていく。

同時に、依然として憲法裁判所は、「開かれた」中立性に関する従来の理解の枠内において、教師のヴェール着用が容認されなければならないと考えているのは間違いない。実際、判決文の多くのページが、ヘッドスカーフに関する一般的な不安や偏見を払拭することに費やされている。第一に、憲法裁判所によれば、「（ヘッドスカーフを着用する）動機の複合性を考慮するならば、ヘッドスカーフは女性抑圧の象徴に還元されるべきではないし、ヴェールの着用が真の宗教的動機にもとづく場合、それはドイツ基本法第四条によって擁護される行為である」。[35] 興味深いことに、その後に制定された各種の反ヘッドスカーフ法は、「動機の複合性」という基本的与件から、憲法裁判所とは正反対の結論を導き出している。すなわち、こうした複合性を考慮するならば、ヘッドスカーフは、女性差別に関する政治的主張として受け取ることができるのであり、したがって基本法の原理に反し、ヘッドスカーフを禁止するのは正当である、というわけだ。このような論法で、バーデン＝ヴュルテンベルク州のアネッテ・シャヴァン教育大臣は、州議会で反ヘッドスカーフ法案を正当化した。「政治的シンボルとしてのヴェールは、女性抑圧の歴史の一部でもある。……それゆえ、ドイツ基本法に定められた憲法的価値とは両立しえない[36]」。

第二に、憲法裁判所は「国家」とその代理たる「教師」を巧妙に区別した。「国家は、教師のヘッドスカーフ着用が暗に示す宗教的な声明を容認してはいるものの、だからといってこの声明の内容を支持しているわけではない[37]」。国家とは何者なのかというヴェール論争が提起する根本的な問題が、ここで顕在化する。ヴェールに反対する人たちにとって、教師は国家そのものであり、そのため教師は中立であるべきである。ヴェールに反対する人たちは、一九九五年に憲法裁判所が示した十字架判決を一斉に援用し、違憲とされた国家命令による教室の十字架掲示と、教師のヘッドスカーフ着用は同じことであると主張した。けれども、ある法学者が述べているように、「教師のヘッドスカーフは、その人の個人的な信条の表明であり、それを国家に帰することはできない」(Sackofsky 2003: 3299)。さらに、国家の観点からすれば、裁判官や警察官による主権の直接的な行使と、教師や医療関係者、あるいはソーシャル・ワーカーによる社会生活の管理や指導との間には、一定の区別が可能である。後者は原則的に、市場や市民社会を通じて、国家以外の形態でも提供できるものであろう。E・W・ベッケンフェルデが初期の論文で、学校行事としての礼拝の憲法上の妥当性について指摘しているように、それぞれの国家の機能に応じてさまざまなかたちの中立性が適用されるべきなのである（Böckenförde 1973）。つまり、国家の主権機能に関しては「宗教と距離をおく」もしくは「厳格な」中立性が適用され、社会的管理・指導に関しては「開かれた」もしくは「包括的な」中立性が適用されるべきである。裁判所が示した「国家」と「教師」の区別のなかには、この提案と似たような主張もみられる。

第三に、憲法裁判所は、制服を着た生徒たちにヘッドスカーフがいかなる心理的影響を与えるかについて「まだ十分な知見がない」と指摘している。この点から見ると、原告であるルディンの基本権を制約する正当な根拠はなかった[38]。実際、裁判所に意見を求められたある心理学者によれば、子どもたちにとって、ヘッドスカーフはせいぜいのところ「人形劇に出てくるお婆さんが身につけている」ような「風変わりな服装」にすぎず、意識的な敵対心を煽るようなものではなかったのである[39]。

ルディン判決については、憲法裁判所の内部でも意見が大きく割れて、この判決を支持した裁判官は八人中五人にすぎなかった。ドイツの裁判慣行では異例であるが、同意しなかった三人の裁判官はその判決に少数意見を付した。少数派の裁判官たちによれば、多数意見の根本的な欠点は、「公務員の場合、個人権の保護には職務上の制約があることを無視している」ところにある[40]。多数意見が原告のために援用したドイツ基本法上の権利は、本来、消極的な防衛の権利であり、国家が個人の生活に過度に介入した場合にのみ適用されるものである。これに対して今回の事件の場合、「公権力は社会を侵害しておらず、基本権の保持者はむしろ、国家との親密な関係を求めている[41]」。そのため、憲法上の権利保護の完全な構成要件には当てはまらない。反対に、当然ながら公務員は、その職務と両立しえない憲法上の権利を放棄しており、彼らは「自制と職業上の中立性」を保つ義務を負う[42]。さらに、公務員の中立性を確保するのに特別な法律は必要ない。なぜなら公務員の中立性は、憲法に規定された公務の要請そのものから導き出されるからである。「これまで原告がおこなってきたように、公立学校で教えながらヘッドスカーフの着用を断固として要求するのは、公務員に求められる節度と中立性の義務とは両立しえない[43]」。

実際、「カリスマ的な」政治指導者を「非人格的な」官僚制に対置するマックス・ヴェーバーの古典的な国家社会学以来、官僚制は、感情や好悪を超えて機能し、公平に職務を遂行するものとされた（Weber 1977: 27f）。この観点からすれば、公務員としての教師の中立性は、リベラルな国家の中立性を反映しているわけではない。実際、国家の指導者は何らかの党派や立場に立た゛ざ゛る゛を゛え゛ず゛、「政治」の意味はまさにこの点にこそある。中立性とは、むしろ下位公務員の職業倫理を表したものである。多数意見の判決では、こうした職業倫理が、公務員の有する憲法上の権利よりも明らかに下位に置かれている。このため憲法学者のヨーゼフ・イーゼンゼーは、この多数意見の判決の本質を「権利至上主義と職務健忘症」に見出した。「公務員の職務は奉仕することであって、自己実現ではない。こうした禁欲は、国家権力に参画する代償として求められる[44]」。

結局のところ、憲法裁判所のヘッドスカーフ判決は、イスラムを他の宗教と同様に扱ったという点で、宗教的自由を強力に擁護し、リベラルな中立性を補強した。ただし「キリスト教的－西洋的」なドイツでこれを実現するのは、「ライシテ主義の」フランスほど容易ではなかったのである。

政治的領域における「キリスト教的－西洋的」な国家の復活

憲法裁判所のいわゆるルディン判決は、驚くべき政治的影響を与えた。公立学校の宗教的シンボルに関するあらゆる既存の規則は、この判決によって移行期間もなしにただちに無効となり、教師のヘッドスカーフ禁止を目指していた州政府も、そのような状況を踏まえて、立法化に向けて早急な対応を余儀なくされた。ある法学者によれば、「裁判所はやっかいな政治論争を無駄に引き起こした」（Campenhausen 2004: 666）。しかもこれは、西洋世界でムスリムの役割をめぐって緊張が高まっている最中に生じたのである。

カトリック教会や超党派の政治家たち——バイエルン州のハンス・マイアー元教育大臣（キリスト教社会同盟）や当時の連邦大統領のヨハネス・ラウ（社会民主党）——は、すべての宗教がいまや私的領域に追いやられてしまうことを懸念して、反ヘッドスカーフ立法への反対を公言した。たとえばラウ大統領は、偉大な自由主義啓蒙思想家で宗教的寛容を象徴する人物でもあるG・E・レッシングの生誕二七五年式典における有名な演説で、イスラムのヘッドスカーフをことさらに排除の対象とするのはドイツ基本法で保障された平等な宗教的自由に反すると論じた。「ヘッドスカーフを禁止すれば、公的生活から宗教的な標章やシンボルを排除するライシテ主義国家へと向かう第一歩となるだろう。これは、何世紀にもわたってキリスト教によって形作られてきた国のあり方ではあるまい」[45]。十字架とヘッドスカーフを同等と捉えたラウは、ただちにラッツィンガー枢機卿から次のような反論をされた。「私は、ムスリムの女性がヘッドスカーフを着用するのを禁じようとは思わない。しかしそれ以上に、和解の文化の公的シンボルである十字架を禁止することなど、まったく受け入れられない」(Informationszentrum Asyl und Migration 2004: 24 から再引用)。

実際、反ヘッドスカーフ法を制定したベルリン州以外の七州は(バーデン゠ヴュルテンベルク州、バイエルン州、ヘッセン州、ニーダーザクセン州、ザールラント州、最近ではブレーメン州とノルトライン゠ヴェストファーレン州)、州ごとに程度の差はあるものの、キリスト教とユダヤ教の宗教的シンボルだけは明確に適用除外とした[46]。こうした州による違いを政党政治の観点から説明することは、あながちこじつけではない。州のイデオロギー的中立性に関するベルリン州法は、キリスト教とユダヤ教も含めたすべての宗教的シンボルを禁じた唯一の法律であり、社会民主党と旧共産党との左派連立政権によって制定された。一方で、キリスト教とユダヤ教のシンボルを適用除外とした他州の法律は、キリスト教系の民主党(キリスト教民主同盟やキリスト教社会同盟)や「大連立」政権などの保守派によって制定された。イスラムだけを排除したい右派と、そうした排除を拒絶する左派といった、この問題に関する左右対立の図式は、ノルトライン゠ヴェストファーレン州の事例にも当てはまる。社会民主党政権の下でノルトライン＝ヴェストファーレン州は、州内の学校でヘッドスカーフを着用している教師が少なくとも一五人いたにもかかわらず、反ヘッドスカーフ立法を明確に拒否した唯一の州であった。こうして、保守政権の州で支配的だったスカーフを制限する傾向に「寛容」が対置されたのである（Campenhausen 2004: 667, n. 8）。ところが、二〇〇六年にノルトライン＝ヴェストファーレン州でキリスト教民主同盟政権が誕生すると、イスラムだけを排除するヘッドスカーフ法の制定を真っ先におこなった。

イスラムのヘッドスカーフだけを標的とする反ヘッドスカーフ関連法規のほとんどは、カトリック的‐保守的なバーデン＝ヴュルテンベルク州の法律をモデルにしている。バーデン＝ヴュルテンベルク州は、ドイツで最初にヘッドスカーフ論争が起こった州であり、したがってこの州の事例を詳しく検証するのが適切であろう。バーデン＝ヴュルテンベルク州の反ヘッドスカーフ立法は、州の学校教育法第三八条に三つの新しい条項を付け加えるかたちでおこなわれた。法案の原文に記されたこれらの新条項は、以下のとおりである。(47)

第一項　教師が、生徒や親に対する州の中立性や……学校の政治的・宗教的・イデオロギー的な平和を脅かし侵害するおそれのある、政治的・宗教的・イデオロギー的な性質をともなう外見上の表明をおこなうことは……許されない。

第二項　基本法第三条の定める平等原則、基本的な自由権、自由民主主義的な秩序に教師が反対しているとの印象を生徒や親に与えうるような外見上の振る舞いは、とくに許されない。

第三項 キリスト教的－西洋的な価値観や伝統を提示することは、州憲法の教育的要請であり、第一項で求められる態度に矛盾しない。

第一項では、中立性を「脅かし」たり「侵害し」たりする抽象的な可能性が強調されているが、「外見上の表明」が現実に中立性を脅かすか否かについては、とくに検証が求められていない。したがって、これはいかなる特定の事例も想定しておらず、ただ排除を実施するためだけの法文である。第二項は、州政府の法律顧問が「ヘッドスカーフ条項」と呼んだものである(48)。つまりヘッドスカーフは、特定の自由民主主義的な価値への反対、とりわけ男女平等という価値観に反対するという政治的次元を有するため、第二項は、すべての宗教的シンボルとは区別してヘッドスカーフだけを標的にすることを容認したのである。第二項はまた、宗教に寛容な中立性というドイツの伝統に譲歩して、宗教的シンボルそのものは禁じていないが、有害な政治的含意を有する宗教的シンボルは禁止の対象にしている。さらに第二項は、ヘッドスカーフ着用の背景にある主観的な意図を無視し、受け手に与える客観的な意味を強調している。前述した州政府の法律顧問が言うように、「企業のロゴマークと同様に、シンボルは固有の意味を持つ。シンボルを使う人がどんな意図を持っているかは問題ではない(49)」。最後に、この反ヘッドスカーフ法全体のなかで最も論争になった第三項は、法の適用範囲からキリスト教とユダヤ教のシンボルを明確に除外した。こうした除外を実現するために、宗教を固有のナショナルな伝統として「提示すること」――政府には憲法上こうした伝統を擁護する義務がある――と、特定宗教の信奉や布教――中立的な国家は決してこれに従事してはならない――とを巧妙に区別している。キリスト教は、こうして宗教から文化へと変換されたおかげで、中立性の要請を侵害することなく特別扱いされるようになったのである。第三項には、この反ヘッドスカーフ法の主要な目的が凝縮されており、ある自由民主党員は率直にこう述べている。「われわれは、ヘッドスカーフを禁じたのと同時に、われわれの西洋を形成してきたシンボルを擁護したのである[50]」。

ヘッドスカーフのみを禁止することは、ドイツの反ヘッドスカーフ法とフランスのライシテ法の大きな違いであるが、これが二つの異なる観点によって実現されたのは明白である。第一に、宗教的シンボル全般を禁止するのではなく、客観的に政治的意味を持つとされる宗教的シンボルだけが禁止されたのであり、この分類に含まれるのは、実際のところヘッドスカーフだけである。第二に、「キリスト教の特別な地位」が明確に規定された。この二点の合憲性については、これ以降も問われ続けることになる。第一の点に関して、バーデン＝ヴュルテンベルク州の教育大臣は、「ヘッドスカーフが単なる宗教的シンボルにすぎないのなら、そもそも議論が起きるはずがないだろう」と述べた[51]。したがって、憲法裁判所の筋書きの一つにも描かれていたように、この法律には「宗教とは距離をおいた」「より厳格な」中立性への転換は含まれていなかった。むしろこの法律は理論上、「開かれた」「包括的な」中立性というドイツ的伝統の延長線上に位置していたのである。あるキリスト教民主同盟の議員がはっきりと述べているように、「ドイツでは文化的・宗教的・イデオロギー的多様性が高まっており、したがってこの法律は、すべての宗教的シンボルの抑圧を意図しているのではない」[52]。

宗教的シンボルの政治的次元に焦点を合わせることで、キリスト教の十字架とイスラムのヘッドスカーフとの不当な区別が容認された。「十字架は、ヘッドスカーフとは対照的に、西洋文化すなわちわれわれの伝統に属する。十字架は、利他主義や寛容や人間の尊厳に対する尊重を示す宗教的な証として、この国では大切にされているものである」[53]。しかしながら、以下の矛盾を解消できなければ、宗教の政治的次元だけを抜き出すことはできないだろう。つまり、ヴェールの「多義性」はすでに承認され、自明の前提でさえあったにもかかわらず、他方でヴェールが宗教的意味を持つ可能性は、後に立法府の議論によって排除された（少なくとも取るに足りないものとされた）のである。厳密に言えば、バーデン＝ヴュルテンベルク州議会に意見を求められた四人の憲法学者のうち三人が、偶然にも口を揃えて述べたように[54]、ヴェールの「多義性」については、個別の事例ごとに評価するほうが望ましいであろう。ところが、バーデン＝ヴュルテンベルク州の反ヘッドスカーフ法（および他州のヘッドスカーフ関連法規）では、こうした方針はまったくとられていない。憲法学者イェステッドが州議会で証言したように、「教師も憲法上の権利を有しているのだから、教師の解釈を無視するのは違憲である」。ヴェールに関する教師自身の解釈が無視されると、教師は「他者に解釈される客体へと貶められてしまう」[55]。こうして教師側の主張は完全に否定された。教師、子ども、親、国家という四つの当事者の主張については、本来ドイツにおけるヘッドスカーフ論争の法的‐憲法的な枠組みに従って、「実際的な妥協」が図られるべきだった。教師の主張を否定した唯一の法律家は(たまたま州政府の顧問でもあったのだが)、次のように反論している。「調和を図ったため、ある種の基本的な権利が完全に後回しにされる場合もありうる」[56]。この問題でどのような見解を選ぶかは、「教師」とは何かという考えに左右された。いったい教師とは、国家のすべての市民や人々と同様に個人の権利を保有しているのか、あるいは公務員という職務ゆえに、個人の権利が制約される存在なのか。さらに言えば、この議論は、文学理論上の有名な問題にとても似ている。すなわち、シンボルの意味は、著者の意図のなかにあるのか、読者の解釈のなかにあるのか、それとも両者の間のどこかにあるのか(Altinordu 2004: 13を参照)。

ヘッドスカーフをことさらに狙い撃ちにする第二の、そしてさらに物議をかもした手法として、「キリスト教の特別な地位」を規定したことが挙げられる。その根拠は一九七五年の憲法裁判所判決であり、この判決は、バーデン州で新たに設立された公立の「キリスト教的なコミュニティ・スクール」をドイツ基本法に則ったものであると明言していた。バーデン州では、子どもたちは「教育や文化におけるキリスト教的‐西洋的な価値観に依拠して指導を受けてきた」[57]。キリスト教的な教育に反対していた原告は、このような学校の形態が自分たちの宗教的自由と国家の中立性を侵害すると主張した。裁判所は原告の主張を却下し、「子どもを発達させる文化的・教育的要素としてキリスト教を認めること」(これは単に国家に許されていたのみならず、憲法によってそうする義務が課されていた）と、「宗教教義」の刷り込み（国家の中立性の観点から、国家がこれをおこなうことは決して許されない）を区別した。要するに国家は、たとえば「意見の異なる者を寛容に扱う」といった世俗化されたキリスト教の側面を信奉することはできるが、宗教教義としてのキリスト教を信奉することはできないのである(58)。

バーデン＝ヴュルテンベルク州の法律顧問は、学校教育法の修正第三八条第三項で用いられるこうした区別が「キリスト教の特別な地位」を定めたものではなく、単にキリスト教が有する「歴史的な特権」を表しているにすぎないと主張する（F. Kirchof, in Ausschuss für Schule, Jugend und Sport 2004: 80）。キリスト教のシンボルは「宗教への信奉を表明する」ものでなく、「ナショナル・アイデンティティの表明」であり、したがって単なる「歴史的価値」を有する限りで許容されるというわけだ（Ibid., 13）。これを例証するために、彼はミュンヘン市の市章である茶色の外套をまとった修道士を挙げている。「誰もこの件に関して、ミュンヘン市が特定の宗教を贔屓しているとは言わないだろう。ミュンヘン市は、市の伝統に従っているだけである」（Ibid.）。ここから、修道服を着て公立学校で教えるカトリックの修道女は、修正学校教育法にもかかわらず、そのままの服装で教え続けてもよいという結論が導かれる。「もちろん、修道女の修道服は許される。それは、歴史的な形態に合致しているからである」（Ibid., 83）。

この世俗化された「キリスト教の特別な地位」の論理を、憲法学者マーレンホルツは、一般的な分かりやすい言葉に言い換えている。「この法案の本質とはこうだ。ＶｆＢシュトゥットガルト〔一部リーグ所属の地元サッカーチーム」は、ここでは伝統のあるクラブなので、そのユニフォームを着て学校に通ってもかまわないが、他のチームのユニフォームを着るのは認められない」(Ausschuss für Schule, Jugend und Sport: 33)。サッカーチームのユニフォームなら笑い話ですむが、カトリック修道女の修道服を世俗的に解釈すれば、修道女には修道服の有する宗教的な意味が侵害され、より深刻な問題をもたらすことになる。この点について意見を求められた憲法学者のベッケンフェルデは、修道服の世俗的な解釈を嘲笑し、「バーデン州リヒテンタール地区の修道女は、もし自分たちのことをキリスト教の民族衣装同好会だと言われたら、間違いなく不満を抱くだろう」と指摘している(Ibid., 67)。州政府の奇妙な見解と、それに続くカトリック司教の声明では、修道女の修道服は単なる「文化として」だけではなく、「法的に保護された仕事着」としても認められているとされた(59)。また、シャヴァン教育大臣は目先を変えて、修道服は「ある身分に帰属していることの表明であって、個人的な信条の表明ではない」と述べた(60)。

イスラムのヘッドスカーフを禁止しながら、カトリックのヘッドスカーフを許容するには、相当な法律上の離れ業が必要であった。しかしながら、ここではヘッドスカーフ論争がドイツ国家に提起した難問を検証しなければならない。フランスのような共和国は、各種の人権や、エスニシティにとらわれない市民権といったものを信奉する国家であるのに対して、ドイツは普遍主義的な用語でみずからを規定してこなかった国家である。その代わりに、この時期にドイツ国家が促進していた特定のナショナルな伝統は、「キリスト教的‐西洋的な諸価値」への信奉から成り立っていた。

そしてこのような価値観は、イスラムを非キリスト教的・非西洋的な文化的教養として排除すべきものとした。こうした排除は、憲法に定められた平等権および自由権に対する侵害であるとの告発を否応なく招いてしまう。憲法上の平等権および自由権の遵守と、固有のナショナルな伝統およびアイデンティティの擁護をともに和解させることが必要であり、その必要性については、バーデン＝ヴュルテンベルク州の教育大臣がイスラムのヘッドスカーフだけを禁止するよう求める最終弁論で雄弁に語っている。

> 「宗教的に多様な社会では、以下の二つが同時に達成されなければならない。第一に、信教の自由がキリスト教以外にも確保されなければならない。第二に、宗教的に多様な社会では、みずからの伝統と文化——これらは宗教的な起源なくしてはありえない——へのいかなる信奉も、それ自体としては問題と見なされてはならない。これらは一つの社会の表裏をなすものである。この両者が達成されることで、社会の中核と基盤が自覚されると同時に、とりわけキリスト教的価値の世俗化が作り上げた開かれた世界が実現するのである[61]」。

そして、西洋の消費文化を忌み嫌うことで知られる「イスラムとの対話」を進めていこうとするならば、「自分たちのアイデンティティをもっぱら豊かさや消費や物質主義によって……定義する[62]」のは望ましくないであろう。

前述したジレンマが現実のものであるかぎり、大半のドイツの反ヘッドスカーフ関連法規が選んだ解決方法に孕まれる、憲法の定める自由権と平等権への侵害は消え去ることはない。緑の党のある議員がバーデン＝ヴュルテンベルク州議会で指摘したように、「国家の中立性を盾に、教師に対して政治的・宗教的・イデオロギー的信条の表明を禁じておきながら……他方で、キリスト教をドイツの伝統的宗教として特別扱いして国家の中立性を侵害するのは、まったくの矛盾である」[63]。それどころか、この独特な「中立性」の理解に立てば、「よそ者」は中立的でなければならず、「われわれドイツ人」だけは党派的であることを許されることになってしまう[64]。ある緑の党の議員は、議会審議のなかで反ヘッドスカーフ法の支持者たちを「西洋の教育的・文化的な価値観にもとづいて伝統的な宗教を特別扱いしている」と非難した（このとき、キリスト教民主同盟の議員から「そのとおり！」と野次が飛んだ[65]）。これこそが、難解な法律用語が取り除かれた後に露見した、問題の核心であった。

バーデン＝ヴュルテンベルク州議会で証言した四人の憲法学者のうち三人は、「キリスト教の特別な地位」が連邦憲法と相容れないと断じている。憲法裁判所の元判事であるマーレンホルツは、『ファウスト』に出てくるメフィストフェレスの言葉を引きながら、次のように述べている。「一回目の選択では自由だが、二回目には従僕になる」（Ausschuss für Schule, Jugend und Sport 2004: 39）。つまり、政府がカトリックの修道女の修道服を許可するならば、イスラムのヘッドスカーフも受け入れなければならないし、反対にイスラムのヘッドスカーフを認めないというのなら、「キリスト教の特別な地位」も容認されず、したがって修道女の修道服も拒否しなければならない。憲法学者のイェステッドは、世俗主義の立場からキリスト教の宗教的シンボルを容認するのは不可能だと指摘している。なぜなら、人がそうしたシンボルを身にまとった瞬間から、それは「宗教的な意味合い」を持たざるをえないのであって、「宗教」と「世俗」の区別を定めたバーデン＝ヴュルテンベルク州の学校教育法修正第三八条第三項は、意図する結果をもたらすことができないからである(Ibid., 56)。さらに、ドイツの反ヘッドスカーフ法に関する代表的な論者であるベッケンフェルデは、反ヘッドスカーフ法が、表明されている立法趣旨とは逆に「ドイツにおけるライシテ実現への先導者」となるだろうと予見していた。なぜなら、反ヘッドスカーフ法の合憲性は、「今後すべての宗教表現を平等に禁止することへと拡大する」か否かにかかっていたからである。(66)

今後ドイツで、国家の中立性が十分に確保されることもあるかもしれない。ただしその場合、ドイツのナショナルな伝統を「キリスト教的－西洋的」と定義すればするほど、国家はそうした伝統から距離をおくよう、まさに国家の中立性によって強いられるだろう。そしてこの問題を解く鍵は、憲法上の自由権と平等権の擁護を使命とする憲法裁判所の手のなかにある。

現在進行中の論争

いまや人々の関心は、反ヘッドスカーフ法による「キリスト教的－西洋的」な国家の復活に、裁判所がどう応えるのかという点に向けられている。裁判所の判断は、独自の国民形成に取り組む現代ドイツ国家の可能性を測る一つの試金石となるだろう。国民形成の支持者でさえ認めているように、「ドイツ基本法にいう国家」は「その根本部分を構成しているキリスト教や西洋文化を、ごく限られたやり方で特別扱いしているにすぎない」と言えるだろう（Hillgruber 1999: 546. 強調は筆者）。とくに、ドイツ基本法第二条から第四条に定められた個人の自由、信教の自由、平等に関する条項は、「宗教的 - 文化的な同質性を生み出すために国家権力を行使することを固く禁じている」（Ibid., 547）。つまり憲法を厳格に適用すれば、ドイツは「キリスト教的 - 西洋的」な国家にはなりえないのである。

この点に関して、二〇〇四年六月に連邦行政裁判所がおこなったバーデン＝ヴュルテンベルク州の反ヘッドスカーフ法に関する最初の審理は両義的であった。一方で裁判所は、ルディンを公立学校の教師に採用しなかったバーデン＝ヴュルテンベルク州の判断を最終的に容認している。裁判所の判決は、その数か月前に制定された反ヘッドスカーフ法の合憲性も認めている。さらにこの判決は、バーデン＝ヴュルテンベルク州の学校教育法修正第三八条のなかでとくに争点となった第三項についても合憲とした。その理由は、「中立的な観点からキリスト教や西洋の教育的・文化的価値を提示することは、個人的な信条の表明とは異なる」からだとされた(67)。しかし裁判所は同時に、次のように述べている。「特定地域で宗教的意味を有する特殊な服装に例外を設けることは……認められない。……憲法の文言に照らせば、このような例外は違憲となるだろう(68)」。この判決文の正確な意味について裁判所は沈黙したままだが、この一文は、すべての宗教を厳格に平等に扱い、それによって反ヘッドスカーフ法の意図する「キリスト教の特別な地位」を無効化するよう求めるものであると解釈する人々もいた(69)。しかしながら、ルディン事件に関する最終的な判決はこのように解釈すべきなのかと、緑の党が議会で問うたとき、州政府はこれを否定し、いまではよく知られている次の文言を繰り返した。「修道女は教会秩序への帰属の表明として修道服を身にまとっており、この服装はキリスト教の伝統を表している(70)」。ここにはなお、宗教的信条を表明せずに修道服を身にまとうことなど可能なのかという疑問が残される。ある識者が皮肉な論調で述べているように、宗教人たちの信仰を否定し、彼らを「われわれの憲法原理の単なる番人」へと貶めることは、「教会と手を結んだ戦闘的な無神論」の勝利を意味している(71)。これは、憲法裁判所による有名な十字架判決以来、ドイツで宗教をめぐって生じた文化闘争を特徴づけるアイロニーである。すなわち、州レベルでの「キリスト教の特別な地位」を支持する隠れナショナリストたちは、グリム童話に出てくる狼のように猫なで声で「宗教」を語り、宗教を「文化」へと希釈しなければならなかった。これに対してリベラル派は、十字架を単なる「西洋的伝統の表現」に還元することは十字架の「冒瀆」に等しく、「キリスト教の自己理解に矛盾する」と糾弾するであろう(72)。

その後に出た三つの判決は、互いに対立する方向性を示している。二〇〇六年七月にシュトゥットガルト行政裁判所は、二〇〇四年に出された連邦行政裁判所判決のリベラルな解釈を踏襲し、バーデン＝ヴュルテンベルク州の二〇〇四年の反ヘッドスカーフ法に反して、ムスリムの教師による教室でのヘッドスカーフ着用を許可した。裁判所はこの判決で、カトリックの修道女が依然として教室で宗教的衣服の着用を許されている事実に言及し、ムスリムのヘッドスカーフだけを排除するのは、ドイツ基本法の平等原理に反すると断じた（判決自体には賛成しつつも、その内容に関して興味深い論評をしているものとして、Bader 2006 を参照）。

これとは反対に、バイエルン州とヘッセン州の反ヘッドスカーフ法に関して、両州の憲法裁判所が二〇〇七年に示した二つの見解は、同法に明記されたキリスト教の特別な地位を再び確認している。ヘッセン州の「国家の中立性確保のための法律」は、教師だけでなくすべての公務員を対象としているので、ドイツの反ヘッドスカーフ関連法規のなかで最も厳しいものとなっている。ヘッセン州憲法裁判所は、この法律を検証し、そこに「キリスト教の特別な地位」が定められているという見方を否定した。一方で裁判所は（キリスト教原理主義のように、大きな目立つ十字架の宝飾品を身につけるなど）過度に強張されたキリスト教のシンボルは禁じることができる、と述べている[73]。さらに、こうしたシンボルは「ヘッセン州におけるキリスト教や人文主義といった西洋的伝統」を表すだけであり、これによって公務員の「中立性に対する信頼」が損なわれるという見方は、「事実認識として不適切」であるとされた[74]。ただし、この解釈に三人の裁判官は賛成せず、反ヘッドスカーフ法には「キリスト教的な衣服の違法な特別扱い」が含まれていると主張した[75]。実際のところ、この判決では多数意見が六対五という僅差であったが、これはヘッセン州の政治勢力の分布をそのまま反映していた。少数派の五人の判事は、全員が当時、議会で野党の立場にあった社会民主党に所属していた。これに対して多数派の六人の判事は、彼らの任命権者であり、かつ反ヘッドスカーフ法を制定した保守派政権の方針に従う人たちであった[76]。

ドイツのヘッドスカーフ論争は現在も進行中であり、すべての宗教を平等に扱うべきとする連邦憲法裁判所の従来からの主張がさらに追認されるか、もしくは撤回を余儀なくされるか、いずれかに決着するまではやむことなく続くであろう。

原註

(1) むろん、ここでの「宗教」と「政治」の区別は、宗教に関するある一定の(キリスト教的な、より正確にはプロテスタント的な)理解にもとづいており、すべての宗教、とくにイスラムにまで一般化して当てはめることはできない(第1章と第5章を参照)。ところでこの区別はまた、たとえば女性の隷従といったイスラムの特徴がイスラムの宗教的核心に結びつけられる可能性を、論理必然的に排除することになる。「宗教」と「政治」の区別は、(特定の形態の)イスラムに対抗する武器になるだけでなく、奇妙なようだがイスラムを免罪するものでもある。

(2) Oestreich (2004: 38) から再引用。論争の口火をきったこの発言で、一九九八年七月にシャヴァン内務大臣は、意欲的な教師であったフェレシュタ・ルディンの雇用を拒否すると表明した。

(3) 印象的な概説としては、'Haben wir schon die Scharia,' *Der Spiegel* 26 March 2007, pp. 22ff を参照。この概説は、フランクフルトの(女性の!)地方判事が、ドイツ人とモロッコ人の間に生まれた女性による離婚請求を棄却するというスキャンダルをきっかけに書かれた。女性判事の意見によれば、原告の女性は、ムスリムの夫が自分をぶつことを「あらかじめ想定して」おかなければならない。というのも夫には、コーランの第四章第三四節にもとづいて(法廷で引用された!)、自分の妻を「打つ宗教上の権利」があるからだとされた。

（4） Decision of the Federal Administrative Court（6th Senate）, 25 August 1993（6 C 8/91）.

（5） Ibid.

（6） Decision of the Upper Administrative Court of North Rhine-Westphalia（19th Senate）, 17 January 2002（19 B 99/02）.

（7） これは、一九九三年の連邦行政裁判所による画期的判決で示された定式である（前記の注4を参照）。

（8） フランクフルトの公立学校の状況を描いたものとして、'Das Übliche', *Frankfurter Allgemeine Zeitung*, 22 December 2004, p. 3 を参照。

（9） Decision of the Federal Constitutional Court on the 'Simultanschule', 17 December 1975（BVerfGE 41, 29）.

（10） Decision of the Federal Constitutional Court on the 'Kruzifix', 16 May 1995（1 BvR 1087/91）.

（11） この区別に関しては、第4章を参照。

（12） Decision of the Federal Constitutional Court on 'Jehovah's Witnesses', 19 December 2000（BVerfGE 102, 370）.

（13） Ibid.

（14） *Stand der rechtlichen Gleichstellung des Islam in Deutschland*（German Parliament: BT-Drucksache Nr. 16/2085, 29 June 2006）, p. 48.

（15） この連邦政府の応答は、ドイツのムスリムたち――主にトルコ人――の高い（そして明らかに高じつつある）信仰心を軽視している。最近の調査によれば、ドイツ在住のトルコ人の八五パーセントが、自分は「かなり」あるいは「非常に」信心深いと回答している（*Economist*, 24 June 2006, p. 30）。「ドイツのムスリムにとって宗教や信仰心が非常に重要である」ことは、連邦内務省が依頼した最近の研究でも確証されている。それによれば、調査対象となったムスリムの約四〇パーセントが、「原理的な方針」（原理主義の婉曲表現）を支持すると答えたのである（Brettfeld and Wetzels 2007: 492f）。

（16） Necla Kelek in *Süddeutsche Zeitung*, 23 April 2007, p. 2.

（17） ムスリムのある宗教指導者は、二〇〇六年九月に開催された第一回ドイツ・イスラム会議にフェミニストのムスリムの論者が参加することに反対した。「これではまるで、カトリック教徒と対話するためにローマ法王と人気歌手のマドンナを招待するようなものだ」(*die tageszeitung* [TAZ], 29 September 2006)。この発言は、イスラム会議の目的を誤って理解しており、それは決して宗教集団に参加者を限定しておらず、むしろその目的は、ドイツのすべてのムスリムとの「対話」を実現することにあった。けれども、(「ムスリム」ではなく)「イスラム」という言葉を会合の名称に掲げたために、こうした誤解を生んでしまったのである。

(18) 引用は、内務大臣ヴォルフガング・ショイブレの発言からである (*Süddeutsche Zeitung*, 26 September 2006, p. 1)。また、第一回ドイツ・イスラム会議における彼の開会演説も参照。これは、'Muslime in Deutschland' in *Frankfurter Allgemeine Zeitung*, 27 September 2006 に再掲されている。

(19) 「モスクに参拝するムスリムの大半は、たまたま宗教上保守的である」と、緑の党のムスリム派指導者のムニル・アズーイが述べている (*die tageszeitung* [TAZ], 20 April 2007, p. 12)。

(20) Werner Schiffauer, 'Die Türken, ein deutscher Glücksfall', *Frankfurter Allgemeine Sonntagszeitung*, 28 November 2004.

(21) Ibid.

(22) とはいえ、*Economist* ('Two amalgamated worlds', 5 April 2008) は、諜報部員の以下のような見解を引用している。最近「インターネット上では、ジハードを説くトルコ語の文章が爆発的に増えている」。

(23) Kretschmann (Greens), First Reading of anti-headscarf law, *Landtag Baden-Württemberg*, 4 February 2004, p. 4390.

(24) ニコラ・ティーツェによれば、「キリスト教的－西洋的」という集団的自己定義によって、「ネイションという慣用句を使わずに、統一性の観念を表すことが可能となる」(Nikola Tietze 2001: 187)。また、憲法裁判所判事のクリスティン・ホーマン＝デンハートは、「キリスト教的－西洋的」価値への言及が、ドイツ史によって正統性を否認されてきた「ネイションやナショナル」という観念の代用物になっていると論じた。彼女の講演 Christine Hohmann-Dennhard, 'Vom Staat und den Werten, auf die sein Recht baut' (*Frankfurter Rundschau*, 17 February 2006) を参照。

(25) Thomas Nipperdey, 引用は Tietze 2001: 193.

(26) Kleinmann (FDP/DVP), *Landtag Baden-Württemberg*, 4 February 2004, p. 4397.

(27) Paul Kirchhof, 'Die postsäkulare Gesellschaft', *Frankfurter Allgemeine Zeitung*, 3 June 2004.

(28) Uwe Volkmann, 'Risse in der Rechtsordnung', *Frankfurter Allgemeine Zeitung*, 11 March 2004.

(29) 原告の主張は、連邦憲法裁判所のルディン判決に要約されている。Decision of the Federal Constitutional Court on 'Ludin' (BVerfGE, 2 BvR 1436/02), 24 September 2003, p. 5.

(30) Decision of the Federal Administrative Court (BverwG 2c24.01), 4 July 2002, p. 7.

(31) Ibid., p. 10.

(32) Ibid., p. 9.

(33) Decision of the Federal Constitutional Court on 'Ludin' (BVerfGE, 2 BvR 1436/02), 24 September 2003, p. 15.

(34) Ibid., p. 17.

(35) 第3章の注1を参照。

(36) *Landtag von Baden-Württemberg*, 4. Wahlperiode, 62. Sitzung, 4 February 2004, p. 4387.

(37) BVerfGE, 2 BvR 1436/02, 24 September 2003, p. 15.

(38) Ibid., pp. 13f.

(39) *die tageszeitung* (TAZ), 4 June 2003.

(40) イエンシュ、ディ・ファビオ、メリンクホフの三名の裁判官の反対意見については、BVerfGE, 2 BvR 1436/02, p. 18.

(41) Ibid., para. 85.

(42) Ibid., para. 79.

(43) Ibid., para. 102.

(44) Josef Isensee, 'Grundrechtseifer und Amtsvergessenheit', *Frankfurter Allgemeine Zeitung*, 8 June 2004.

（45） この演説は、*Frankfurter Rundschau*, 23 January 2004 に再掲されている。

（46） ユダヤ教のシンボルは、「キリスト教的－西洋的」な集合体に含まれる。

（47） *Landtag von Baden-Württemberg*, 13. Wahlperiode, Drucksache 13/2793, 14 January 2003.

（48） Professor Ferdinand Kirchhof, in Ausschuss für Schule, Jugend und Sport（2004）, p. 11.

（49） Ibid.

（50） Deputy Kleinmann（FDP/DVP）, *Landtag von Baden-Württemberg*, 13. Wahlperiode, 67. Sitzung, 1 April 2004, p. 4704.

（51） A. Schavan（CDU）, *Landtag von Baden-Württemberg*, 62. Sitzung, 4 February 2004, p. 4387.

（52） Deputy Mack（CDU）, *Landtag von Baden-Württemberg*, 67. Sitzung, 1 April 2004, p. 4710.

（53） Deputy Wintruff（SPD）, *Landtag von Baden-Württemberg*, 62. Sitzung, 4 February 2004, p. 4395.

（54） Professors Mahrenholz, Jestaedt, and Böckenförde, in Ausschuss für Schule, Jugend und Sport（2004）.

（55） Ibid., p. 47.

（56） F. Kirchhof, ibid., p. 82f.

（57） BVerfGE 41, 29（'Simultanschule'）, decision of 17 December 1975. 引用は、一九五三年のバーデン＝ヴュルテンベルク州憲法第一六条に依っている。

（58） Ibid.

（59） Beschlussempfehlung und Bericht des Ausschusses für Schule, Jugend und Sport（Drucksache 13/3071）, 30 March 2004, p. 3.

（60） *Landtag von Baden-Württemberg*, plenary session of 1 April 2004, p. 4719.

（61） Ibid.

（62） Ibid., p. 4724.

（63） Deputy Kretschmann（Greens）, *Landtag von Baden-Württemberg*, plenary session of 4 February 2004, p. 4389.

(64) D. Haselbach, ‘Zurückhaltung wird nur den Fremden auferlegt’, *Frankfurter Allgemeine Zeitung*, 25 August 2004.

(65) Kretschmann (Greens) and Wieser (CDU), *Landtag von Baden-Württemberg*, plenary session of 4 February 2004, p. 4406.

(66) Ernst-Wolfgang Böckenförde, ‘Ver[w]irrung im Kopftuchstreit’, *Süddeutsche Zeitung*, 16 January 2004.

(67) Decision of the Federal Administrative Court (BverwG 2c45.03), 24 June 2004, p. 10.

(68) Ibid., p. 13.

(69) E・W・ベッケンフェルデへのインタビュー。 *Süddeutsche Zeitung*, 13 October 2004, p. 6.

(70) *Landtag von Baden-Württemberg*, 13. Wahlperiode, Drucksache 13/3679, 20 October 2004.

(71) Martin Kriele, ‘Wer glaubt’s?’, *Frankfurter Allgemeine Zeitung*, 17 February 2005.

(72) Decision of the Federal Constitutional Court on the Crucifix, 16 May 1995 (1 BvR 1087/91).

(73) Staatsgerichtshof of the Hesse Land, decision of 10 December 2007 (P.St. 2016); p. 33.

(74) Ibid., p. 34.

(75) Ibid., p. 60.

(76) *Frankfurter Rundschau*, 11 December 2007.

第4章　多文化主義国家イギリスにおける過激なヘッドスカーフ

ジルバブ

イギリスは長きにわたり、ヨーロッパ大陸で激化するヘッドスカーフ論争とは無縁の国であった。近年ではこうした状況は変化してしまったので、以前のイギリスと何がそんなに違うのか、なぜヘッドスカーフ論争を回避できなくなったのかといった問いが出てくるのも当然である。端的に言えば、顔や体を覆い尽くす過激なヘッドスカーフが問題となったときには、イスラムのヘッドスカーフに対する「多文化主義的な」受け入れはすでに始まっていた。イギリスでヘッドスカーフ関係の事件が最初に起こったのは、フランスでいわゆるヴェール事件が発生したのと同じ一九八九年のことである。イギリスの事件は、マンチェスター近郊のアルトリンチャム女子グラマー・スクールで、ムスリムの姉妹の生徒が授業中にヘッドスカーフを脱ぐことを拒否したので、校長がこの二人を帰宅させたというものである。この件は結局、きわめてイギリス的なやり方で解決をみた。ヘッドスカーフは同校の制服と同じ色である濃紺とすることを条件に、使用を許されたのである。このイギリスの事例を、それよりもはるかに紛糾したフランスの場合と比較してみれば、「問題は法廷で争われることなく、こうして迅速かつ適切、そして実際的な妥協がなされた」(Poulter 1997: 68) ということに異論はないであろう。多文化主義的な配慮は、まさにヘッドスカーフへの対応としてさまざまに実践されてきた一方で、生徒や教師がジルバブやニカブといった過激なヘッドスカーフの着用を求めて、多文化主義的な配慮そのものに疑問が呈された際には、司法は堂々と介入したのである。

本章の第一節では、イスラムの受け入れをめぐるイギリスの多文化主義的な背景について概説する。第二節と第三節では、法と政治のそれぞれの領域での過激なヘッドスカーフからの挑戦について論じる。

イギリス多文化主義とイスラムとの出会い

イスラムのヘッドスカーフが、どのような過程を経てイギリスでもアイデンティティの鏡となりえたかを理解するには、イスラムを受け入れる際の言説や制度上の背景を提供してきた、同国ならではの「多文化主義」の性質をまず解明しなければならない。イギリスはつねにヨーロッパにおける多文化主義の典型と見なされているが、一方でカナダやオーストラリアのような種類の多文化主義政策を公式に導入したことは一度もない。カナダやオーストラリアの多文化主義政策は法令や憲法に明記されており、それによってナショナルな自己定義の一部となり、政治的な党派には左右されない。これに対してイギリスの多文化主義は、革命《レヴォリューション》ではなく、むしろ進化《エヴォリューション》というきわめて独特のパターンに従いつつ、そのリベラリズムの自然な延長として存在しているのである。

カナダやオーストラリアと比較すれば、イギリスには多文化主義の導入「以前」と「以後」を明確に画す劇的な転換点は何もない。よく知られているように、一九六六年、当時の内務大臣ロイ・ジェンキンズは、「平準化の過程」としての「同化」政策を放棄したが、これはイギリス多文化主義の事実上の始まりであると一般に捉えられている（これについてはJoppke 1999: 225も参照）。しかし、それ以前に同化政策は存在しなかったのであり、したがってジェンキンズの同化の放棄は転換点などでは決してなかった。むしろこれは、イギリスのリベラリズムが国内の人種多元主義の現実に直面した瞬間であった。その後に続いた反差別ないし「人種関係」政策は、典型的にリベラルなものであり、集団ではなく個人を統合の単位として捉え、また帰属集団意識の固定化というよりは、その無化を求めていた。イギリス多文化主義の目玉たるべき人種関係政策は、この点ではまったく多文化的ではなかった。実際、ブレア労働党政権以前に多文化主義的な言辞を用いた政府は存在しない。他方、ブレア以前のサッチャー保守党政権と激しく対立した、社会主義的な大ロンドン庁の草の根「反レイシズム」こそ、口先だけではなくその精神において多文化主義であった。つまり、イギリスの多文化主義はロンドンやイギリス中部地方など、マイノリティ人口が密集しており、彼らの集団的な要求が通りやすい地方自治体といった、いわばサブナショナルな次元でのみ、現実に定着していったのである。

さて、イギリスのリベラリズムとはそもそも何なのであろうか。それは個人の選択を最優先し、公的な「人格形成《キャラクター・ビルディング》」に対する不干渉を旨とするリベラリズムの一形態である(Levinson 1997を参照)。リベラリズムに固有なのは、寛容と倫理的完成の間の緊張関係であり(Gray 2000を参照)、イギリスとフランスはそれぞれのかたちで両者を制度化している。寛容と倫理的完成という二種類のリベラリズムが多元主義という現実に直面すると、どちらも自己破壊的となりうる。つまり、寛容のリベラリズムは、不寛容なものにまで寛容であろうとする矛盾によって侵食され、倫理的リベラリズムは、純粋に私的なものを均質的な公的空間から排除することによってリベラルではなくなってしまうのである。

イギリスの多文化主義は寛容のリベラリズムから発展したため、公的なものの要素を欠いている。それは私的な選択が多元主義の現実に適用された産物であり、公的な価値として称揚された多元主義ではない（もちろんこれは公的な価値としての多元主義が試みられなかったという意味ではなく、とくにクール・ブリタニア〔一九九〇年代後半のイギリスで流行した標語。当初はファッションや芸術、ポップ・カルチャーが中心だったが、後に国家的ブランド戦略の一環に位置づけられた〕を唱えた初期のブレア労働党政権は、多少なりともこうした方向性を有していた）。ファヴェルには悪いけれども（Favell 1997）、イギリスの多文化主義は「統合の哲学」だとはどうやら言えない。「統合」の論理的な前提となるべき全体性について、まったく言及されていないからである。したがって、後期のブレア政権は多文化主義を「新生」イギリスの目玉として称揚したものの[1]、後に「多文化主義」から「統合」へと舵を切ることで、「多文化主義」が統合の原理ではないと認めざるをえなかったのである。しかしながら、「統合という用語を復権」させた主役であり、いまでは解散してしまった人種平等評議会で最後の議長を務めたトレヴァー・フィリップスは、統合を目指すにあたって、次のような問題を指摘している。「われわれはみなイギリス人であり、一つの核を共有している。そうした共通の核とは何かを見極めるには、それなりの時間がかかるであろう」[2]（強調は筆者）。

自分たちが何者なのかを分かっていないというのは、イギリス人に特有の問題である。この問題は、フランスでのヘッドスカーフ禁止の原因とされる「世俗的原理主義」を拒絶しようとする際に、たまたま顕在化した。つまり「フランスは専制権力国家であり、ナショナルな行為を定めた厳格なモデルに従うよう国民に強いている。イギリスが……経験している危機はこれとは異なる。すなわち、われわれは自分たちが何者なのかを分かっていないのである」[3]。ジルバブやニカブが司法の場で扱われた途端に、メディアや政治はナショナルな自己定義について、慌てて声高に論じ始めた。こうなった理由はヘッドスカーフ論争のみにあるわけではないものの、過激なヘッドスカーフの拒否とアイデンティティ問題の提起の間には、本質的な結びつきが存在している。ジャック・ストローの言葉を再度用いると、過激なヘッドスカーフが「分離と差異のきわめて可視的な表明」であるならば[4]、分離の反対概念たる「統一」の中身についても一定の考察がなされなければならないはずである。

ナショナル・アイデンティティに関する代表的な考察として、後の首相ゴードン・ブラウンが二〇〇四年にブリティッシュ・カウンシルでおこなった年次講演が挙げられる[5]。ブラウンはそこで、イギリス的なアイデンティティの陥穽を暴き出し、そしておそらくはリベラルな社会におけるナショナル・アイデンティティ一般の陥穽をも同時に暴き出す三段論法を展開している。最初に、ナショナル・アイデンティティを再定義するに際して「人種やエスニシティ」の点からおこなうか、あるいは「シティズンシップ」の点からおこなうかという問題があり、そこでイギリスが選択したのは明らかにシティズンシップであった。こうしたイギリスの方針はアメリカ合衆国と相通じるものの、アメリカ合衆国が有するような「使命宣言《ミッション》」がイギリスには欠けている。つまり「われわれイギリス人は、実際のところ、あえて控えめに述べるか、まったく言及しないかのいずれかであった」。[6] しかし、それで問題が片付いたわけではない。なぜなら「自国を愛する」とは、単に「一隅の地を占める」こと以上の何らかの感覚に由来しなければならず、一般に浸透した「価値」を源とするはずだからである。自国中心主義を欠くならば「ナショナル・アイデンティティの強力な意識」は存在しえず、また普遍主義を欠くならば、ナショナル・アイデンティティはエスニシティや人種に堕してしまうであろう。ブラウンは自国中心主義と普遍主義の融和を試みるにあたって、自由、義務、公正、国家よりも市民社会を重んじ、新しい考え方や影響に開かれているといった、イギリスに固有な五つの「価値と特質」を列挙したうえで、イギリス的なものとは「義務感に根づいた自由への情熱と、寛容や公正の本質的な支持」であると結論づけている。[7]

興味深いのは、ブラウンが「自由」をすべての価値に優先させていることである。なるほど「自由」とは長きにわたって、イギリス的かつイングランド的な自己定義に共通する特色であった。リンダ・コリーが「イギリス人」の成立を論じた名著で述べているとおり、「自由はイギリス的なるものの、いわば太鼓判なのである」(Colley 1992: 111)。政治的に自由の対極にあるとされる帝国ですら、自由に依拠していた。アーネスト・バーカーにとって、大英帝国とは「自由という観念」によって定義され、「実際のところ、それは帝権《インペリウム》なき帝国であって、すなわち自由《リベルタス》という正反対の原理を選んだ帝国なのである」(Barker 1951: 8)。とはいえバーカーは、こうした言い回しが「用語上の矛盾」であり、「生ける逆説」であるとも認めざるをえなかった。

自由という観点からのイギリスのナショナルな自己定義は、二つの問題を提起している。第一に、これと同じやり方で自己定義をしない国民など、まず存在しない。つまり、リベラリズムは普遍的な信条であり、ナショナルな次元の自国中心主義を消し去るのである。第二に、イギリス的な諸々の自由にナショナルな要素が加われば加わるほど、公的価値よりも私的価値を優先するようになり、それゆえナショナルな統一性と統合の原理には不適当とされてしまうのである。

こうした起源を有する多文化主義をさらに精査してみよう。イギリスの多文化主義とリベラリズムの内在的な関係を検討する際に、まず目を向けるべきはおそらく公教育であろう。イギリスの公教育は他のヨーロッパ諸国と同じく、ヘッドスカーフ論争の主戦場である。メイラ・レヴィンソンは、英米仏三国の公教育を比較した秀逸な論考で、リベラルな国家における公教育の特徴が、リベラリズムとデモクラシーの間の緊張関係であると論じている（Levinson 1997）。すなわち、リベラリズムは私的領域への不介入を命じる一方で、デモクラシーは自律的かつ自由な個人を創り出すための公的な「人格形成」を要求する。(8) このような相反する傾向は、それぞれの国の状況に合わせてさまざまに実現されている。フランスでは公的なものが優先され、私的なものが抑圧される。他方、イギリスではそれとは対極的に、公教育において公的価値よりも私的価値が上位に置かれる（アメリカ合衆国は両国の中間にあり、私的差異を公的領域に招き入れるというかたちをとっている）。イギリスではこの結果、「分断された多文化主義」がはびこり、公的なものが事実上は私化されるに至っている。具体的に言えば、イギリスの教育は「公立学校の看板はそのままに、中身を私立化する」方向へと向かっているのである（Levinson 1997: 338, n. 12）。

公教育を私的選択よりも下位に位置づけようとする傾向は、サッチャーおよびブレア政権の下で「親の選択」運動〔教育サービスの自由市場化と親の選択権の拡大により学校教育の改善を目指す運動。一九八〇年代に本格化した〕によって著しく強化されていったが、これには歴史的に深い起源がある。一九四四年の教育法は、イングランドとウェールズにおける国家管理の義務教育制度の始まりとなった。同法によれば、それまで教育制度を牛耳っていた国教会とローマ・カトリック教会は、国家が初等・中等教育を義務化し管轄した後も、依然として重要な役割を保持するとされていた。現在も国家から補助金を受けている学校のうち、およそ三分の一はイギリス国教会またはローマ・カトリック教会の運営である。さらに言えば、教会は教育の監督権を国家に委譲することで一定の見返りを得た。つまり、非宗教的な学校を含めてすべての学校は、宗教教育を義務化し日常的な礼拝が実施できる体制をとるよう定められたのである。また、学校側には雇用と入試の際に宗教にもとづく選別が許容されており、たとえばあるカトリックの学校が公的補助金で運営されていても、「自校の特質」を維持するために、カトリックではない生徒の入学を、能力や成績にかかわらず拒否することができる（Ibid., 337）。一九八八年の教育改革法を通じてナショナル・カリキュラムが遅ればせながら導入されたものの、公立学校は私的（つまり宗教的）領域の下位に位置づけられたままであった。たとえば「シティズンシップ教育」という新しい科目は、英国シティズンシップの公共的な価値の浸透を目的としつつも、ナショナル・カリキュラムでは周縁にとどまった。一方で、学校での礼拝については、「全体として、あるいは主としてキリスト教的な特徴」を有すべしという行政指導や、宗教教育は「イギリスの宗教的な伝統が主流のキリスト教徒にあるという事実を反映」すべしといった行政指導がなされた。こうしてキリスト教の特権的な地位は、さらに強化されたのである（Blair and Aps 2005: 2 から再引用）。

しかしながら、明らかに差別的な行政指導も、内実は必ずしもそうではなかった。第一に、宗教に関する要請はいつでも拒否できた。第二に、この種の指導はマイノリティの宗教によって利用される場合もあり、私的あるいは集団的なものへの迎合という、イギリス公教育の特徴をさらに強化する結果となった。イギリスの移民は集住化の傾向が強く、それゆえ宗教的マイノリティ集団が地元の多数派と化しているところも少なくない。そういった地域ではどこでも、宗教的マイノリティ集団は地方自治体の権力を巧みに用いて、礼拝や宗教教育を自分たちのイメージに合わせて改変していったのであり、（こういった事態の是正を狙った）一九八八年の教育改革法によっても状況は変わらなかった。結局、地方レベルではイスラムやヒンドゥー教が優遇されるようになった。具体的には「多様な信仰」を扱う授業シラバスが開発され、また「さまざまな宗教に共通する道徳的側面」を重視した礼拝が導入されたが(9)、これはとりもなおさずキリスト教と距離をおくことの婉曲表現であった。したがって、「ムスリムの間では宗教教育への強い反対はまったくなく、また公立学校における宗教教育をやめるべきだというような考え方もまったく出ていない」（Fetzer and Soper

2005: 41)。私立学校が「公費補助」または「全面公費」の任意寄付制学校という地位を得れば、国庫からの部分的あるいは全面的な財政支援の対象となるが、最も重要なのは、こうした地位をマイノリティ宗教が求めた場合には、原則として拒否できないということである。一九八八年の教育改革法で私立学校に対する国の財政支援が保障されると、イギリスのさまざまなムスリム団体はまず、運営権は自分たちが握りつつも、財政は国庫で負担する学校の設立を求めた。保守党政権はこの種の学校が宗教的分離を助長するという理由で、長い間彼らの要求を突っぱねてきたが、ブレア労働党政権はあっさりと譲歩して、イングランドには現在、国庫負担のムスリム系学校が七校ある。

イギリスのリベラリズムは多文化主義的に拡大解釈されることにより、一方で公的価値よりも私的選択を優先しつつ、同時に公的価値の欠落をいっそう助長している(Levinson 1997: 340f を参照)。生徒は「同胞の」集団が維持する(擬似的な)私立学校という壁のなかに引き籠ることができる。したがって生徒は大して差異にさらされず、従来の帰属から離れることもありえない(世俗的なカリキュラムによって植え付けられる自省の害毒から、みずからの子どもを守ろうとするムスリムの間で、前記のような私立学校はとりわけ評判がよい)。そして全体を見れば、すべての人が共有したり一体化できるような公的空間や組織は、いっさい存在しない。「分離された多元主義」とは、イギリスの学校制度の影響を説明するために作られた言葉であり、イギリス的な多文化主義の概略をよく表している。すなわち、それは「相互に無関心で、宗教や文化や言語や経済の面で単一的な複数の下位コミュニティから成る、多元主義的なナショナル・コミュニティ」なのである(Ibid.,

340)。レヴィンソンが鋭く指摘しているとおり、このような制度における「多文化主義」は「公共善そのものとして扱われることはなく」、むしろ「多元主義は私的なものを尊重する学校制度からたまたま生じた公的な副産物にすぎない」(Ibid.)。

イギリスの多文化主義に関しては、この他にも批判や擁護の立場からのさまざまな解釈があるものの、「分離された多元主義」をめぐっては、レヴィンソンの分析はそれらと軌を一にしている。批判の側では、アマルティア・センがイギリス多文化主義を「多元的な単一文化主義」と定義したうえで、「諸々の多様な文化が闇夜を行く船のごとく互いにすれ違っている観もある」と述べている(Sen 2006)。擁護の側では、ビク・パレクが多文化主義イギリスを「さまざまなコミュニティから成る一つのコミュニティ」として描きつつ、「イギリス人」としてのメタ・アイデンティティは「人種主義的な」含意によって汚染されていると主張する(Parekh 2001)。多文化主義が非難されるにせよ称揚されるにせよ、そういった体制の枠内に入ったムスリムが自分を異邦人として捉えるというのは、ありえない話ではない。二〇〇五年七月七日のロンドン地下鉄爆破テロの実行犯の一人が、「はっきりとしたヨークシャー訛りで」ビデオのなかで語った遺言は、こうした問題の典型である。「諸君が民主的に選んだ政府は、わが同胞に残虐行為を繰り返しており、したがって私がムスリム同胞を守り彼らの仇を討たなければならないように、諸君はこのような政府を支持した責任をみずから負わなければならない(10)」。

イギリスの国家‐教会体制は、理屈の上では国教会を優遇しているが、現実には他の宗教を広く受け入れており、イギリスのリベラリズムから生まれた多文化主義もこうした国家‐教会体制と難なく一体化している。イングランドであれイギリス全体のナショナリズムであれ、その起源は他のヨーロッパ諸国のいわゆる「シヴィックな」ナショナリズムと同じく、宗教的である（Marx 2003を参照）。それはまず、カトリックのフランスに対抗する「プロテスタントのイスラエル」の観点から構想され（Colley 1992: 369を参照）、次に革命後のフランスの無神論と対抗するキリスト教国イギリスという概念へと拡大され、そしてついに一九四四年の教育法において（キリスト教を婉曲に指す）「宗教」という総称が、ドイツの「異教的な」ナチズムに対抗するため用いられた（McLeod 1999: 64）。ここに見られるように、宗教的な次元でのイングランド性あるいはイギリス性とは、融通無碍できわめて広範なものであった。その一方で、イギリスはイングランドとウェールズにおいては国教会、スコットランドにおいては長老派教会というように、キリスト教の特定宗派を優遇する国家‐教会体制を発展させた。一七〇一年の国教会法の成立以降、イングランドにおける公認の国家教会とはイギリス国教会であり、君主は国教会の首長ならびに「信仰の擁護者」なのである。イギリス女王は議会と手を携えるかたちで司教の任命権を保持しており、任命される司教のうち二六名は職権として上院に議席を有する。国家が市民社会の代表を務めるという実にイギリス的な方法によって、君主は国教会信徒であらねばならないと国教会法で定めたのは議会である。世俗社会の内部に奇妙なかたちで存在する国教会体制の宗教的‐ナショナリスト的な起源が、ここには見てとれる。

しかし、一見差別的なものが実はマイノリティ宗教にきわめて優しかったというのは、ここでも同じである。反国教会派プロテスタントを保護の対象とした寛容法（一六八九年）とともに例外条項もはじめて定められ、この種の条項を通じてマイノリティ宗教は現体制へと統合されていき、近年はキリスト教以外の諸宗教も同様の道を辿っている（König 2003: 95-7 を参照）。宗教冒瀆禁止法はキリスト教徒のみを保護の対象としているが、イギリスのムスリムは興味深いことに、同法の適用を受けようとする戦いに敗れた後ですらも、概して国教会の廃止に賛成してはいない[11]。公共空間からの宗教の排除という「世俗主義」には関心がないためである。イギリスのあるムスリム指導者が言うように、「われわれにとって、教会－国家という連関、いやむしろ宗教－国家という連関は、存在しなければならないものだ」（Fetzer and Soper 2005: 60）。イギリスのムスリム指導者たちは、タリク・マドゥードのような知識人を含めて、国教会優位の体制の廃止を求める代わりに、そうした体制を多元化して「複数信仰」的な方向性を提唱してきた。この試みはある程度の成功を収めている。ヒンドゥー教徒とムスリムの議員は、いまや上院にも見られるし、彼らは選挙の得票にもとづいて議席を占めているわけではないものの、ともかく自分たちの宗教の代表者ではある。そして現君主の世継ぎであるチャールズ皇太子は、長年にわたり進んで「信仰の擁護者」たらんとしてきた（キリスト教会側はこうした趨勢に当然ながら反発している。Evangelical Alliance 2006: 15 を参照）。全体として見れば、イギリスの世俗化は「多元主義」的で「穏健」なものであり（Martin 1978: 20f）、国家と宗教勢力が衝突することはまれである。イスラムの受容が全体にすんなりと摩擦なく進展したことも、その例外ではない[12]。

もちろんイギリスのムスリムによる現状認識は、これと異なっている。彼らによれば、排除と差別こそが問題なのであり、イスラムへの寛容度がはるかに低いヨーロッパ諸国と比べても、イギリスでの排除と差別はより深刻だという(Pew Research Center 2006を参照)。この論理は、告発する側の要求が認められるほど、より多くを求めるようになるという点で、トクヴィル的である(Joppke 2009を参照)。イギリスのムスリムが組織的な告発集団として最初に登場したのはラシュディ事件のときで、その後、ムスリムの間では自分たちが人種関係法の適用を受けていないという不満が広がった。人種関係法は「人種にもとづく」差別待遇をむしろ保護している。マンドラ対ダゥエル・リー裁判(一九八三年)において、上院は「人種的な特徴」を根拠として、シーク教徒をこうした体制に公然と組み入れた。そのため学校の側では、シーク教徒が(たとえば)制服ではないターバンを着用していても、彼らを排除することができなくなった。一方で、同様の保護がムスリムに認められることはなかったが、それはムスリムが「多数の国民やさまざまな人種から」成っており[13]、人種関係法に従えば「人種集団」とは認められないからであった。サッチャー政権以降のすべての政権は、人種関係法を改定して宗教もその対象に含めることを一貫して拒否してきた。つまり政府は、宗教とカルト集団を区別しなければならないという難題[14]、さらには宗教と人種を同一視するという難題へと引き込まれることを恐れていたのである(後者については、Hepple and Choudhury 2001: 20を参照)。

しかしながら、（イギリスのムスリムの大半にとって母国である）インドやパキスタンやバングラデシュのようなムスリムの多い国からやって来た人々は、その「民族的な出自」により、間接的ではあるがつねに人種関係法の下で保護されていた。だから人種関係法の下でムスリムとして保護されることは、おそらくは実際上の不利益を是正するというよりも、むしろ象徴的な承認の問題であった。さらに言えば、人権関連法規がさまざまに整備されると、反差別法の不備はそれなりに相殺された。具体的には、一九九八年の人権法が成立して以降、欧州人権条約はイギリス国内法の一部となり、同時に信教の自由を保護する同条約第九条も、同じく国内法の一部となっている。そしてヨーロッパも反差別運動に多少なりとも与することになった。欧州連合雇用指令は二〇〇三年からイギリス法の一部となっており、最重要雇用分野における宗教的な差別に対して幅広い保護を提供している。このようなヨーロッパの法整備には、後のヘッドスカーフ論争にとってはなはだ奇妙な要素となっていくものが含まれていた。つまり、生徒が援用できるのは人権保護「のみ」である一方で、教師は人権関連法規に加えて、欧州連合雇用指令というさらに強力な反差別法規に訴えることも可能であり、生徒は教師よりも保護されていないのである(15)。

イギリスでのイスラムの受容の成功は、それとは対極にある「イスラム恐怖症」という概念の成立過程に最もよく表れているだろう。この言葉はラニミード・トラストの一九九七年の報告のなかで最初に用いられた。同報告によれば、「イスラム恐怖症はここ二〇年の間に、いっそう明白で極端、さらには悪質かつ危険なものとなり……反ユダヤ主義的な言説が二〇世紀の初めには当然視されていたのと同じように、いまやイギリスの日常を構成する一部となっている」[16]。これは追い詰められたマイノリティによる誇張ではなく、ロンドン主教のリチャード・チャートリーズやイギリス初の女性ラビであるジュリア・ノイバーガーなど、ムスリム以外のエリートを主な成員とする委員会の見解であり、また同委員会の報告をイギリス議会で公表した当時の内務大臣ジャック・ストローによる見解でもあった。これ以降、イギリスが「イスラム恐怖症」だというのは一つの定説となり、それに疑問を呈すること自体が――「人種差別」の概念に疑問を呈すること自体が「人種差別的」であるとされるのと同じく――イスラム恐怖症の証左と捉えられるようになった。「イスラム恐怖症」が現実のものか否かにかかわらず、糾弾する側のムスリムからすれば、イスラム恐怖症に類する何かがなければ、実際問題として困ったことになる。宗教的な差別を禁じる特定の法律や政策が存在するには、宗教的な差別が具体的に存在しなければならず、その意味でイスラム恐怖症は、宗教的な差別を人種差別に匹敵するものとして違法化しようとする運動に一定の基盤を与えてきたのである。

「イスラム恐怖症」とは何か。一九九七年のラニミード報告の定義によれば、それはイスラムをめぐる「閉鎖的な」見解であり、イスラムは（イスラムを貶める八つの表現とされるもののうち最初の三つのみを引用すれば）「一枚岩の」、「自分たちとは違った」、「劣った」存在として描かれる（Commission on British Muslims and Islamophobia 1997）。「イスラム恐怖症」がムスリムに対する差別を意味するならば、この言葉に宗教上の教義への批判と、人種主義に類する偏見が混在していることは明らかであり、前者はリベラルな社会では認められてしかるべきだが、後者が有害なのは言うまでもない。ケナン・マリクが正しくも述べるように、「イスラム恐怖症という考え方の問題は、ムスリムに対する憎悪や差別をイスラムへの批判と混同している点にある」(Malik 2005)。実際、「閉鎖的」かつ不変のイスラム観は、過激なヘッドスカーフを唱道する人々の間に蔓延する見解そのものであると言えるだろう。たとえばユッテ・クラウセン(Klausen 2005: 100)の調査では、彼女が面談したイギリスのムスリムの七〇パーセント以上が、統合に関していわゆる「新－正統派的」な見解を堅持していると判明した(この比率はヨーロッパのムスリムのなかで最も高い)。彼らによれば、「イスラムの基本教義はいささかも「修正」されるべきではなく」、「イスラムとはあるがままのイスラムであり」、したがってヨーロッパ各地の政治指導者によく見られる、イギリスやヨーロッパの「西洋化した」イスラムという捉え方自体がありえないと退けられているのである。

「イスラム恐怖症」はイスラムの教義に対する批判と人種差別との混交物であるが、(「恐怖症」の文字どおりの意味である)理不尽な恐怖心と、制度化されたさまざまな不平等のどちらを意味するのか、判然としない概念でもある。イスラム恐怖症は反ユダヤ主義を原型としており、その意味ではたしかに個々の行為者の意図や認識と分けることができない一種の恐怖症である。しかしながら、これはラニミード第二報告で提起された主張とは必ずしも合致しない(Commission on British Muslims and Islamophobia 2004: 14)。同報告によれば、現存する「制度的なイスラム恐怖症」とは、ムスリムと非ムスリムの間にある諸々の社会的不平等の総体を反映し生み出している既存の法や慣習や行為であるという。この原型が「制度的レイシズム」であることは明らかである。つまり制度的レイシズムは行為者の意図や認識とは無関係に存在しており、制度上の匿名の諸機能に組み込まれた一つの客観的な事実を示しているのである。

「制度的イスラム恐怖症」は可能性としてはありうるにせよ、その存在を証明する証拠は、それほどあるわけではない。パキスタン系やバングラデシュ系のムスリムが、イギリスのマイノリティ集団のなかでも最貧困層を構成しており、失業率も教育水準も最悪というのは事実である。しかしながら、インド系や中東系のムスリムの暮らし向きが、経済や雇用や教育といったすべての点で平均的なイギリス人を上回っているのも明らかな事実であり、したがってムスリムに対する差別が彼らの被っている不利益の原因だという主張には、往々にして疑問の余地がある。こうした不利益の原因として考えられるのは、たとえばパキスタン系やバングラデシュ系住民の平均年齢が低く、新来の移民である彼らが不況の地方や職種に集住し、その第一世代の多くが未熟練労働者であることなどが挙げられよう (Policy Exchange 2007: 68 ならびに Heath and Yu 2005 を参照。後者の議論によれば、未熟練労働は特定の職種に対する差別のきっかけになるという)。加えて言えば、パキスタン系やバングラデシュ系女性の労働市場への参入率が低いのも、彼らが有する文化的・宗教的な諸要因による(17)。最後に、以下の事実も指摘しておきたい。急速に変化するロンドンには、バングラデシュ系ムスリム人口がきわめて多くなっている。こうした人口増加を一因として、彼らとインド系住民との間の教育格差は急速に縮まっており、バングラデシュ系の女性たちはますます家庭の外へと職を求めるようになり、さらにはバングラデシュ系の男性ですら「その多くが肉体労働に見切りをつけ、熟練労働や専門職へと転じている[18]」。

「イスラム恐怖症」は差別の感知器というよりも、むしろイギリス国家がムスリム・マイノリティを承認するための主たる象徴装置となってしまっている。ジャック・ストロー内務大臣は下院でラニミード第一報告を公表するにあたって、堂々と以下のように述べている。「今朝の発表は私個人にとって、政府がムスリム・コミュニティに認める価値と、彼らの懸念を真剣に受けとめようとするわれわれの決意を高らかに宣言する恰好の機会である。イギリスのムスリムは彼らの存在によって強く感動的な歴史と成果をもたらしている[19]」。「イスラム恐怖症」の存在を認定することは、その後の展開の基礎となった。たとえば、二〇〇一年の国勢調査には宗教に関する設問が含まれるようになったし、二〇〇一年の犯罪・騒擾法には「宗教的に悪質な犯罪」という法的文言が追加された。また二〇〇六年の人種・宗教憎悪禁止法では、宗教的な憎悪の「扇動」が新たな犯罪として設けられたのである（これは言論の自由の侵害を恐れる作家や芸術家や知識人から、新たな宗教冒瀆禁止法であると批判された）。

「イスラム恐怖症」が自明視されている状況の下でムスリム問題を扱う際、メディアや公的言論には極度の自制と政治的正しさの感覚が浸透するようになった。ただしこれによって、イギリスのメディアがイスラム恐怖症の温床であるとの非難は虚偽であることも明らかになった。実際のところ、イギリスは二〇〇五年のいわゆるデンマーク漫画事件（ムハンマドの風刺漫画がデンマークの日刊紙に掲載されたことで、イスラム世界から非難の声が上がり外交問題に発展した事件）のもとになった預言者ムハンマドの風刺画が新聞紙上に掲載されなかったヨーロッパで唯一の国である。二〇〇五年七月に起きたロンドンの地下鉄爆破事件は、イスラム・テロの国内的な要因に大きく光を当てたものの、その後の「道徳の逆転」[20]によって、メディアはこうした犯罪行為のイスラム的な側面をあまり取り上げなくなった。その一方で、ムスリム諸団体はいっさいの責任を拒否し、代わりにみずからを「イギリスのムスリムやその組織やモスクを攻撃し弱体化しようとする病んだ試み」[21]の犠牲者だとしたのである。

メディアや公的機関においても、七月七日の爆破事件への対応は実に抑制されていた。BBCは「イスラム・テロ」の概念自体を検閲したばかりか、この事件を自社の記者が扱う際には、「テロ」という言葉を避けるよう指示した。またBBCの『ワールド・アフェアーズ』の担当編集者は、犯人一味を呼ぶにあたって「誤てる犯罪者」という言葉を用いた。これは警察のとった立場でもあり、警察当局の副総監補佐の声明によれば、「イスラムという用語とテロリストという用語は互いに別個のもの」であった[22]。

当然ながら、こうした態度はイギリスのムスリム指導者層にとって追い風となった。英国ムスリム評議会の会長イクバル・サクラーニは、「イスラム・テロリストなどというものは存在しない。そうした言い方は無礼だ」と述べている[23]。実際のところ、ムスリムは七月七日の爆破事件に対して、自分たちのあり方を省みるのではなく、改めて「イスラム恐怖症」を攻撃することで応じたのである。こうして出てきたのが、イギリスのムスリム指導者たちの以下の声明である。「われわれは七月七日の悲劇を通じて、イスラム恐怖症や人種差別や失業や社会的排除といった問題——つまりわれわれの子どもたちを疎外し、怒りと絶望の道へと駆り立てかねない諸々の要因——に、一丸となって向き合わなければならない。若者が求めているのは理解であり、バッシングではない」[24]。ムスリム女性への攻撃が、二〇〇五年の爆破事件以降に増加したという証拠はまったくないにもかかわらず、モスク・イマーム評議会の会長であり、通常は穏健派とされるザキ・バダウィまでもが、「ムスリム女性は襲撃されたり罵倒されるおそれのある場合……ムスリムに敵意を抱いている人々の眼を逃れるために、ヒジャブを脱ぐべし」という警告の「ファトワ」を発したのである[25]。

イギリスの裁判所における過激なヘッドスカーフ

イギリスのヘッドスカーフ論争で最初の主役となったシャビーナ・ベーガムが、みずからをイスラム恐怖症の犠牲者として描き出したことは何ら不思議ではない。「私は九・一一後のイギリスで育った若い女性として、メディアや政治家や法律関係の役人によるたくさんの偏見を目撃してきた」。ここで疑問に思うのは、どのメディアや政治家や役人について彼女が語っているのかということである。このような物言いは実にイギリス的であり、たとえばフランスやドイツのように、ムスリムの不平不満を扱う際に明らかにイギリスほどの配慮がなされない国々では、まず見られないものだろう。ムスリムとしては異端の立場にある一人の識者は、この根底にある論理について、以下のようにはっきりと断じている。「ムスリムに向かって、自分が弱い立場にあり、その言い分を「聴いてもらう」必要があるのだと説けば説くほど、彼らは残念ながら部外者としての思いを募らせ、他の人々と同じように批判に対応することは期待できなくなった」[26]。

ベーガム事件はイギリスのヘッドスカーフ論争の口火を切ったものであり、そのあらましは広く知られている（法律面での詳細な説明は、McGoldrick 2006, ch. 6 を参照）。パキスタン系のシャビーナ・ベーガムは一九八八年に生まれ、ベッドフォードシャー州ルートンのデンビー高校の生徒であった。彼女は二〇〇二年九月までは、「サルワール・カミーズを喜んで身に着けていた」[27]。サルワール・カミーズとは、ヘッドスカーフとともに着用する、ゆったりしたチュニックとズボンのことであり、シーク教徒やヒンドゥー教徒など南アジア系マイノリティの女子生徒が、制服の代替として広く用いる宗教的な衣服である[28]。新学期の初日である二〇〇二年九月三日に、彼女は副校長の眼には「長いスカート」に見える衣服、つまりジルバブを着用して現れた[29]。彼女は兄とともに登校したが（この人物は急進派のヒズブアッタハリル〔国際的なムスリム政治団体で、その究極の目的はカリフ制とシャリーアの実施にもとづくイスラム世界の統一だとされる〕に近い者であるとの疑いがある）、彼は「脅迫まがいの常軌を逸した」ともとれる「激しい」調子で、「人権や裁判について語った」という。副校長はシャビーナに、帰宅して「きちんとした制服を着たうえで学校に戻ってくる」ように言ったが、彼女はこれに従わなかった。代わりに彼女は裁判に訴え、あらゆる上訴を経て最終的にイギリス上院へと至る審判を戦ったのである。

ジルバブ（および通常はそれと対になるニカブ）は、宗教的な服装についての規律が緩やかな南アジアのイスラムのハナーフィ派にとっては、まったく縁のない着衣である。むしろ過激なヘッドスカーフは、思春期以降の女性に着用を課すサウジアラビアのハンバリ派に由来しており、同派はイスラムのスンニ派における四派の一つにすぎない[30]。イギリスでは、ジルバブはヒズブアッタハリル周辺の急進派グループによって広められてはいるが、イギリスにいる八〇万人のムスリム女性のうち、それを着用しているとされるのは（「増加している」とはいえ）ほんの一部の者（一万人から四万人）だけである[31]。

ジルバブやニカブは、主に南アジア系から成るイギリスのムスリムにとっては、明らかに外部から最近輸入された着衣であり、すでに徹底的な多元化を経ていた学校環境に入り込んでいった。デンビー高校はイギリスの多くの学校と同じく、「妥当かつ適切な宗教上の要求をすべて満たそうと懸命に取り組んできた[32]」。同校では全生徒の八〇パーセント近くがムスリムであり、合わせて四〇の言語集団と二一のエスニック集団を抱えていた。マイノリティ集団は、ここでは多数派だったわけである。校長は南アジア育ちのベンガル系ムスリムであり、六名の父兄評議員のうち四名もムスリムであり、地域教育局によって任命された外部評議員のうち三名もムスリムであった。学校側は一九九三年に、ムスリムの父兄と地元のモスクの参加ならびに承認を経て新たな制服を考案したが、これにはムスリム女子生徒用の、同校の通常の制服と同じ色のサルワール・カミーズも含まれていた。この制服には関係者全員が同意し、生徒の「ポジティヴな精神と共同体的なアイデンティティの感覚を促進した」と評された[33]。デンビー高校はベンガル系校長の指導の下、学業面でもきわめて健闘しており、「同じような生徒構成の学校に比べて平均値をはるかに超える」成績を記録してきた[34]。シャビーナはこうした理由で、デンビー高校の学区外に住んでいたにもかかわらず、同校に通うことを選んだのである（同じ地域には他に三つの学校があり、そのすべてがジルバブの着用を認めていたので、シャビーナはデンビー高校ではなく、他校に通うことも可能であった）。つまり当時の状況はヘッドスカーフ論争が生じるにしては、むしろ多文化的かつ寛容なものだったのである。

一九五〇年の人権と基本的自由の保護のための欧州条約（欧州人権条約）は、一九九八年の人権法（施行は二〇〇〇年一〇月）によって国内法に組み込まれたが、ベーガム事件はこの一九九八年人権法に関する最初の判例の一つとなった。国家に対抗して個人が依拠しうる憲法上の権利憲章は、ヨーロッパ大陸では実現されて久しいが、イギリスはこうした憲章に類するものをはじめて有したわけである。欧州人権条約第九条第一項は――「公共の秩序」ならびに「公共の安全」を考慮し、また「他人の権利と自由」を侵害しないかぎりにおいて（第九条第二項）――「みずからの信仰を公的または私的に……表明する自由」を保障している。ここで問題となるのは、シャビーナがジルバブの着用によって学校から「排除された」のは、彼女の宗教的な権利の侵害にあたるか否かであった。高等法院は第一審判決で、本件は欧州人権条約第九条第一項の違反にはあたらないとの判決を下した。この見解によれば、シャビーナが排除されたのは彼女の信仰のせいではなく、制服についての校則を守ろうとしなかったからにすぎない（McGoldrick 2006: 182は「あまり説得力がない」と批判している）。判決では学校の制服の代わりに、サルワール・カミーズを着用する可能性に触れているが、この代替案は同事件に関して助言を求められた地元のムスリム当局者たちも、「イスラムの服装要件を十分満たす」と認めている。[35] 全体として、制服に関する学校の方針は「正当な目的を追求する妥当なもの」であり、一部の者の宗教的な自由に制限を課すことは、「他人の権利および自由の保護のために」必要であった。裁判所はこうした立場から他のムスリム女子生徒についても言及し、ジルバブが容認されれば、彼女たちはその着用を「強いられているよう感じる」可能性もあると述べている。[36]

興味深いことに、「公共の秩序」による制約は、欧州人権条約第九条第二項における信教の自由の制限にも現れており、これにより「生徒の間での社会的な一体性や調和」といった公的な価値のために、信教の自由に対する規制が容認されることになるのだが、こうした制約自体は本裁判では補足的に言及されたにすぎない。第三者の権利への責任が課されることで、学校は概して私的な空間と見なされるようになり、さらに同判決に対する識者の批判を借りれば、学校は「他人の偏見によって個人が判断されることを容認する立場へとあまりにも近づいて」しまったのである（Davies 2005: 520）。

しかしながら、「シャビーナ・ベーガム」の名が世間に広まったのは、控訴裁判所が二〇〇五年三月二日の判決で、高等法院による前記の判決を完全に覆してからのことである。[37] 控訴審のこの判決は、まったく予想外であった。というのは、ストラスブールの欧州人権裁判所は、シャヒン対トルコ裁判において、各国の政府が「他人の権利と自由」ならびに「公共の秩序の維持」といった敏感な事項について決定する際に、幅広い「裁量の余地」を有していると認めたうえで、イスラムのヘッドスカーフの着用を禁止するトルコのある大学の方針が、欧州人権条約第九条違反ではないとの判決を下したばかりだったからである。[38] シャヒン対トルコ裁判では、イスラムのヘッドスカーフをめぐる欧州人権裁判所の保守的な傾向が確認されたにすぎず、したがって国内裁判において解決策が提示できないならば、「ヨーロッパ」による救済措置などあるはずもなかった。

控訴裁判所は欧州人権裁判所のシャヒン判決を退けるにあたって、イギリスは「世俗国家ではない」ので、他の基準（つまり宗教国家の基準であろうか）が適用されなければならないという奇妙な議論を展開した。[39] シャビーナは「自身の信仰を表明し」、それゆえにデンビー高校は彼女を「排除した」——控訴裁判所はこのように論じ、第九条への違反が生じたと判断したのである。しかし判決の主意は、彼女が排除されたという事実自体ではなく、むしろ排除の手続きを問題にしていた。なるほど、学校側には原告の信教の自由を規制するだけの十分な理由があったかもしれない。けれども、学校側はそうした規制をおこなう際に、適切な手続きに従わなかった。「彼女の自由は制服に関する校則によって制限されており、この制限を十分に説明すべきなのは国家の出先機関としての学校側である。……学校側はそうしたやり方では本問題を取り扱わず、制服に関する校則が存在する以上、それを守るべきだという前提から出発し……原告の信仰に対してしかるべき配慮をしなかった」[40]。

ある法律家は、控訴裁判所の「手続き的な」アプローチを「前代未聞の法律論」であると非難した（Poole 2005: 695）。この見方によれば、「比例性」とは裁判官のみが事後的に検討できるものであって、公共機関がその意志決定に先立ってとりうる方法ではない。控訴裁判所によるベーガム事件の判決を「権利のためにはよい知らせ」と好意的に見る識者も、欧州人権裁判所の「反手続き的ですらある」法的判断と控訴審の判決が相容れないことを認めている（Davies 2005: 516f）。だが、「権利」が日常生活で明確に認識されていないとしたら、権利とはいったい何なのであろうか。二人の法律専門家が指摘するように、学校管理者は「雇用ならびに健康と安全に関するさまざまな規制、さらには校則に至るまでの膨大な法規……を理解していることが期待されている」（Carney and Sinclair 2006: 137）。だとすれば、学校に適用される基本的人権関連の規則について、学校管理者の側が理解を求められるのは当然であろう。イギリスはヨーロッパ大陸的な立憲政治への流れに長きにわたって抗してきたものの、いまや完全に屈してしまったようである。

しかしながら、ベーガム事件が結審したのは上院においてであった。二〇〇六年三月二二日、法律貴族院は控訴裁判所の判決を覆し、シャビーナが制服に関する校則違反のゆえに合法的に排除されたという高等法院の見解を踏襲した[41]。控訴裁判所の「手続き的アプローチ」は破棄された。すなわち、これは「下級裁判所に対する指導としては結構である。……しかし、校長に対して要求すべきものではない[42]」。法律貴族院の議論は、具体的には二つの段階から成る。第一に、第九条が定めるシャビーナの宗教的な権利については、その侵害をまったく認めず、なぜなら同条は「個人が自分の選択する任意の時間と場所において、その信仰を表明することを許されるとは定めていない」からとした[43]。ジルバブを容認している学校が近隣に三つあること、ならびにシャビーナがデンビー高校の代わりにそのいずれかの学校に通うこともできたという点が、いまや問題とされたのである。こうした立論は、イギリスの司法を欧州人権裁判所の「裁量の余地」的な見解に沿って再編するものであるのは明らかであり、欧州人権裁判所もまた、信仰が他の場所で実践されうる場合、あるいは国家の規制にもかかわらず実践されうる場合には、宗教的な権利の侵害は存在しないという同様の判断を下していた（Carney and Sinclair 2006: 133を参照）。さらに法律貴族院は議論の第二段階で、第九条で定められた権利の侵害が本件で発生していたとしても、制服に関する「客観的に見て正当な」校則は、依然としてその上位にあると判断した。法律貴族院は第九条第二項による制約を明確化することを求めつつ、第一審の判決と同様に、ジルバブを着用していないムスリム女子生徒の権利を保護するという、学校の制服が有する機能を再び指摘したのである（こうした権利を侵害する実例はむしろ増加していた[44]）。

法律貴族院での多数意見は高等法院と同じく、第三者の権利を純粋に私的な選択の観点から捉え、それによってイギリスの公教育における私立的な傾向を強化するものとなった。さらに踏み込んだ見解を示したのは、ヘイル法官議員のみである。ヘイル議員のフランス式の議論によれば、ムスリムの女子生徒は家庭内では個人の自律性を伸ばす機会を得られないだろうから、学校がそうした機会を与えるべきである。「われわれのこの社会は好むと好まざるとにかかわらず、原理原則や法律の次元で、人々が法律の定める範囲内で自分自身の生のあり方を選ぶにあたって、男女ともに平等な自由を重んじる社会なのだ。民族や文化や宗教の上でマイノリティ集団に出自を有しながらこの国で育った若い女性は、主流の文化にどの程度まで同化するのか、あるいは主流の文化からどの程度の距離をおくのかといった点で、とくに困難な選択に直面している。善き学校とは、彼女たちがそういった選択を実現できるよう支援するものだろう[45]」。これはベーガム事件をめぐって、過激なヘッドスカーフに反対するために両性の平等を持ち出した唯一の議論であった。

全体として、ベーガム事件では判決が二転三転したにもかかわらず、イスラムのヘッドスカーフを取り扱う際のイギリスの基本的な政策に疑問が呈されることはなかった。つまりこうした問題については、個々の学校による地域レベルでの決定が最善とされたのである。議会は国家による規制がある場合を除いて、制服に関する決定権を学校に委ね、法律貴族院ですら議会の見解に沿って、同様の態度を表明した[46]。こうした反応は、司法対国家の問題には介入しないという、きわめてイギリス的な手法の確認であった。ビンガム卿が上院による判決の要旨説明の冒頭で述べたように、本件は「特定の場所や時における特定の生徒と学校に関するものである。……そもそもイスラムの服装が、あるいはイスラムの服装のどのような特徴が、この国の学校において容認されるべきかを決定するのは、上院の役目として想定されていないし、また上院はそういった役目を負うこともできない[47]」。

ベーガム事件の政治的な重要性は、このように限られた次元にとどまった。政治家はこの事件についてめったに語ろうとはしなかった。ブレア首相と妻のシェリー・ブースは、控訴裁判所と法律貴族院において、たまたまベーガム事件の弁護人を務めたのだが、彼らはイスラムのヘッドスカーフが「個人の選択」の問題であり、したがって政府がとやかく言ったり、まして決定権を持つべきではないという立場を一貫して守ったのである。(48)

状況が変わったのは、顔を覆うヴェールであるニカブが登場してからである。ヘッドスカーフはいまや、地元の学校や裁判所などが口を出せるような単なる「個人の選択」の問題ではない。それは国民の統一性と統合の問題となり、全国民にとっての関心事となったのである。ジャック・ストローが自身のブラックバーン選挙区事務所で、ムスリム女性にニカブを脱ぐように迫ったことはよく知られているが、これも状況の変化を象徴する出来事であった。(49) ストローはこれによってヴェール論争に二つの新たなテーマを持ち込んだ。彼が最初に挙げたのは、「他人の表情を読み取るのが――ほとんど文字どおり――」不可能になることによって、対面コミュニケーションが減少してしまうという社会言語上の(あるいはヴェールについては業務上の)問題であった。第二に、顔を覆うヴェールは、政治的に見れば「分離と差異の可視的な表明」であり、リベラルな社会における寛容の限界を示していた。これらの主題はともに、二つの異なる場でその後も議論されていく。すなわち、一方で政治家や知識人たちは「分離の指標」としてのニカブをめぐり論争し、最終的にはブレア首相ですらニカブを非難するようになった。(50) 他方、司法の場において問題となったのは、ニカブが教師と生徒にとって、教室内での効率的なコミュニケーションの障害となるか否か、さらにはニカブによって知識の普及という学校の機能が妨げられるか否かであった。

ニカブが最初に争点となったのは、若手の補助教員アイシャ・アズミが教室での授業時もヴェールで顔を覆いたいと突然言い始め、そのため停職処分を受けたときからである。アズミ女史は二〇〇五年からイギリス国教会所属のある国立学校で、バイリンガルの非常勤補助員として雇われていた。この学校は七歳から一一歳までの生徒が通う小学校であり、生徒の九〇パーセントはムスリムでエスニック・マイノリティ（大半はインド系とパキスタン系）であった。アズミはとくにエスニック・マイノリティの生徒の学習と厚生の支援のために採用された。彼女は「敬虔なムスリム」であり、一六歳のときから一族縁者ではない成人男性のいる場では、顔を覆うヴェールを身につけていた。しかし、アズミはこの仕事の採用面接ではシンプルなヘッドスカーフを着用し、顔を覆ってはいなかった。アズミは勤務を開始したその週に、男性教諭とともに授業をする際には顔をヴェールで覆うと言い出した。校長は「ヴェールが教育効果を低減する」という業務上の観点から、アズミの主張をはねつけた。学校側は最終的に、アズミが「子どもたちと作業をする際に」ヴェールを脱ぐことを拒否したという理由で、彼女を停職処分としたのである(51)。

ベーガム事件の場合と同じく、「アズミ」もすぐに裁判沙汰になった。けれども、今回は民間の雇用契約の問題も絡んでいたため、法的な枠組みはベーガム事件とは異なっていた。二〇〇〇年の欧州連合雇用指令は、二〇〇三年の雇用平等規制法（思想信条条項）を通じてすでに国内法にも組み込まれており、アズミ裁判は欧州連合雇用指令の範囲内において、雇用裁判所が扱うべき反差別法の上での問題となったのである。アズミは自身の信仰のゆえに、「直接的」ならびに「間接的な差別」、「ハラスメント」、「精神的苦痛」を被ったと主張したが、リーズの雇用裁判所は二〇〇六年一〇月六日、アズミが申し立てたこれら四つの訴えのうち三つを棄却した[52]。認められた唯一の訴えは「精神的苦痛」という比較的軽微な争点に関してであった。判決は、ヴェールを着用して教えれば教育効果が減殺されると指摘し、校長の証言を好意的に引用している。「アズミが担当する子どもたちが、目に見える手がかりを彼女に求めていたことは、すでに明白だったものの、それは無理でした。子どもたちには、彼女の表情を見ることができなかったからです[53]」。学校側が以前に地元当局の教育部門から得た助言も、同様のものであった。「顔と口を隠してしまえば、教師と生徒の間で必要な言語以外の意思疎通も減ってしまう。……生徒が最適なコミュニケーションを図るには、教師の顔がきちんと見える必要がある[54]」。実際、アズミも研修期間中に受け取っている新任教師用の手引書では、第二言語を学ぶ子どもについての項目に、以下のような記述がある。「表情を含むジェスチャーやボディー・ランゲージは、話し言葉を補強する[55]」。

アズミ事件に対する雇用裁判所の二〇〇六年一〇月の判決は、翌年三月の雇用控訴裁判所の判決でも支持されており[56]、反差別法が実際にどのように運用されているのかをよく表している。直接的な差別だと訴えるには、ムスリムではないが顔を覆っている人物（「たとえば怪我で頭や顔に包帯を巻いている人[57]」）で、しかも制裁を科されていない人物などの「比較対象」が必要となる。アズミ女史はそういった「比較対象」よりも不利に扱われたことを示せなかったので、直接的な差別だという訴えは棄却された。また間接的な差別については、学校側が用いる「規定・基準・慣行」が、「明らかに中立的」であったかどうかが問題とされた。つまり「規定・基準・慣行」が信仰のせいでアズミ女史に「特定の不利益」を与え、なおかつ「正当な目的」によって裏づけされず、「適切な手段」で実施されていなかったのではないか、ということである。雇用裁判所はこのような争点を想定しており、したがって裁判で問題化したのは学校側の「規定・基準・慣行」が目的において正当であったか否か、そして手段において適切であったか否かであった。目的の正当性については、「対象となる生徒たちが教師の顔を見て、どのように彼女の口から一語一語の英語が発せられるのかを観察できるようにする必要[58]」からすれば、疑問の余地はない。また手段の妥当性について言えば、停職命令は六か月もの試用期間の後になってはじめて下されたものである。ヴェールを脱ぐように書面で指示がなされたのは、二〇〇六年一一月になってからであり、つまりこの問題が発生して二か月ほど経って、顔をヴェールで覆って教壇に立てば教育効果が低下すると明らかになった後のことである。そして、アズミ女史がヴェールを脱ぐように命じられたのは教室での授業時のみであり、「他の時間にはつねに、そしてとくに校内での移動の際には」、自由に「ヴェールを着用することができた[59]」。実際のところ、彼女は二〇〇六年一二月一二日付の校長宛書簡で、「貴殿のご助力ならびにご理解のすべてに対して深謝いたします」と書き、また「私に過度のストレスを与えることは貴殿の意図するところではないでしょう」とも述べている[60]。したがって、アズミ女史がこの書簡の四日前に「私が信仰にもとづいて着用しているヴェールのせいで被った差別的待遇に関する」不満の訴えを起こし、そこから裁判が始まったのは、実に驚くべき話である(61)。ムスリムからの告発という難題がイギリスで処理される際には、その過程で最大限の配慮がなされてきたのであり、アズミ事件はその一つの証左であった。

過激なヘッドスカーフをめぐる(いまのところ)最新の裁判で、ニカブは生徒も巻き込んだ争点と化している(62)。ニカブが教室での効果的なコミュニケーションの妨げになっているというアズミ事件と同様の業務面からの議論が、再び現れたのである。この裁判でニカブの着用を主張したのは、名門女子グラマー・スクールに入って二年目の一二歳のムスリム少女(高等法院では匿名で呼ばれた)であった。彼女の三人の姉も以前にニカブを着用して同じ学校に通っており、したがって彼女は通常の欧州人権条約第九条にもとづく訴えに加えて、さらに二つの「正当な期待」と「類似の処遇」によって、姉と同じように扱われるよう求めたのである。この裁判はベーガム事件と比べれば、信仰をめぐっての避けがたい苦痛を扱うものだったとは言えないであろう。裁判が進むにつれて明らかになったように、この少女はニカブ着用を認める別の名門女子グラマー・スクールへの入学を許可されており、しかもそれは地元当局による無料送迎付きであった。にもかかわらず、彼女はその学校への入学を断っている。さらに言えば、この少女の事件はベーガム事件と同じく、代替となる宗教的な衣服の規定をすでに十分設けている学校で発生したのであった。同校のこうした規定は充実して余りあるものだったので、ムスリム権利擁護団体のオックスフォード・ムスリム教育センターですら原告の主張を「行き過ぎた多文化主義である」と見なし[63]、裁判費用の一部負担を学校側に申し出ている（学校側は受けとろうとしなかった）。訴訟自体は取るに足りなかったかもしれないが、五〇万ポンドに達しそうな本裁判の費用に鑑みれば、同校が財政破綻に陥るおそれは十分にあり、だからこそこれを懸念したバッキンガムシャー郡議会は、訴訟資金の支援から速やかに撤退したのである[64]。

ニカブ着用を望む原告生徒の第九条にもとづく訴えは、高等法院で棄却されたが、裁判所はその際に、ニカブを禁止した校長の一連の発言を引用し賛意を示している。校長が指摘したのは、学校の制服によって「一体感」や「安心感」が促進され、他のムスリム女子生徒への「圧力」も回避されるといった諸々の論拠であり、さらにその筆頭には、「教育上の条件」に関する憂慮があった[65]。つまりアズミ事件と同じように、「教室での効果的な意思疎通」のためには、生徒の側もすすんでヴェールを脱ぐべきだという意味である。校長はこう説明する。「表情が視認できるということは、教室での効果的な意思疎通における重要な要素である。教育の成功は、生徒が授業を理解しているか、授業に集中しているか、反応の良し悪しなどについて、彼らの表情を教師が「読み取る」ことができるか否かにかかっている[66]」。こうした「教育上の条件」はとくに重要だと見なされた。女子生徒の第一言語は英語ではなく、また彼女は非常に「物静かで内気」なので、ニカブを着用し始める前からすでに特別教育プランの対象になっていたからである。

高等法院は女子生徒による「正当な期待」と「類似の処遇」の訴えを棄却するにあたって、イスラムのヘッドスカーフに関するイギリスの主要な政策の追認も合わせておこなった。これらの政策は、ベーガム事件からアズミ事件、そして本事件の判決を通して、いささかも変更されなかったのである。つまり、多文化主義的な受容という前提は確立され、決して覆されることがないほどの高みにあった一方、校長の側には「特定の時期に、特定の町の、特定の学校で必要である」と判断した場合、それに従って方針を決めたり変えたりする「相当な裁量の余地」があることが確認されたのである。(67)

「分離の指標」——過激なヘッドスカーフに対する政治的反発

裁判で争われたのは、ニカブがコミュニケーションを妨げるか否かという業務上の問題であった。一方で政治家や知識人は、ニカブが「分離の指標」(これはもともとブレア首相の言葉である)であると指摘した。こうして対立は法的な領域から真に政治的な領域へと拡大していき、イギリスは本格的なヘッドスカーフ論争を経験することになったのである。国内に起源を有するイスラム・テロの勃発は、二〇〇一年の北イングランドの人種暴動を激化させる要因となったが、この暴動以降、イギリスのムスリムが主流社会とは離れた「並行生活」を送ろうとしていることへの懸念が表面化した(Cantle Report 2001 を参照)。ニカブはこのような傾向の恰好の実例であり、つまり「自発的なアパルトヘイト」を意味したのである。(68)ニカブは基本的な人間関係を破壊するものだと捉えられた。

イギリスの代表的なムスリム系コラムニストは、ニカブが「人間の共同性を否定する」と述べている。「ニカブを着けた女性には他の人々がよく見えるが、自分は他人から見えない所にいて、まるで監視カメラのようだ。彼女たちは自分も他人も人間として扱っていない(69)」。

われわれはヴェールにどのように対処すべきであろうか、と『ガーディアン』の男性記者は問いかける。「それは「私を見るな」という意味なのか、それとも「私を見よ」という意味なのか(70)」。この疑問に対する答えとして、レスターで開催されたイスラムの集会において「神の導き」を感受し、その後ニカブの着用を始めた三五歳の医療従事者の女性の発言を挙げておこう。「誰も私をじろじろ見ようとしませんでした。そのときに私が持った感じ――まるで貝のなかの真珠のような、完全に保護された感じ――は、いまでも覚えています。こういう格好をしていれば、誰も近寄っては来ないでしょう(71)」。しかしながら、「男を引き寄せる餌(72)」にはなりたくないという意図はさておくとしても、これもまた女性を単にセクシュアリティによってのみ定義する別のやり方にすぎないのではないだろうか。ヤズミン・アリバイ＝ブラウンは、「実際のところ、半裸の女性とヴェールをまとった女性はともに、もっぱらセクシュアリティによって定義される」と指摘している(73)。そして女性にとってさらに有害なのは、ヴェールの裏にこめられた暗示である。アリバイ＝ブラウンが引用しているデンマークのイスラム法学者《ムフティー》の言葉を借りれば、「女は原罪を負っており、だから女の顔や髪はムスリム男性を強姦魔へと変えてしまう」――ヴェールを着けない女性は「強姦されたい」のだという「悪意に満ちた考え方の具体化したもの」がこれである(74)。

かなり控えめな公共感覚を有するイギリスでさえ、ニカブは公的なものと私的なものとの境界線を否定しつつも、一方でそれを浮き彫りにした。「われわれが個々人の生活のなかでおこなうのは私的な事柄である。……しかし、われわれがいったん労働市場や、国家なり地方自治体なりの管轄する領域に入れば……イギリス社会というものが存在する以上、プライバシーや個人の選択が議論の的となるのは、まったく当然である」[75]。

イギリスはニカブによって、ほとんどフランスのような状況になってしまった。「ほとんど」と付言しているのは、こうした状況下でも多文化主義そのものが疑問に付されることはめったになかったからである。「私の知るかぎり、ムスリムのヘッドスカーフに反対している者は一人もいない。しかし、女性を制約する他のすべての衣類に関しては、それをイギリスの路上で見たいとは思わない」。典型的な反応はこのようなものであった[76]。もし「ムスリムのコミュニティ」が「まずはヴェール、次は髭、ジルバブ、そしてヘッドスカーフ」といった論理で、一致団結してヴェールを支持するならば、政治的な動員の観点からは合理的であろう。しかし、それは杞憂である。なぜなら、ヘッドスカーフ自体を排斥しようとした者など、一般に「非情」とされるメディアを含めて皆無だったからである。さらに言えば、(狭義の)ヴェールが「文化や慣習ではなくイスラムの実践であり」、したがって「議論の対象となるべきではない」といった主張は、原理主義の立場を表してはいても、「ムスリム学者の総意」にもとづいて共有されるものではなかった[77]。

政治家や評論家やムスリム指導者たちが各所で持論を展開するなかで、こうした状況への現実的な対応も現れ、さらにさまざまな問題も発生した。ロンドン大学インペリアル・カレッジでは、保安上の観点から学生のニカブ着用を禁止した。全国医学部長会議は、「患者に対面する際に顔を覆うのは、患者への配慮が医師の第一の関心たるべきという義務の放棄であり、容認できない」と宣言した。バーミンガム大学医学部はこれを受けて、授業やキャンパスでのヴェール着用を速やかに禁止した(78)。ここでちょっと面白い話をすれば、運転規則庁は女性の試験官に対して、ムスリム女性の顔のヴェールを脱がせる際には、個室で女性の付き添いや通訳の同伴のもとに、事を慎重に進めるように命じたが、これは五〇〇件ほどの「替え玉受験」が報告されてからのことである(79)。もっと深刻な話をすれば、イラクやアフガニスタンの自爆テロリストは、しばしば偽装用にヴェールを用いていた。イギリスでヴェールの危険性が実感されたのは、婦人警官殺害の容疑者として全国に指名手配されたソマリア人のムスタフ・ジャーマがニカブを着用し、二〇〇五年七月の連続爆弾テロ後の厳戒態勢にあったヒースロー空港から、女きょうだいのパスポートを使って空路で逃亡したときであった(80)。倫理上、職務遂行上、そして保安上の多くの問題がまさに続発したのであり、着用する者が自身を人目にさらさずに外部を見ることができるというヴェールの非対称性から、すべては生じたのである。

政府の対応は、過激なヘッドスカーフが最初に問題化した教育という分野に依然として限定されており、学校側がヴェールに対処した際の方針を概して追認していた。たとえば、生徒のニカブ着用に関する二〇〇七年の高等法院の判決の直後に、教育・職業技能省が新たに発行した「制服関連校則についての手引き」は、重要な新機軸を打ち出した。[81] 学校側がヴェールの禁止を要求できる具体的な条件がようやく明示されたのである。ここで念頭に置くべきは、二〇〇〇年の人種関係法の改正以降、学校はすべての公共機関と同じく「人種平等のための企画《スキーム》」をそなえておくように義務づけられ、このため学校側は制服関係の諸問題についてとりわけ用心深くならざるをえなかったということである。具体的に言えば、「いかなる生徒も、特定の文化や人種や宗教に由来する服装規範を固守して、制服に関する校則に従わなかった場合、校則違反を理由として処分を受けることはない」[82]。ただし、この条項は名目上は保持されたものの、前出の手引きは、「信仰を表明する自由」が絶対的ではなく、「他人の健康、安全、ならびに権利と自由の保護」を理由に制限されうると規定している。同手引きも認めるように、このような見解はベーガム事件ならびに匿名女子生徒の事件に対する高等法院の判決という「近年の二つの判例において確認された」ものであった。フランスやドイツの場合、ヘッドスカーフの制限は国家の政治部門から生じており、権利の保護を旨とする裁判所とは対立していたが、イギリスでは過激なヘッドスカーフは司法によって最終的に抑制された。フランスやドイツとは異なる興味深い状況が、この点に現れているのである。

原註

（1） 'A new brand for Britain', *Economist*, 23 August 1997, 25f.
（2） *Daily Telegraph*, 27 December 2003, p. 4.

（3） Mary Riddell, 'Veiled threats', *Observer*, 14 December 2003, p. 26.

（4） *Lancashire Telegraph*, 5 October 2006（reprinted in *Guardian*, 6 October 2006）.

（5） Retrieved from Hermes Database, 7 July 2004（Lexis-Nexis）.

（6） Ibid. これは現代的な見解であり、イングランド人あるいはイギリス人が「帝国国民」としての「使命」を自覚していたという歴史上の事実を無視している（Kumar 2006 を参照）。

（7） Ibid.

（8） もちろん民主的あるいは倫理的リベラリズムは、シヴィックな共和主義へと分化している。これらがいずれも公教育の哲学としては曖昧な部分を残している点については、Stolzenberg（1993）の優れた議論を参照。

（9） バーミンガムにある、ムスリム生徒が多数を占める小学校の校長の発言。Fetzer and Soper（2005: 40）から再引用。

（10） *Daily Telegraph*, 2 September 2005, p. 7.

（11） ムスリムの宗教感情を侵害すると見なされる文学やその他の芸術あるいは公共の場での表現については、大昔からある（そしていまやほぼ休眠状態の）宗教冒瀆禁止法を適用すれば、禁止が可能ではある。サルマン・ラシュディ『悪魔の詩』（一九八九年）の出版の後、イギリスのムスリムは、同法による保護の対象に自分たちを含めるよう強く要求したが、サッチャー政権はこれを断固として拒否した。

（12） この点に関連して注目すべきは、女王が最近ウィンザー城内にムスリムの使用人専用の祈禱室を設けたことである（*Express*, 30 September 2006, p. 13）。

（13） Poulter（1997: 64）, citing the court case *Nyazi* v. *Rymans Ltd.*（1988）.

（14） *Guardian*, 12 June 1997, p. 9.

（15） たとえば、欧州人権条約の保護は公権力に対抗する場合にのみ発動され、差別法は個人や私的組織にも適用される（see Blair 2005: 408f）。

（16） Quoted in the *Observer* of 29 December 1996, p. 12.

(17) 二〇〇五年の労働白書によれば、一六歳から三四歳までのパキスタン系やバングラデシュ系の女性のうち、働くことを希望しているのは二三パーセントにすぎない。Policy Exchange（2007: 69）を参照。

(18) 'From brick land to the fast lane', *Economist*, 27 October 2007, p. 46.

(19) Home Office, 22 October 1997（Hermes database, retrieved through Lexis-Nexis）.

(20) Melanie Phillips, 'This lethal moral madness', *Daily Mail* 14 July 2005, pp. 14–15.

(21) *Independent*, 12 July 2005, p. 2.

(22) *Daily Mail*, 14 July 2005, pp. 14–15.

(23) *Sunday Express*, 10 July 2005, p. 23.

(24) *Mirror*, 18 July 2005, p. 23.

(25) *Guardian*, 4 August 2005, p. 6.

(26) Munira Mirza in *Daily Mail*, 29 January 2007, p. 4.

(27) この引用とそれに続く引用はともに、Queen's Bench Division, *R (Begum)* v. *Headteacher and Governors of Denbigh H.S.* [2004] EWHC 1389（Admin）, [2004] ELR 374, 15 June 2004 からである。

(28) ヒンドゥー教徒やシーク教徒の生徒もサルワール・カミーズを着用しているという事実は、ムスリムの生徒にジルバブの着用を認める際に、余分な特権はいっさい与えるべきではないといった反論を生み出す重要な根拠となった（ibid., at para. 4）。

(29) ジルバブとは、厚ぼったく暗い色の布でできた、首から爪先まで覆うマント状の衣服であり、顔と手を除く女性の体全体を隠す。

(30) この箇所については、ニューヨーク大学の法学者ポール・クルーイックシャンクの有益な観察に依拠している（Paul Cruickshank, 'Covered faces, open rebellion', *International Herald Tribune*, 24 October 2006）。

(31) 'Deconstructing the veil', *Economist*, 14 October 2006.

(32) Judge Bennett, in Queen's Bench Division, *R (Begum)* v. *Headteacher*（above, n27）, para. 17.

(33) Ibid., para. 4.

(34) Court of Appeal, *R* (*on the application of SB*) v. *Governors of Denbigh High School* [2005] EWCA Civ 199, 2 March 2005, at para. 3.

(35) Queen's Bench Division, *R* (*Begum*) v *Headteacher* (above, n.27), at para. 15. 地元のムスリム当局者に加えて、ロンドン中央モスクとイスラム文化センターも、サルワール・カミーズで十分だと見なしていた。しかし例によって、ある専門的な意見に対しては別の専門的な反論が出てくる。二人の地元のイマームは、以前に学校から問い合わせがあった際には、サルワール・カミーズを用いた制服でよいと述べていたにもかかわらず、その六か月後にシャビーナ・ベーガムの弁護士から接触されたときには、その言い分は明らかに変化していた。バーミンガムのイスラム研究センターも「体全体」が覆われなければならないという同様の主張をしており、つまりサルワール・カミーズでは十分ではなかったわけである (ibid., para. 20)。

(36) Ibid., para. 4.

(37) Court of Appeal, R (*on the application of SB*) v. *Governors of Denbigh H.S.* [2005] EWCA Civ 199, 2 March 2005.

(38) *Sahin* v. *Turkey* (2004) ECHR 44774/98, ECt HR.

(39) Court of Appeal (above, n37), at para. 73.

(40) Ibid., headnote.

(41) House of Lords, *R (SB)* v. *Governors of Denbigh High School* [2006] UKHL 15, 22 March 2006.

(42) Lord Bingham in Ibid., at para. 31.

(43) Lord Hoffmann in Ibid., at para. 50.

(44) 二〇〇五年三月の控訴裁判所の判決の後、「より過激なムスリム的伝統の支持者と思われる若者の集団による」学校への抗議デモが報じられた (Lord Bingham in ibid., para. 18)。

(45) Baroness Hale in Ibid., at para. 97.

(46) Lord Hoffmann in Ibid., at para. 64.

(47) Lord Bingham in Ibid., at para. 2.
(48) Tony Blair, quoted in *Evening Standard*, 29 November 2006, p. 5.
(49) ジャック・ストローのこの行為は、*Guardian*, 6 October 2006で報じられている。
(50) Ibid.
(51) Employment Tribunal (Leeds), *Azmi* v. *Kirklees Metropolitan Council* (Case No 1801450/06), 6 October 2006; quoted from headnote.
(52) Ibid.
(53) Ibid., Judgment–1, at para. 3. 15.
(54) Ibid., at para. 3. 14.
(55) Ibid., at para. 3. 13.
(56) Employment Appeal Tribunal, *Azmi* v. *Kirklees Metropolitan Borough Council* [2007] IRLR 484, 30 March 2007.
(57) Employment Tribunal (Leeds), *Azmi* v. *Kirklees Metropolitan Council* (above, n51), at para. 9. 5.
(58) Ibid., at para. 17.
(59) Ibid., at para. 20.
(60) Employment Appeal Tribunal, *Azmi* v. *Kirklees Metropolitan Borough Council* (above, n56) at para. 37.
(61) Ibid.
(62) Queen's Bench Division, *R* (*on the application of X*) v. *Headteachers of Y School and Another* [2007] EWHC 298 (Admin), 21 February 2007.
(63) *UK Newsquest Regional Press*, 7 February 2007.
(64) *Agence France Press*, 8 February 2007.
(65) Queen's Bench Division, *R* (*on the application of X*) v. *Headteachers of Y School* (above, n.62), at para. 64.
(66) Ibid.

(67) Ibid., at para. 136.

(68) *Sunday Telegraph*, 15 October 2006, p. 24 に掲載された、影の内閣の内務大臣デイヴィッド・デイヴィスによる発言。

(69) Y. Alibhai-Brown, ‘We don’t yet live in an Islamic Republic, so I will say it – I find the veil offensive’, *Independent*, 9 October 2006, p. 37.

(70) David Aaronovitch, ‘Please don’t rub your faith in my face’, *Guardian*, 17 June 2003, p. 7.

(71) ロンドンに住む三五歳のニカブ着用者ヤナのインタビュー（*Evening Standard*, 14 November 2006, p. 18）。

(72) Ibid.

(73) *Independent*, 9 October 2006, p. 37.

(74) Ibid.

(75) Yasmin Alibhai- Brown, quoted in *International Herald Tribune*, 23 October 2006, p. 3.

(76) Allison Pearson, ‘Here’s why the veil so offends me’, *Daily Mail*, 11 October 2006, p. 15.

(77) 以下の公開質問状を参照。‘Important advice to the Muslim community in light of the debate over the veil’（17 October 2006）, signed by 27 British Muslim leaders（including the Deputy Secretary General of the Muslim Council of Britain）. Copy on file with author.

(78) *Express*, 16 October 2006, p. 1.

(79) *Mail on Sunday*, 17 September 2006, p. 41.

(80) *The Times*（online）, 20 December 2006.

(81) Department for Education and Skills, ‘Guidance to schools on school uniform related policies’（consultation document, 20 March 2007）. Copy on file with author.

(82) *Observer*, 19 March 2006, p. 7.

第5章　リベラリズムとムスリムの統合

チャドル

本書で検討の対象となったヨーロッパの国々では、それぞれに特徴あるヘッドスカーフ論争が起こった。フランスの場合は政治と哲学の次元で激化し、ドイツでは論争は法律論から隠れナショナリズムへと展開し、イギリスでは冷静で穏健な議論から奇妙なほど白熱した対立へと至った。この国々は国家や宗教や国民性の点で、きわめて異なる歴史を有しているにもかかわらず、同じようにヘッドスカーフ論争を経験したわけである。ということは、ここには何かしら共通の「ヨーロッパ的」なるものが存在するのだろうか。

ムスリム移民の統合に際してさまざまな問題が生じたのは、イスラム過激派からすれば「強大な悪魔」であるはずのアメリカ合衆国ではなく、むしろヨーロッパのみであり、このような矛盾に関しては二〇〇一年以降、多くの検討がなされてきた[1]。あるアメリカ人識者によれば、このような矛盾の理由は、「ヨーロッパにおけるナショナル・アイデンティティが、アメリカに比べてはるかに血と大地に根ざしており」、アメリカほどには「政治的」ではないからだという（Fukuyama 2006: 14）。こうした観察は、「共和主義的な」フランスや「多文化主義的な」イギリスに関しては明らかに的外れである。また「キリスト教的 - 西洋的」なドイツを見ても、どこに血や大地なるものが存在するというのだろうか。別のアメリカ人識者の見解では、ヨーロッパは「閉鎖的なキリスト教クラブ」であることがムスリム問題によって暴露されたという[2]。再び問うが、これはイギリスのことなのか、それともフランスのことなのか。アリスティド・ゾルバーグとロング・リット・ウーンも同様に、ヨーロッパのムスリム統合問題の原因を「ヨーロッパのアイデンティティが……キリスト教の伝統に深く根ざし続けている」という事実に帰しているが（Zolberg and Woon 1999: 7）、彼ら二人に対しても同じ疑問をぶつけなければなるまい。もし彼らの言うことが当たっているのだとしたら、本書で検討した国々のなかで制度的には最も「キリスト教的」で、国家元首が「信仰の擁護者」であるイギリスは、なぜヘッドスカーフのみならずムスリムに対しても、いちばん協調的なのだろうか（Joppke 2009 を参照）。ヨーロッパのムスリム問題に関して発言するアメリカ人識者のなかで、ここでは（とりあえず）最後にジョーン・スコットを取り上げよう（Scott 2007）。スコットはフランスのヘッドスカーフ問題をめぐって、「ローカルな文脈」に細心の注意を払いつつ、また一方で「ヨーロッパの」ムスリム問題といった大雑把な話に陥るのを避けながら、緻密で洗練された考察をおこなっている（Ibid., 9）。スコットによれば、ヘッドスカーフに対するフランス人の反感の根底にあるのは、ムスリムを「劣った人々」と捉える植民地主義的な見方である。したがって彼女の見解では、ライシテの擁護者たちの「熱烈なナショナリズム」とは、実のところ「レイシズムのもう一つの指標」にすぎない（Ibid., 98）。

以上で紹介した諸々の議論には、ナショナリズムやレイシズム、国家－教会の排他的な融合体など、さまざまな要素が現れているものの、つねに断罪されているのは「ヨーロッパ」であり、ヨーロッパの国家や文化や国民が有する排他性である。そして、安堵の声がはっきりと聞こえてくるのは、好都合なことにここヨーロッパではなく、「差異の承認」が確立しているアメリカにおいてなのだ（Ibid., 182）。

本書を注意深く読めば分かるように、こうした論法では共通の「ヨーロッパ的な」主題は見出しがたいだろう。もしムスリム統合に関してヨーロッパ共通の何かがあるとすれば、それは移民のなかでムスリムの主張があまりにも突出している現状や、ムスリムの技能および教育水準の低さ、あるいはムスリム第二世代や第三世代にすら観察される、恒常的な社会経済上の疎外状況など、むしろ移民として入って来る彼らの側の諸問題であろう。統合に伴うこれらの負の側面の背後に、宗教にもとづく排除が存在しているという証拠はない。イスラムの「信者」であることは不利益の源泉ではない。むしろ宗教は、他の要素に起因する不利益を顕在化するための、グローバル規模で利用可能な媒体《イディオム》なのである。

シリン・アミール＝モアザーミはフランスとドイツを対象とした研究で、ヘッドスカーフ論争は第二世代の現象であり、「詳細に見れば、そうした論争はイスラムの制度内化と同時に発生している」と鋭く観察している（Amir-Moazami 2007: 15）。つまりヨーロッパにおけるムスリムの統合に関して、「イスラム」自体は周縁的な問題にすぎない。ヘッドスカーフ論争への過度な着目（もちろん本書もヘッドスカーフを扱う以上、この傾向を助長せざるをえないけれども）は、事態を二重に歪曲している。第一に、ヨーロッパにおけるイスラムの受容は、個人の権利ならびに団体の社会的な承認という両方の経路を通じて成功裏に進んでおり、ヘッドスカーフ論争とは、こうした大勢のいわば例外なのである。イギリスでラシュディ論争が生じ、フランスで最初のヴェール事件が起こったのは一九八九年であり、それ以前にはあからさまにムスリム的な主張が本格化することはなかった。この事実に鑑みれば、ムスリム受容の速やかさと規模は瞠目すべきであり、その結果「非宗教的な《ライック》」フランスはいまや国庫負担でイマーム教育を提供するに至った。(3) 第二に、ヘッドスカーフ問題に固執し、問題は宗教だと言いつのることで、不利益の真の原因たる社会経済的な主要因が隠蔽されてしまう。ムスリムにとっての社会経済的な諸問題が宗教に由来しているのは、ある程度は真実だが、しかし差別の原因は宗教というよりも、むしろ女性が家庭の外で働くことを禁じるイスラム的な戒律全体なのである。たとえばイギリスでは、パキスタン系ならびにバングラデシュ系のムスリムが「経済的な最下層にとどまっている主たる理由」は、こうした戒律上の制約にあると考えられている。(4)

一方、ジョーン・スコットはフランスの状況について、立法側がヘッドスカーフ禁止にこだわるのは、既存の社会経済的な不利益を否認しようとしているからであり、「対処すべき諸々の社会問題が山積している状況からすれば、そういったこだわりは「妄執」である」(Scott 2007: 115) と述べているが、この種の主張も的外れである。むしろ、まずヘッドスカーフに取り組み、次に差別と戦うのは、当然の順序とされていた。スタジ報告書は、郊外で広範に広がる失業や学校の機能不全について十分自覚しており、ヘッドスカーフの禁止がこうした状況の改善に資するとは想定していなかった (2003: section 3. 3. 1)。むしろフランスの国会議員たちは、まるで罪悪感に駆られたかのごとく、ヘッドスカーフの禁止には「すべての差別と闘うための、より顕著な努力が伴う」必要があると主張したのである。(5) 差別禁止平等推進高等機関(HALDE)の創設が二〇〇五年初頭であったという事実が示すように、ヘッドスカーフ論争が終わったと見なされた瞬間に、反差別の「戦い」が始まったわけである。

フランス国民は他のヨーロッパ諸国よりも思想的に一体感があるので、ヘッドスカーフやイスラムからの挑戦が総じてリベラリズムへの侮蔑を意味することを敏感に感じ取った。あえて言えば、これこそが本書で検討したさまざまなヘッドスカーフ問題の根底に存在する共通のヨーロッパ的な主題――たとえ漠然と「ヨーロッパ的」なだけにせよ――ということになる。(6) こうした問題は、ジョーン・スコットの研究からは完全に抜け落ちている。彼女に言わせれば、「自律的な個人が……彼または彼女のライフスタイルや価値観や政治上の選択に先立って存在している」という見解は、偏狭な「フランスの共和主義理論」にすぎない（Scott 2007: 127）。しかし、それは「フランスの共和主義理論」かもしれないが、同時にリベラルな理論でもある。たとえばロールズの主張する「原初状態」や「公共的理性」といった概念によれば、人は万人が理解できる中立的な言葉でのみ、自分の同胞市民に語りかけるべきだとされる。こうしたロールズの立場も前記とまったく同じ個人観を前提としている。逆に言えば、個人が「自己決定的であっても自律的ではない」（タラール・アサドの言葉、Ibid., 128 から再引用）とするイスラム的な個人観は、リベラルな個人観と衝突せざるをえない。こうした原理的な次元での衝突を「レイシズム」の名の下に否定しても何の役にも立たない。また「自律性」などという、どうにでも解釈できる概念で、こうした衝突を否認しても無駄である。この融通無碍な「自律性」なるものによれば、イスラム的な個人は「宗教や家族の圧力を拒否」することなく、奇妙にも「他者によって推奨された別の選択肢を理解する」そうである（Scott 2007: 104）。もしこれが自律性であるならば、隷属とはいったい何なのだろうか。

個人化され、脱エスニシティ化されたイスラム理解にもとづいて、自由意志により選び取られたヴェール（Roy 2004, ch. 4を参照）が、反ヘッドスカーフ法の最大の犠牲者である一方で、ヴェールを着用するという選択自体がきわめて窮屈なものだということも認めなければならない。ヴェールの着用を選んだ瞬間、この選択は自己否定的となる。つまり、ヴェールがそもそも選択の問題であるというならば、状況に応じて脱ぐのも、また選択の問題ではないだろうか。ところがヘッドスカーフを着用する女性側は、神が彼女たちのために選択したのだから、自分には選ぶ余地はないと主張する。しかし選ぶ余地がないということ自体は、いかにして一つの選択となりうるのだろうか。ドイツとフランスでヘッドスカーフを着用する女性を対象にした研究では、「イスラム・フェミニズム」や「内部からの」イスラム批判の手がかりを見出そうとしたものの、大半の見解は、「正統的なイスラム言説」を再確認する類の、とりわけ「女性に不利益な」ものであった（Jouili and Amir-Moazami 2006: 633f）。知性に溢れ、また伝統の枷を外したフランスおよびドイツのムスリム女性による「純粋なイスラム」の探究は、エジプトのモスク運動における「敬虔な」女性（Mahmood 2005）の場合と驚くほど似通っており、「「隷属」と「従順」がイスラム的美徳を示しうる」という昔ながらの通念を再確認したにすぎなかったのである（Jouili and Amir-Moazami 2006: 634）。フランスのあるモスク運動の活動家は、「敬虔な自己」についての持論を以下のように開陳している。「アッラーを愛し、アッラーを満足させんと欲する、自覚的かつ厳格なムスリムは、権利の領域よりも……むしろ責務の領域のなかに生きている」。これを「新しいかたちの隷属」(Ibid., 638) と呼ぶことに異議のある者はいないだろう。

個人のイスラム信仰がイスラム正統派の呪縛の下にあり続けるかぎり、コーランが「被造物ではなく」永遠に神と一体だという正統派の教義は強化されざるをえない。なぜなら、カトリック教会が聖書に対する史的批判を遅ればせながら受け入れた第二バチカン公会議に類することが、イスラムではいまだ起こっていないからである。改革の知的な基盤は (Roy 2005: 80–8 が主張するように、また Barlas 2002 が西洋の読者に巧妙なかたちで提示しているように) 存在しているのかもしれないが、「改革派の理念を大衆次元で実現できる指導者層」(Ruthven 2007: 8) は存在しない。そもそも原理主義が聖書の「無謬性」への信念によって定義されるとすれば、イスラムはこうした無謬性と同様の絶対的な地位をあらゆる点でコーランに与えており、したがってその構造からして原理主義的なのである。サミュエル・ハンチントンは、正しくもこう述べている。「西洋にとっての根本的な問題は、イスラム原理主義ではない。問題はイスラムそのものなのである」(Huntington 1996: 217)。敬虔なムスリムの間で力強く息づいている古来の宗教は、リベラルな立憲主義国家では単なる主観的な信仰とされるが、同時にそれは選択の余地を残さない客観的な真理でもある。したがって、アメリカ合衆国最高裁での有名なモザート裁判に関して、ノーミ・ストルツェンバーグがその秀逸な分析で示しているように、「中立性」ですら信者にとっては真理の問題を曖昧にしており、信仰への攻撃を意味するのである（Stolzenberg 1993: 612）。

ユルゲン・ハーバーマスの議論によれば、西洋の「宗教的な市民」は、三つの種類の「認識上の態度」をとりうると想定されている（Habermas 2006: 14）。第一の態度は「他の諸宗教」へと向かうものであり、こうして宗教上の多元性が容認される。第二の態度は「神的知識からの世俗的知識の独立」へと向かうものであり、こうして近代科学が容認される。そして第三の態度とは、「政治的領域における世俗的理性の優位」へと向かうものであり、こうして実定法と世俗道徳が容認される。イスラムはこれら三つの態度のいずれに対しても障害となる。なぜならば、イスラムはユダヤ－キリスト教を超克する究極の啓示であると自負しており（だからイスラムは、アブラハム起源ではない劣った宗教ほどではないにせよ、ユダヤ－キリスト教に対しても一定の軽侮を示さざるをえない）、また西洋キリスト教の特質である、認識と道徳の二元主義を拒否するからである。

宗教としてのイスラムと、政治化された宗教としての「イスラム主義《イスラミズム》」との違いは、西洋の体裁ぶった議論においては重要であるが、実際に区別をつけるのはきわめて困難である（この点については、International Crisis Group 2005を参照）。イスラムはジョージ・ブッシュ大統領らが希望するような「平和の宗教」ではなく「法の宗教」なのであり、「本質的に統治に関係し、非常に政治的な傾向を有する」（Ibid., 2）。ハンス・キュングが述べたように、神を省察する「神学」は、イスラムでは「第二義的な重要性」を持つにすぎない（Küng 2004: 115）。むしろ「宗教的な法律」こそが最大の関心事なのである。一般のムスリムにとっても、「イスラムは本質的に公共の事項であり」

(International Crisis Group 2005: 2)、単なる私的領域に限定されるべきではない。国際危機グループの刺激的な議論によれば、「「一般のムスリム」とイスラム活動家の区別は曖昧で、圧力の下では区別がなくなりがちである。そして今日、全員ではないにせよ大部分のムスリムが強大な圧力の下で生きていると確実に言えるだろう」(Ibid.)。

主流のムスリム法学者が、西洋におけるムスリム移民の存在をどのように見ているかについて詳細に検討すれば、イスラムの本質的に政治的な性質が確認できる(Shavit 2007 を参照)。ムスリム法学者は、もはや西洋へのムスリムの移住に反対はしないにせよ、それはあくまでも条件付きである。つまりムスリム移民が「ナショナルな、あるいはエスニックなアイデンティティよりも宗教的なアイデンティティを上位に置き……グローバルなムスリム全体の利益を増進し」、率先して「模範的ムスリム」(Ibid., 2)として振る舞うかぎりにおいて、ムスリム法学者は移住を黙認するというわけである。ジョーン・スコットによれば、フランスでヘッドスカーフが禁止されたのは、「人はムスリムであると同時にフランス人たりえない」(Scott 2007: 135)という(信じるに値しない)見解がきっかけであった。しかしながらここで注目されるべきは、このような見解がフランスではほとんど支持されていない一方で、「イスラム世界で最も有力な神学者」と一般に目され、欧州ファトワ研究評議会の会長であるエジプトのユースフ・アル゠カラダーウィーなどの代表的なムスリム法学者が、まさにこの種の見解を繰り返し表明していることである(8)。

ムスリム移民には、とくに三つの宗教的な義務が課されている。第一に、彼らは「レンガ造りの強固な建物のごとく」互いに団結しなければならない（Qaradawi, Shavit 2007: 2から再引用）。第二に、彼ら移民は同化に抵抗しなければならない。とりわけ、「自分の子どもたちをムスリムとして育てることがきわめて困難だと判明した場合は、故国に帰らなければならない」（Ibid., 4）。そして最後に、彼らは他人をイスラムへと改宗させなければならない。カラダーウィーはこう述べている。「西洋のムスリムは、みずからの宗教への誠実な勧誘者たるべきである。他人をイスラムに導くという責務は学者や長老《シャイフ》のみならず、あらゆる敬虔なムスリムにも課されていることを、彼らは心に留めておかねばならない」（Ibid., 5）。フランスの国務院は一九八九年の有名な通達で、ヘッドスカーフ自体が改宗を迫るものではないとしたが、カラダーウィーならばこれに対して、ヘッドスカーフを着用しながら改宗を迫らない者は自分の宗教的な義務を怠ったことになると応じるであろう。要するに移民とは、「西洋とイスラムの間の抗争における強力な武器」（Ibid., 3）として、宗教心や宗教活動を高揚させるためにのみ容認され、歓迎される存在なのである。西洋の政治的エリートはムスリムの「二重の忠誠」について憂慮するが、ムスリム法学者にとって、これはまったく問題ではない。彼ら法学者によれば、西洋国民国家とは「ムスリムがイスラムを十全に実践するための社会機構にすぎない」からである（Ibid., 6）。西洋国民国家はその「偶像崇拝的な野蛮性」（Buruma and Margalit 2004: 102）のゆえに、神の怒りによって破壊されるべきであるし、かりにそうならないにせよ、内在する精神的な虚無から自壊するはずである。したがって精神的に強固でグローバルなムスリム国家にとって、西洋国民国家は重大な競争相手たりえない。ウリヤ・シャヴィートが厳しく述べているように、「ムスリム法学者の主流派にとって、イスラムは単なる文化や宗教や伝統ではなく、むしろ人間活動のすべての面を管轄する、ある種のナショナリティなのである」(Shavit 2007: 6)。

ムスリム移民を西洋国民国家の内へと「統合」するのは、イスラムの教義から見れば、せいぜい手段としての意味を持つにすぎない。その好例として、「国家と社会に対するムスリムの関係」を明確化するために二〇〇二年二月に鳴り物入りで発布された、ドイツ・ムスリム中央評議会の「イスラム憲章」が挙げられる。(9) 同憲章の第九条から第一三条では、「ドイツに暮らすムスリム」(「ドイツ人ムスリム」という概念は、ドイツのあらゆる政治家にとって重大な意味を持っており、それゆえ慎重に回避されている)に対して、ドイツ基本法の諸原則の遵守、ならびに「聖職者による神権国家の樹立」という目標の放棄を求めている。しかし、ある専門家によれば、これらの条項を読むには、「宗教法学者としての眼と、細目についての感性」が必要である(Ammann 2004: 84)。世俗法の遵守とは条件的なものであり、ヴィザおよび居住許可の取得あるいは帰化が、ムスリムに対して「その地域の法的な秩序を尊重する」(第一〇条) ことを義務づける「契約」だという考え方にもとづいている。さらに同憲章はこう続く。「そのような理由により」――つまり、自由民主主義に固有の価値を認めたからでなく、契約上の義務から――「ムスリムは複数政党制や女性の選挙権や信教の自由といった、ドイツ連邦共和国の自由民主主義的な秩序を肯定する」(第一一条)。そして再び「そのような理由により」(つまり契約上の義務により)、ムスリムは「改宗する権利、別の宗教を信仰する権利、あるいは無宗教である権利を容認する」(Ibid.)。ドイツ・ムスリム中央評議会の会長であるナディーム・エリャスは、世俗国家の諸原則がムスリムにとって「不変の基礎」であると思うかと尋ねられて、微妙な答え方をしている。「ムスリムが少数派であるかぎりは、そのとおりでしょう」(Ammann 2004: 86)。すなわち、いったんムスリムが多数派を構成すれば「契約」は無効となり、「イスラムの家」による別の法体系が適用されるということであり、なるほどこれは首尾一貫した答えではある。

当然ながら、自由民主主義が手段として受け入れられるのか、あるいは心から受け入れられるのかは、リベラルな観点(それはリベラルな国家においては法的な観点でもある)からすれば、それほど重要ではない。ドイツ憲法裁判所がエホバの証人に関する判決で述べたように、リベラルな国家がその成員に期待しうるのは、法に対する外面的な遵守のみであり、さまざまな集団の内面に介入すればリベラルな中立性の原則に背馳することになる。したがって、イスラムは自由民主主義と共存しうるか否かといった、よく論じられる問題自体が「正当ではない」(Bielefeldt 2006: 153)。またイスラムにおける「教義解釈上の拘束力を伴う制度化された権威」の不在のゆえに、そもそも「イスラム」とは何であるかを定義できないことは言うまでもない。(10) そしてピーター・サーリンズがまったく別の文脈で述べたことではあるが、手段として選び取られたアイデンティティが、心からのアイデンティティへと転化する可能性もある(Sahlins 1989)。

さて、イスラムの教義とヨーロッパ諸国の統合政策——その目標の一例として、「ドイツにおけるムスリム」を「ドイツ人ムスリム」に変容させることがある――を見れば、両者の間には依然としてかなりの距離がある(11)。多文化主義がここ一〇年ほどの間に西ヨーロッパの至る所で衰退した主な原因は、この点にもあるように思われる（Joppke 2004 を参照）。ウィル・キムリッカは、「リベラルな多文化主義」をめぐる最近の諸問題を考察するなかで、多文化主義が機能するために必要とされる二つの条件を明らかにしている（Kymlicka 2007: 4–6)。第一に、マイノリティ集団が国家の地政学的な統一性を毀損する「第五列」だとされないように、国家‐マイノリティ間の関係を「脱安全保障化」〔特定の争点を脅威と認め、安全保障上の問題として構成することを「安全保障化」、逆に、安全保障化された争点を解除することを「脱安全保障化」という〕しなければならない。第二に、マイノリティの側には「自由民主主義的なコンセンサス」が存在しなければならない。マイノリティ集団はそうしたコンセンサスにもとづいて、マイノリティとしての諸権利を与えられたとしても、大きな国家の内部に「局地的な専制の孤島」を築くことはないとマジョリティに約束するのである。キムリッカの議論によれば、「最近のムスリム移民は国民としての忠誠心がなく、またリベラルでもないとしばしば捉えられており」、したがって先に挙げた二つの条件が欠けていることを理由に、「多文化主義からの部分的な撤退が生じている国もあることはそれなりに説明がつく」（Ibid., 6)。

このようなムスリム移民の忠誠心の欠如と反リベラルな性質を主な背景として、ヨーロッパで登場したのがいわゆる「市民統合」政策である。新来の移民はまず言語を学び、次にこうした政策によって、自由民主主義の一般的な原則や制度、さらには受け入れ国ごとの様態に慣れ親しむよう要求される（概要については、Joppke 2007b を参照）。市民統合政策は「ネオリベラルな」意味での市場的な要素を有しており、現代のグローバル化のなかで強化されつつある。こうした要素に従えば、新来の移民は福祉国家にとってコストのかかる負担とはならず、むしろ「自足的な」存在となるはずである。[12] しかし、市民統合はリベラル・アイデンティティの要素も有しており、市民統合の対象となる人々の大部分がムスリムであるという事実と、リベラル・アイデンティティの要素は不可分の関係にある。私は以前に、リベラルな目標が（とくに新来の移民に言語と公民の授業を義務づけるといった）不寛容な手段により追求されるという、どちらかと言えば些細な点をめぐって、市民統合が「抑圧的なリベラリズム」の一種であると解釈したことがある（Ibid.）。けれども、義務化そのものが抑圧的だというわけではない。むしろここで考えなければならないのは、新来の移民がそうした政策によって、自由民主主義的な規範を自覚し、表面的な行動を律するよう期待されているにすぎないのか（このような期待はきわめて正当である）、あるいは、彼らがそうした規範を心の底から受け入れるべきだという怪しげな目論見が潜んでいたり、この種のアイデンティティを確立し支配するための、国家の強力な警察権が展開されているのか、という点である。「抑圧的リベラリズム」という概念は、後者に限定されるべきであろう。外面的な行動と内面の信念は、現実の世界では区別するのが難しいかもしれないけれども、分析の次元ではそうした区別は決定的に重要となる。たとえリベラルな国家がその成員に対してリベラルな規範を内面化するように求める（これはまさに市民統合の目標である）場合でも、それを法的に強制することはできない。そんなことをすれば、国家はもはやリベラルな国家ではなくなってしまうからである。

市民統合が人々の自覚の次元に限定されており、実際問題としてアイデンティティの強制をほとんど伴わないのであれば、それを「抑圧的」であるなどとは言うべきでないだろう。この一線を越えてしまった政策は、ただちに顰蹙を買って是正される。そうした悪名高い実例として、バーデン＝ヴュルテンベルク州政府が二〇〇六年初頭に発表した、いわゆる「面接指針」が挙げられる。同指針は帰化担当職員の手引きとして策定され、市民権の申請者が自由民主主義的な秩序について表明する形式的な「同意」が、「真の信念」と一致しているか否かを判定するためのものであった。「面接指針」はムスリムの申請者のみを対象としていたので、露骨に差別的であると激しく批判され、即座に撤回されることになった（Joppke 2007b: 15 を参照）。さらに「面接指針」が自由民主主義的な規範を、外面的な遵守のみならず内面からも同意しなければならない重層的なものとして捉えていたことも問題であった。「面接指針」がこの意味で「道徳心テスト」だと非難されたのは当然である。リベラルな国家はリベラルな人々のためだけの国家だというのが、同指針の背後にある考え方であるが、これ自体がもちろん、きわめて反リベラルな考え方である。

また、規範に従うことと、規範を心から受け入れることとの間に区別があるかぎり、市民統合が二〇世紀初頭の「アメリカ化」運動と同様の、昔ながらの同化プログラムへの回帰だとは言えないだろう。むしろ市民統合とは、「統合」という枠組みの範囲内にとどまるものである。両者の違いは、同化が他律的で、統合が自律的だという点にある（Brubaker 2003: 51; Albers 1994: 989 を参照）。

前者の場合、移民は客体であり、後者の場合、移民は主体である。同化は他者からなされるが、統合は自身からおこなうものであり、自発的統合なのである。政策はこの点で選択の誘因を提供できるにすぎず、選択そのものは個人に委ねなければならない。こうした過程を「特定の社会的、文化的、経済的、政治的な文脈における個々人の無数の行動や選択の意図せざる結果」として理解するならば、そこで生じるのは「同化」であろうし、おそらくそうなるはずである（Brubaker 2003: 52）。

このような見方を踏まえたうえで、市民統合が先に述べたような無害なものではないという主張もありうるだろう。義務とは選択の反対概念であり、「選択」が「統合」と「同化」を分かつからである。しかしながら、市民統合によって表面化するのは、われわれが移民に対処しようとしているという事実である。原則として、移民は条件付きで入国を許されているので、必然的に通常の市民よりも劣った地位に置かれることになる。なるほど、市民統合の新味は、これまで厳格に区別されてきた、統合と移民の流入の制御という二つの要素を結びつけた点にある（Joppke 2007b: 7–8）。けれども振り返ってみれば、この二つの要素が区別されていたのは、われわれが「みな多文化主義者」（Glazer 1997）だった幸せな時代の話である。国家には一定の移民政策をとる権利があると認めれば、「移民」は限られた権利を持つ人々として扱われるわけだが、前記の区別はまさにこの点を忘却することによって成立していた。

市民統合に向けられるさまざまな嫌疑を晴らしたとしても、ムスリムの統合によって、不寛容な集団に対する寛容という昔ながらの問題が再燃することは認めなければならない。これはおそらくリベラリズムをめぐる一大問題であり、またリベラリズムの内部では一貫した解決ができない問題でもある。ここでトマス・スキャンロンの言葉を引くと有益であろう。「寛容はわれわれに他者を受け入れ、彼らの慣習を容認することを要求する。それはわれわれが彼らに強い反発を覚える場合ですら例外ではない」。寛容はこうして、「心からの受容」と「際限なき反発」の中間という「複雑な」態度と化す（Scanlon 2003: 187）。さらにスキャンロンは、寛容が「大きな賭けを伴う危険な政策」だと論じるが、これはフォーマルな法や制度にとって不寛容な集団が脅威だからというよりも、むしろ「社会の性質」を「絶えず」「再定義しようとする」、彼らのインフォーマルな力を理由としている（Ibid., 201）。ジョン・ロールズによれば、不寛容な者への寛容は「平等なシティズンシップ」という目的のためにますます推進されるべきであるもの[13]の、社会の「安全」と「自由の諸制度」が危機に瀕した場合には、当然ながら制限される（Rawls 1971: 220）。ヘッドスカーフをめぐる法や規制は、寛容の限界を探るものとして理解されよう。

一方で、「多文化的な承認」（たとえば Parekh 2000 を参照）は、単なる「寛容」をはるかに超えて、一般に賛同されない行動にも「心からの容認」を求めるが、これはあまりに図々しい試みと言わなければならない。ヨーロッパを代表するイスラム知識人のタリク・ラマダンによれば、ムスリムは「単なる統合という言葉以上のもの」（おそらくリベラルな寛容のこと）を期待しており、彼らにとっての「真の統合」には「尊敬と相互理解」が必要だという。これはスキャンロンの言う「心からの受容」とほぼ等しい（Ramadan, Joppke 2007a: 339 から再引用）。しかし、イスラムのヴェールはどんな種類であれ、またそれが近代的な一面を持ちうるとしても、神や男性あるいはその両者に対する服従を象徴せざるをえず、それを世俗的なフェミニストが「心から受け入れる」ことなどできるはずもない。強制的な再教育（世の中の趨勢としては、多文化主義は最終的にここまで行き着くかもしれない）でもされないかぎり、人は自分が反対するものに賛意を示すことはできないのだから、せいぜい期待できるのはヴェールに対する寛容のみである。とはいえ、寛容には限界があり、そうした限界は時と場所と状況によって変化せざるをえない。

紛らわしいことに、イスラムのヘッドスカーフに対するフランスの全面的な排撃も、イギリスの不介入的な態度も、どちらもリベラリズムの枠内に収まる対応なのである。リベラリズムの核心とは「一六世紀ヨーロッパで始まった寛容のプロジェクト」である（Gray 2000: 1）。ただしジョン・グレイがさらに詳しく論じているように、それは二つの顔を持つプロジェクトである。ホッブズ的な昔ながらのリベラリズムとは、共通の包括的な価値観を想定せず、さまざまな生の様式を平和裏に共存させる、制度上のいわば暫定協定であった。もう一つは、啓蒙主義の影響を受けたロック的なリベラリズムであり、「価値についての合理的なコンセンサス」を見出し、「普遍的な政体」の内部で「理想的な生活形態」を目指す、より遠大かつ倫理的なプロジェクトであった（Ibid., 2–3）。グレイはホッブズ的なリベラリズムを、現代の「深遠な多様性」からの挑戦に対する唯一有効な方策と考え、それに共感を表明している（ジョン・ロックに代表されるコンセンサス型のリベラリストは、プロテスタント内部の多様性を論じたにとどまり、現代のような多様性については夢想だにしなかった)。

しかしながら、より妥当な考え方をするなら、リベラリズムはその構成要素として自由放任原理と倫理的なコンセンサスの両者を必要としており、どちらか一方の要素にしかもとづかないリベラリズムは、もう一方の要素を欠いた結果、自滅の憂き目に遭うだろう。これがフランスおよびイギリスのヘッドスカーフ論争から得られる教訓だと私は思う。両国では、リベラリズムの二つの顔――イギリスでは暫定協定としてのリベラリズム、フランスでは倫理的なコンセンサスとしてのリベラリズム――が典型的に表れている。暫定協定としてのリベラリズムは、たとえば全身をヴェールで覆った教師による過激な主張へとつながりうるし、集団的な自己意識がどうしても弱いために、内部から歯止めをかけることがまったくできない。もしイギリスが多文化主義者の求めるように、実際に「たくさんの群小コミュニティから成る一大コミュニティ」(Parekh 2001) であるとするならば、すべての心的エネルギーは下位コミュニティの次元で費やされ、一方でメタ・コミュニティは永遠に自己探求を続けなければならなくなる。対照的に、フランスの倫理コンセンサス型リベラリズムは、出自といった要素をまったく欠いた抽象的な個人を想定しており、個人の自由やリベラリズム自体をも脅かす類のナショナリズムと区別がつかなくなっている。奇妙なことにドイツだけは、いずれのリベラリズムからも影響を受けてこなかった。ドイツのリベラリズムは、難解な法律用語という異質な形態で発現した。ドイツのヘッドスカーフ論争に顕著なのは、普遍への志向をまったく欠いたナショナリズムのあまりにも素朴な言葉づかいである。こうした言葉づかいに従えば、一方には「キリスト教的－西洋的」な「われわれ」が、他方には「ムスリム」である「彼ら」が存在し、両者がめぐりあうことは決してないのである。

　幸いなことに、ある種の自動調整が機能したこともあって、リベラリズムの無視された要素（フランスでは暫定協定、イギリスでは合理的なコンセンサス）、そして貶められたリベラリズム（ドイツの場合）も一定の復権をとげた。つまりフランスにおいて、ライシテは政治的な共和主義のみならず宗教的な諸々の自由をも意味しており、この種の自由はヘッドスカーフの排除に反対する法制度によって動員された。イギリスでは、政治国家は概ねヘッドスカーフ論争の外部にとどまっていた一方で、司法は第三者の権利を保護したり、教室での効果的なコミュニケーションを確立したりといった控えめなかたちではあるが、一定の集団志向的な価値観を慎重に擁護し、それによってヘッドスカーフをめぐる過激主義が修正されていった。またドイツでは、宗教的な衣服の制限はイスラムだけではなく、すべての宗教に等しく適用されなければならないというのが憲法裁判所の判断であり、この点でドイツ憲法裁判所の裁定は端的にリベラリズムを支持しているわけである。憲法裁判所の態度は、キリスト教的－西洋的な旗印の下での州政府の反イスラム運動とは衝突せざるをえないが、この結末はまだ定かではない。

　本書の中心は、イスラムのヘッドスカーフがアイデンティティの鏡として機能しているという主張である。そこに映し出されるアイデンティティとは、どのようなものだろうか。どの国にも一つ以上のアイデンティティが存在し、それらは徐々にナショナルなかたちを脱しつつあるというのが、その答えになるだろう。ロジャーズ・ブルーベイカーとフレデリック・クーパーが正しくも指摘しているように、アイデンティティの概念は社会科学で過剰に用いられてきたものの一つでありながら、具体的に何を指すのかが定かではない概念でもある（Brubaker and Cooper 2000）。他に適切な用語がないので、私はしぶしぶアイデンティティという言葉を用いることにしたものの、この言葉に表れているのは「他者像が……つねに自己像を暗示する」（Amir-Moazami 2007: 17）という、当たり前で拍子抜けするほど単純な構造なのである。これは別に、自己像を他者性の否定ないし排除を通じて描かなければならないという意味ではない。カナダの若手政治学者の優れた議論によれば、集団的アイデンティティは個々人のアイデンティティにもとづいて形成されるのではなく、他者の排除をまったく必要としない内面の対話から生じうる（Abizadeh 2005）。フランスの共和主義からドイツの憲法愛国主義に至るまで、あらゆる種類の市民的アイデンティティはこのように機能する。すなわち市民的アイデンティティは、ある集団が他の集団との境界を定めることによってというよりも、その集団が自身の過去と対話することによって、空間的ではなくむしろ時間的に生成するのである。「ヨーロッパ」というアイデンティティについてもほぼ同じことが言える。ヨーロッパの指導者たちは、欧州憲法草案にキリスト教という文言を入れることを拒否し、ヨーロッパに加入するための公式の基準には地理的ないし民族文化的な制限はいっさい含まれていない(14)。そこに「閉鎖的なキリスト教クラブ」を見出すには、多大な後ろ向きのエネルギーが必要とされる。

ヘッドスカーフ関連法規は、ヨーロッパ各国で移民の国民化が重視され始めたという事実を反映しており、その意味で市民統合という新たな政策を補完しているのは間違いない。ただしこうした状況は、「国民形成」というよりも、その軽いバージョンである。[15] かつて国民は先達としての宗教から神聖さを受け継いだものの、少なくとも統一ヨーロッパの中核たる西欧ではそうした神聖さを失った。市民権や国籍は、個々人のもともとの出自からの「超越」を意味していたが、ドミニク・シュナペールによれば、世界で最も「超越的」な国であるフランスにおいてさえ、こうした考え方は衰えを見せている（Schnapper 2006）。なぜなら現代の干渉主義的な国家によって、「政治共同体は現実の具体的な社会と一体化」しているからである（Ibid., 192）。多様性はフランスを含むすべての西洋諸国でいまや支配的な言論と化しており、ここには政治的超越の衰退が現れている。生活様式の慢性的な個別化ならびに多様化は、後期近代における包括的な国家干渉主義と相まって、かつて国民の超越性が依拠していた公私の峻別を致命的に弱めている。このことはムスリムにとって、あらゆるヘッドスカーフ関連法規と市民統合政策を超えて存続する、一つの突破口となるだろう。「ゲイが声を上げるならば、なぜムスリムが黙るべきなのか」という主張は、この状況をうまく表現しているのかもしれない（Tietze 2001: 197）。

二一世紀の今日、社会内部の多様性は当然と見なされ、それを覆すことなどできない。したがって、移民やエスニック・マイノリティの統合政策によってナショナルな次元で自国中心主義を浸透させるのが、国家にとってかつてなく困難になっているのは、まったく驚くには当たらない。統合政策にとっての必然的な枠組みとなる諸々のナショナルな自己定義は、リベラル・デモクラシーとまったく同じ思想の反復物として、本質的に同一線上にある（Joppke 2008を参照）。ゲオルク・ジンメルはこれを社会という観点から簡潔に説明している。「分化した社会集団の諸要素は未分化であり、一方で未分化な集団の諸要素は分化している」（Simmel 1971: 257）。ジンメルのこの言葉を手がかりにすると、なぜ二一世紀の国民形成は一九世紀版の複製たりえないかが容易に明らかとなる。一九世紀の国民国家とともに著しく発達した自国中心主義は、その構成員たる個々人や諸集団に対して強制される一律性にこそ依拠していた。たとえば軍服は構成要素の一律性と全体の独自性を最もよく表すが、これこそ古典的な国民国家の特徴である。他方、二一世紀の国民形成は、高度に多元的かつ個人主義化された社会という文脈で生じており、個人中心主義ならびに集団中心主義は「多様性」の名の下に保護されている。以上の状況において、集団的な自己規定は多様性を包含すべく、他の集団的な自己規定と交換可能なほどに、いっそう一般的かつ抽象的にならざるをえない。そういうわけで、フランス人である、イギリス人である、あるいはドイツ人であるとは何を意味するのかという現代の定義は、どれもきわめて似通ってくるのである。

これはすべてのマイノリティやムスリムにとっても好ましい話である。なぜなら、狭義のエスニシティや宗教といった面での自己規定は、多元化・個別化された社会で、アメリカあるいはフランス式の政治的な自己規定に押されて、必然的に後退しているからである。リベラリズムはホッブズの時代から多様性を受け入れるための古典的な手法であり、フランスとイギリスはこのようなリベラリズムの伝統の内部に位置している。他方、ムスリムはさまざまなかたちで、イギリスの抑制的な暫定協定型リベラリズムだけでなく、倫理の点でより踏み込んだフランスのコンセンサス型リベラリズムにもかかわっている。ジョーン・スコットによれば、フランスにおけるヘッドスカーフの禁止には、「人はムスリムであると同時にフランス人たりえない」、そして「同化はネイションの成員となるための唯一の道である」（Scott 2007: 135）ということが表れているという。私はここでスコットに対して再び異議を唱えたい。まず第一に、他国に比べれば遅れた観もあるかもしれないが、「同化」の概念自体はフランスの政治的言説のなかで、個人の倫理や人格には介入しようとしない「統合」という考え方に押された結果、すでに凋落して久しい（Joppke 2007b: 2を参照）。しかしより重要なのは、フランス人という存在がエスニシティや宗教ではなく、共和主義の観点から政治的に定義されるということであり、フランスはこの点でアメリカの「姉妹共和国」（Higonnet 1988）なのである。したがって（エスニシティ上ないし宗教上の概念、あるいはその両方である）「ムスリム」と（つねに政治的な概念である）「フランス人」との間に、競合関係はありえない。この二つの言葉は抽象度と忠誠という点で、まったく異なった次元に位置している。「ムスリム」が政治的な意味で広く定義される場合にのみ、「フランス人」との競合が起こりうる。ただし、それはムスリムにとっては逆風となろう。つまり、まさにイスラムの教義が説くように、「ムスリム」たることが「地球規模でのムスリム・ネイション」（Shavit 2007: 2）の成員であることを意味するとすれば、ムスリムとしての個人はフランス人（またはイギリス人やドイツ人やその他の国民）たりえない。問題は排斥する側のフランスにあるのではなく、リベラリズムやとくにその公私の峻別とは相容れないイスラムの側にあるということになる。

このように扱いがきわめて困難な領域においては、イスラムの教義が奉じるものと、普通のムスリムが考えたり信じたりしているものとを、注意深く区別しなければならない。後者に関して言えば、「ムスリムであると同時にフランス人である」(Scott 2007: 135) ことは無理だとする主張そのものが眉唾物である。フランスのムスリムは、フランス共和主義の礎石たるライシテから距離をおくどころか、それを概ね受容してきた。ある最近の調査によれば、フランスのムスリムの七八パーセントがライシテを支持しているという (Perry 2006: 21 を参照)。支持の理由として、ライシテという概念が弾力的であり、ナショナリスト的態度と権利志向的態度の両方に余地を残していることが挙げられる。さらに言えば、フランスのムスリムは二〇〇四年までに、ナショナリスト的な態度に対抗して権利志向的な態度を動員することを大いに学んだのである。ヘッドスカーフ禁止法がフランス固有の一つの理念を表していることは真実ではあるが、他にもさまざまなフランス的理念が存在しており、それらを抑えようとしても、ずっと抑えきれるものではない。リベラルなライシテもその一つであり、二〇〇四年に共和主義的なライシテが勝利したにもかかわらず、それによってリベラルなライシテが消え去ることはなかったのである。

こうした問題に関して、ドイツとの対比は有益である。ドイツの場合、人間は同時にキリスト教徒とムスリムにはなりえないという単純な理由にもとづき、ムスリムは「キリスト教的－西洋的」という国家の自己規定から実際に排除されている。この種のアイデンティティは、カトリック的－

保守的な州におけるヘッドスカーフ関連法規に表れている。しかしながら、これは法律的に見て問題のあるアイデンティティであり、一九九五年のいわゆる十字架判決から二〇〇三年のルディン判決（この判決は地方レベルでヘッドスカーフ法が制定されるきっかけとなった）に至るドイツ連邦憲法裁判所の態度とは、真っ向から対立する。一方で連邦レベルでは、ドイツがキリスト教国家と定義されたことはない。ドイツ基本法の前文には「神」について短く言及している箇所が一つあるものの、そこでは一九四五年以後の「いっそうの世界平和」に対するドイツ人の特別な「責任」が触れられているにすぎない。さらに言えば、この「神」はキリスト教の神に限定されているわけでもない。したがって、欧州憲法においてキリスト教の神に言及すべきと運動したのは、ドイツ連邦政府ではなく、カトリック的＝保守的なバイエルン州やバーデン＝ヴュルテンベルク州の政府だったのである（もっとも、この運動は成功しなかった）。連邦レベルでは、第二次世界大戦後のドイツ国家のアイデンティティと行動は、ハーバーマスの「憲法愛国主義」の概念によく示されているように、徹底して脱ナショナルなものである。ドイツのヘッドスカーフ論争において、このアイデンティティが法的に検討されることは一度もなかった。論争に関与したのは連邦政府ではなく、州政府のみだったからである。しかしながら、ドイツでいまも続くヘッドスカーフ問題を扱うに際して、憲法裁判所が宗教的な平等に関する従来の態度を維持しようとするならば、隠れエスニック・ナショナリズムの地域的な復活を打ち負かしていくべきアイデンティティとは、まさにこれなのである。

最後に、西欧におけるイスラムのヘッドスカーフに対処するにあたって、リベラルな国家全体にとってモデルとなりうる「最善の実践形態《ベスト・プラクティス》」は、はたして存在するのだろうか。近年、「最善の実践」という概念は、ビジネスや政治の語彙のなかで（とくに専門用語が氾濫する欧州連合において）頻出しているが、この概念に表れているのは、歴史や制度上の特殊性を欠いた平板な世界、いわばマクドナルドのような世界である（もっとも、ファースト・フード業界におけるマクドナルドは、きっと最悪の実践形態《ワースト・プラクティス》なのだろうが）。宗教に対する最善の「統治」（Bader 2007）をめぐっては、歴史的に確立した国家－教会体制を御破算にできるかのような議論が最近かなり増えている。イスラムのヘッドスカーフを効果的なコミュニケーションの問題として捉え、この観点から対立を現場レベルに限定して、政治問題化を避けるというイギリスの解決策は、なるほど称賛に値する。しかし、現在のイギリスがいっそう過激な要求に日々直面し、かなりの公的な手間を伴う対処を強いられている事実は、同国の手法が宗教統治のために最善のものではないことを示している。さらに言えば、イギリスのムスリムは、例外的に理解ある政府から厚遇を受けているにもかかわらず、ヨーロッパで最も不満に溢れ、疎外されたムスリム・マイノリティの一員だとされており、こうした状況はイギリスのリベラル多文化主義の未来に暗い影を落としている（Joppke 2009）。

他方、フランスはヘッドスカーフに厳しい方針をとってきたと批判されることが多い。こうしたやり方はムスリムを疎外状況に陥らせ、結果的にイスラム過激主義を助長しているにすぎないとされる。それにもかかわらず、フランスがイギリスに類する状況になったことは一度もない。二〇〇六年のピュー研究所の調査によれば、「敬虔なムスリムであることと、近代社会のなかで生きることは、はたして対立するか」との問いに、対立すると答えたフランスのムスリムはわずか二八パーセントであったが、イギリスのムスリムでは四七パーセントであった（Pew Research Center 2006: 3）。同様に、フランスのムスリムはイギリスのムスリムよりも「西洋諸国の人々」を「利己的」（五一パーセント対六七パーセント）、「尊大」（四五パーセント対六四パーセント）、「暴力的」（二九パーセント対五二パーセント）、「貪欲」（三一パーセント対六三パーセント）、「不道徳」（三〇パーセント対五七パーセント）、「狂信的」（二六パーセント対四四パーセント）だと見なすことが明らかに少ない（Ibid., 13）。またフランスのムスリムのうち、九一パーセントもの人々が「キリスト教徒への好感」を表した一方で、同様の反応を示したイギリスのムスリムは（意外に多くはあるが、それでも）七一パーセントにとどまっている（Ibid., 11）。しかし、両国の多数派である非ムスリムの側は、ともにムスリム・マイノリティを好意的に捉えている（Ibid., 16）。結論として、フランスのムスリムはイギリスのムスリムよりも文化的な統合度が高いと言わなければならない。スコットによれば、フランスのムスリムは同国の多数派から「劣った人々」だと考えられているそうだが（Scott 2007: 45）、フランスのムスリムはそれに気づいていないとでもいうのだろうか。

実際のところ、フランスはヨーロッパのなかでも国内のムスリム・マイノリティに厳しい態度で臨んだ唯一の国であり、それによって一定の成果を収めてきた。厳しい態度とは、一部で言われるような排他的・人種差別的なものではなく、統合の明確かつ平等な条件を定めたものであり、だからこそ成果につながったのである。ムスリムはこれらの条件を理解し受け入れた。ブルトン人（さらには幾多の地域マイノリティ集団）がフランス人となるには、自分たちの方言《パトワ》を捨て去らなければならなかったことを、みな忘れている。こうした犠牲はムスリムには求められていない。彼らムスリムは、既存のカトリックを含むすべての宗教に適用される同じ条件の下で、リベラルな国家における当然の権利として自分たちの宗教を実践できる。フランスで後発宗教であるために生じる実際上の不利益は、国家の予防的な介入によって漸次処理されつつある。サルコジ大統領の下では、もはやライシテすら聖域ではない。宗教は国家にとって「脅威」ではなく「資産」であると捉えるサルコジの「積極的ライシテ」構想は、カトリックとムスリムの両者に対して戦略的に提供されたのである。(16) ランダル・ハンセンは、ヨーロッパがいかにして二一世紀の移民によく対処しうるかを描いた説得力ある議論のなかで、「自由経済とジャコバン国家」という二重の方策を提言している(Hansen 2007: 16)。つまり「ヨーロッパが新世紀の移民を扱う際には、アメリカ型の労働市場政策とフランス型の統合政策が必要とされる」というのである。ヘッドスカーフ禁止法は共和主義の終焉であったと未来の歴史家が論じても不思議はないし、この点からすればハンセンはフランス共和主義の安定性を過大評価しているのかもしれない。けれども、他のヨーロッパ諸国に比してフランスに顕著なのは、「移民の受け入れ国として堅持する価値観を反映した、統合のための明瞭な枠組み」(Ibid., 16) なのである。

イスラムのヘッドスカーフへの対処に際して、イギリス型とフランス型のリベラリズムに伴う不都合な面を閑却するならば、両者の極論が勝手に噴出することになりかねず、これでは「最善の実践」といった話どころではなくなる。他方、キリスト教を肯定してイスラムを否定するドイツの態度が、西欧のヘッドスカーフ対策のなかでも「最悪の実践」であることは疑う余地がない。こうしてムスリムは自身がドイツ社会の「内に」入るなどありえないと悟るのであり、内心では人種差別的な多数派は、ムスリムを「外に」追い出すための公の許可を得ることになる。近年のピュー研究所の調査もこのことを裏づけており、受け入れ社会に関するドイツのムスリムの見方は、通常は「まあまあ」から「大体よい」の範囲にわたっているという（Pew Research Center 2006: 3）。つまり、すでに論じたように、ムスリムはこれ以上のことを考えるほどには、十分にドイツ社会の一員とはなっていない。この調査で際立ったのは、ムスリム・マイノリティに対する多数派からの一貫して否定的な見方であった。調査対象であるドイツ人の七〇パーセントは、「敬虔なムスリムであることと、近代社会に生きることとの間には対立がある」（Ibid., 3）と考えており、さらに七八パーセントものドイツ人がムスリムを「狂信的」（Ibid., 5）だと捉えている。一部の（ありていに言えば大部分の）州政府からヘッドスカーフだけを規制する動きが出てきたことと、こういった見方との間に因果関係があると論じるのは的外れであろう。けれども、一般のドイツ人がみずから選んだ指導者の話に従えば、われわれドイツの社会は「キリスト教的 - 西洋的」であり、ゆえにわれわれは——親キリスト教、反イスラムというように——偏向的であってもよいとされる。このような見方において、（フランスではなく）とくにドイツのムスリムは、少なくとも国家からの処遇という点で、まさに「劣った人々」となっている。リベラリズムの勝利のためには、この状況こそ正さなければならないのである。

原註

（1）たとえば『エコノミスト』の特集 'Islam, America and Europe'（*Economist*, 24 June 2006, pp. 29–31）を参照。

（2）ルース・オブライアンはスコットの著作の序文において、こうした見方を「穏健なムスリム集団」のものだとしている（Scott 2007: viii）。しかし、オブライアンの序文の他の部分を読めば、それが彼女自身の見解に近いことは、ほぼ疑いない。つまり「それ（フランスのヘッドスカーフ論争）は……ユダヤ－キリスト教の伝統に立つ白人ヨーロッパ人が、旧植民地からやって来て……自国に帰化した人々に対して抱く偏見を暴露するものなのである」（Ibid., ix）。

（3）パリ・カトリック大学における事例。

（4）*Economist*, 24 June 2006, p. 30.

（5）Representative for many, UMP deputy Yves Bur, *Assemblée Nationale*, 3ème séance, 3 February 2004, p. 1313.

（6）「ヨーロッパ的な」価値観など存在せず「西洋的な」価値観が存在するのみであると主張する議論については、Winkler（2007）を参照。

（7）とくに二〇〇一年以後は、ムスリム団体の側もこの点を強調してきた。たとえば二〇〇二年二月に発布されたドイツ・ムスリム中央評議会の「イスラム憲章」は、「ドイツ国家ならびに社会」とイスラムとの共存が可能であると宣言している。同憲章は、「イスラムこそ（イスラムも、ではない！）が平和の宗教である」という主張から始まり、さらに「「イスラム」とは平和と従属の両方を意味する」と述べている。語源学的に見れば、これは誤りである。つまりアラビア語の islâm が意味するのは、神の意思への従属のみであり、「平和」についてはまったく触れられていない（Ammann 2004: 84 を参照）。

（8） Ahmet Senyurt, 'Spalten statt versöhnen', *Frankfurter Allge-meine Sonntagszeitung*, 8 August 2004, p. 8.

（9） Zentralrat der Muslime in Deutschland, *Islamische Charta*（http://www.zentralrat.de/3035.php; last accessed 1 February 2008）.

（10） Horst Dreier, 'Verfassungsstaat im Kampf der Kulturen', Frankfurter Allgemeine Zeitung, 4 October 2007, p. 10 を参照。

（11） Wolfgang Schäuble（Federal Minister of the Interior）, 'Muslims in Germany', *Frankfurter Allgemeine Zeitung*, 27 September 2006, p. 9.

（12） 西欧の福祉制度における移民の過大な優遇については、Koopmans（2005）と Hansen（2007）を参照。

（13） この点から、市民権を持たない移民は市民権を持つ者と同じく、寛容に扱われるべきか否かという問題が提起される。本書でこの問題の考察を進めるつもりはないが、本文中で以下に論じた寛容の限界が、同胞の市民のみならず、移民に対してさらに適用されるべきだということは言うまでもない。

（14） 一九九三年のコペンハーゲン欧州理事会では、いわゆるコペンハーゲン基準が発布された。この基準が欧州連合加盟の基準として挙げているのは、民主的な統治、市場経済、人権保護、そして欧州共同体法の実施のみである。

（15） この実例としては、フランス第三共和政における国民形成に関するユージン・ウェーバーの古典的な研究を参照（Weber 1976）。

（16） *Le Monde*, 18 January 2007, p. 10.

訳者解題

ヨーロッパとイスラム

第二次世界大戦後、戦後復興のための安価な労働力を必要としていたヨーロッパ社会は、多数のムスリムを移民として受け入れた。ヨーロッパとイスラムの共生の始まりである。一九七〇年代の景気後退で、新規の外国人労働者の受け入れが停止されてからも、家族の呼び寄せにより移民人口は増加し続け、西ヨーロッパの各地にイスラム・コミュニティが誕生した。経済成長の鈍化とともに失業率が高止まりするようになると、どこの国でもムスリム移民への風当たりが厳しくなった。移民によって職を奪われたことへの恨みに加えて、閉鎖的な共同体を形成し、容易に受け入れ国に同化しようとしないムスリム移民に、ヨーロッパは苛立ちを募らせていった。

今世紀に入っても、イスラムへの敵意は強まる一方である。二〇〇一年のアメリカ同時多発テロは、イスラム原理主義という言葉を人口に膾炙させ、世界に激しいイスラモフォビア（イスラム恐怖症）を巻き起こした。とりわけムスリム移民を多く抱えるヨーロッパ諸国では、移民の排斥を声高に訴える極右勢力が台頭してきた。本書でも言及されているように、二〇〇二年のフランス大統領選挙では、国民戦線の党首ジャン＝マリ・ルペンが決選投票に進んでヨーロッパ全土に衝撃を与えた。九・一一テロの後も、二〇〇四年にはマドリッドで、二〇〇五年にはロンドンで、イスラム過激派による同時多発テロが発生している。こうしたことから、「イスラム＝テロリズム」という短絡が働く素地が形成されていく。

二〇〇四年には、オランダで映画監督のテオ・ファン・ゴッホがモロッコ系移民に殺害される事件が起こった。ムスリム女性の抑圧をテーマにしたゴッホの映画が、イスラムへの侮蔑として受け取られたのである。表現の自由か、イスラムへの冒瀆か――この問題は、しばしばイスラムの預言者ムハンマドの風刺画をめぐる論争として顕在化する。二〇〇五年、デンマークの日刊紙がムハンマドの風刺画を掲載したことで、イスラム社会の反発を招いたが、翌年にはノルウェーの雑誌が風刺画を再掲載して、デンマークやノルウェーの在外公館が放火されるなど大きな問題へと発展した。二〇一五年の初頭には、同じくムハンマドの風刺画を掲載したフランスの週刊紙シャルリ・エブドがイスラム過激派に襲撃され、一二人の死者を出したばかりだ。

こうして危険な隣人と化したムスリムは、ヨーロッパ社会にあって可視的な存在である。男性はあごひげを伸ばし、女性はヴェール（スカーフやヒジャブとも呼ばれる）をまとい、金曜日には集団礼拝におもむく。モスク建設をめぐる周辺住民とのトラブルも日常化している。本書が主題としているヴェール問題は、ヨーロッパとイスラムの政治的・社会的・文化的軋轢を集約的かつシンボリックに表現していると言えるだろう。ヴェールをめぐる解釈や評価、リベラリズムとの整合性といった理論的な論点については、直接ヨプケの議論を参照していただくとして、ここでは本書の理解を助けるための補助線を引いておくことにしよう。本書で取り上げられている三つの国、フランス、ドイツ、イギリスにおいてムスリム女性のヴェールはどのように争点化されてきたのだろうか。主要な事例を紹介しながら、問題の所在を確認しておきたい。

フランスのヴェール論争

フランス革命以来、一九世紀を通してカトリック勢力との闘争を続けてきたフランスは、一九〇五年に政教分離法を制定し、国家と教会を厳格に分離したことで知られる。公的領域からいっさいの宗教的要素を排除する「非宗教性《ライシテ》」の原則は、フランス共和国の基本理念であり、現行の第五共和制憲法の第一条でも、「フランスは、不可分で、非宗教的《ライック》で、民主的で、社会的な共和国である」と謳われている。ライシテは、とりわけ教育の場において、無償および義務と並ぶ三大原則の一つとして尊重されてきたが、もともとはカトリック教会の影響力を払拭するために確立されたこの原則が、今日ではムスリム女子生徒のヴェールを排除する原理として機能しているのである。

ヨプケが「あらゆるヘッドスカーフ論争の母国」と表現するように、たしかにフランスはヴェール問題に多くの時間と労力を費やしてきた。一八三〇年にアルジェリアを植民地化して以来、フランスはムスリム女性のヴェールに向き合ってきたが、一九八九年の事件が引き金となって、ヴェール問題は国論を二分するかたちで表面化した。パリ郊外の中学校に通うムスリムの女子生徒三人が教室でヴェールを取ることを拒んだため、退学処分となった事件である。この校長の措置はメディアで賛否両論を巻き起こし、対応に苦慮した教育大臣リオネル・ジョスパンは、国務院に法的見解を求めた。それによると、公教育の場においても生徒の信教の自由は保障されなければならず、宗教的シンボルの着用は、他者への圧力や挑発、布教とならないかぎり、ライシテの原理に反しないとされ、具体的措置を各学校の裁量に委ねた。ヨプケも述べているように、国務院の見解はリベラルかつ穏当なものであったが、ジョスパンに宛てた共和派知識人による公開書簡「教師たちよ、降伏するな」が発表されるに及んで、激しい論争へと発展していく。

次の大きな波は、一九九四年にやってきた。当時の教育大臣フランスワ・バイルが新たに出した通達は、国務院の見解よりも一歩踏み込んだもので、ヴェールそれ自体をあからさまな宗教的シンボルと見なし、現場での処分をより容易にするものであった。実際、一九九六年から九七年にかけて退学処分の件数は増加した。しかし、それに応じて処分取り消しを求める動きも活発化し、多くの場合、国務院の見解にもとづいて処分は取り消された。その意味で、法律的にはリベラルなライシテ概念が維持されたと言えるだろう。

第三の波は二〇〇三年の春、学校でのトラブルはむしろ減少していたにもかかわらず、論争が再燃した。本書でも触れられているように、フランス・イスラム組織連合（ＵＯＩＦ）の大会に出席した内務大臣ニコラ・サルコジが、身分証明書の写真ではヴェール着用を認めないと発言して、会場から野次を浴びたことが一つの契機となり、ヴェール禁止法制定の是非をめぐって激論が交わされることになった。ジャック・シラク大統領はスタジ委員会を設置し、法制化の根拠となるライシテ原則の検討を求めた。二〇〇三年末に提出された報告書によれば、ライシテはアイデンティティの多様性を認めながらも、フランスの社会的統一性を要求するものであり、ヴェール禁止法の制定は必要かつ正当と結論づけられた（法制化に反対したのは、二〇名の委員のうち、ライシテの専門家ジャン・ボベロのみである）。この答申にもとづいて、二〇〇四年に法案は圧倒的多数で可決され、九月の新学期から適用されることになった。この法律は正式には「公立学校におけるこれ見よがしな宗教的標章の着用を禁止する法」であり、キリスト教の十字架やユダヤ教のキパ帽も例外ではない。けれども、法制化の経緯からして、同法がイスラムのヴェールを主たる標的としていることは否定しがたく、一般に「ヴェール禁止法」と称されている。

こうして一五年来のヴェール論争は、法律上の「決着」を見たことになるが、そこで争われた論点はいったい何だったのか。

一つはライシテの原理そのものである。本書での表現を借りて図式的に整理すれば、「多元的なライシテ」と「戦闘的なライシテ」、すなわち個人の権利を保障するためのライシテと社会的統一性を担保するためのライシテの対立であり、国務院が前者のリベラルな解釈を踏襲したのに対して、立法府で支配的となったのは後者の共和主義的理解であった。このようなライシテ概念をめぐる法と政治の緊張関係を、ヨプケは周到に分析している。

もう一つの論点は、イスラムのヴェールが女性抑圧のシンボルか否かに関わる。ムスリム女性のヴェール着用は男性家族から強制されたもので、ヴェールは男性支配と家父長制のシンボルだという見方は根強い。フランスでは、イスラム系移民が数多く居住する大都市郊外での治安悪化が社会問題化しており、暴力、窃盗、薬物などとともに、ムスリム女性への強姦事件がメディアを賑わせることが少なくない。強姦とヴェールは、ムスリム男性によるムスリム女性への暴力という意味で等置されることもある。スタジ報告書でも、ムスリムの若い女性たちは性差別の犠牲者として描き出されている。しかし、社会学者の教えるところによれば、ヴェール着用の意味は実に多義的である。それは家庭に縛りつけられているムスリム女性にとって、男性から罵倒されずに外出するための道具でもあり、しばしば自分の言動を棚に上げて女性にのみ貞潔さを要求する男たちへの異議申し立てでもあり、あるいは彼女らのアイデンティティを十分に承認しようとしないフランスの支配文化に対する抵抗のシンボルでもあるのだ。こうしたヴェールの多義性を、二〇〇四年の法制化は覆い隠してしまったように思われる。

その後もヴェールを締め出す動きは強まっている。二〇一一年、サルコジ政権の下で通称「ブルカ禁止法」が施行されたことは記憶に新しい。この法律は、公の場でブルカやニカブのように顔や身体を全面的に覆う衣服の着用を禁止するものであり、違反者には罰金一五〇ユーロか公民教育の受講、さらに着用を強制した男性には最高で禁錮一年か罰金三万ユーロが科せられる。この法律の制定をめぐっては当初から賛否両論があったが、憲法違反の提訴を受けた憲法院は、一定の留保を付けたうえで合憲の判決を下した。二〇一四年には欧州人権裁判所も、同法が差別的な法律とは言えないとの判断を示した。たしかにこの法律はムスリム女性の衣服のみを禁止対象としているわけではないし、法制化の目的はあくまでも治安の維持であるとされている。けれども、実際に取締りの標的とされているのがムスリム女性であることは明白であり、しかもフランスでブルカを着用している女性が圧倒的少数であることを考えれば、立法趣旨を疑問視する声が上がっても不思議ではない。さらに最近では、学校に子どもを送り迎えする母親のヴェールも問題にされ始めており、予断を許さない状況である。

ドイツのヴェール論争

ドイツではフランスと対照的に、政治と宗教、国家とキリスト教会は協力関係を維持している。現在でも教会は公法上の団体として位置づけられており、キリスト教徒が納める教会税は国家が教会に代わって徴収しているし、公教育においても宗教教育が正規科目として認められている。公立学校で修道服姿の修道女が授業をする光景は、フランス人には俄かに想像できないものだろう。

そんなドイツでムスリム女性のヴェールが注目を集めたのは、本書でも主たる考察対象とされているルディン事件がきっかけであった。一九九八年、シュトゥットガルトで公立学校の教師を目指していたフェレシュタ・ルディンは、授業中にヴェールを脱ぐことを拒んだため、バーデン゠ヴュルテンベルク州上級教育庁から採用を拒否された。公務員たる教師が教室内でヴェールを着用することは国家の中立性義務に抵触し、教員としての適格性を欠くとされたのである。ルディンは訴訟を提起したが、三度の行政裁判はいずれも原告の敗訴に終わった。ただし判決理由の重点は微妙に異なっている。第一審のシュトゥットガルト行政裁判所は、授業中のヴェール着用は国家の中立性義務に違反するとし、さらに尊敬すべき人格としての教師から生徒が悪影響を受ける危険性についても指摘した。第二審のバーデン゠ヴュルテンベルク上級行政裁判所は、国家の中立性義務は信仰を異にする生徒の消極的な信教の自由や、子どもの教育に関する親の権利をも保障するものであることを指摘し、志願者の適格性に関する雇用者の判断はその裁量の範囲内にあると結論づけた。そして第三審の連邦行政裁判所では、国家の中立性義務は文化的・宗教的多様性が増大するなかでますます重要であること、イスラムのヴェールは宗教的シンボルであり、教師が授業中にヴェールを着用することで生徒は宗教的シンボルと不可避的に直面させられるのであって、信仰内容が生徒に与える影響は排除できないこと、授業時には生徒や親の信教の自由が教師の権利よりも優先されることなどが指摘された。

他方、ルディンの訴訟と同じ時期に、これとは異なる判断が示された例もある。ドイツ生まれのイーマン・サルヴァ・アルサイエェットは、シリア人との結婚後、イスラムに改宗し、名前も変えた。

一九九九年、彼女はニーダーザクセン州の公立学校で教職に就く予定だったが、ルディンと同じく授業中のヴェール着用を望んだことで採用を拒否されたため、訴訟を提起した。第一審のリューネブルク行政裁判所は彼女の訴えを認めた。すなわち、個々の教師は国家と同様に「絶対的な中立性」を義務づけられているのではないし、ドイツはフランスやトルコのような「世俗主義」を採用しているわけでもないから、宗教的な価値を保持することに対する開放性は学校においても反映されるとし、教師が布教をおこなわないかぎり、生徒の消極的な信教の自由は侵害されないと論じたのである。ただし第二審のリューネブルク上級行政裁判所では、アルサイエットは敗訴した。国家の中立性義務への違反、子どもたちの信教の自由の侵害がその理由とされた。

このように司法の判断が分かれるなかで、行政訴訟で敗れたルディンは連邦憲法裁判所に憲法判断を求めた。ヨプケの評価するように、二〇〇三年の憲法裁判所の判決は画期的だったと言えよう。すなわち、シュトゥットガルト上級教育庁の決定には十分な法律上の根拠がなく、ドイツ基本法第四条で保障された信教の自由、ならびに第三三条で保障された公職への平等な就任権を侵害するものであると認め、原告勝訴の判断を下したのである。しかし同時に、この判決は教師のヴェール着用を一律に容認したわけではなく、教室への宗教的シンボルの持ち込みの是非については、各州の立法機関に具体的対応を委ねるものであった。その結果、ヴェールをめぐる論争は、司法の場から政治の場へと移行することになった。メディアが憲法裁判所の姿勢を逃げ腰であると批判するなかで、バーデン゠ヴュルテンベルク州やニーダーザクセン州をはじめとしてドイツ一六州の半分がただちにヴェール禁止の法制化に着手した。地理的には、数多くの移民を受け入れてきた旧西ドイツの諸州が中心であり、キリスト教民主同盟（CDU）やキリスト教社会同盟（CSU）などの保守勢力が優勢な地域では、イスラムによるキリスト教的価値の浸食に対する反発も強い。こうして各州でヴェール禁止法が制定された後、差し戻された連邦行政裁判所の判決で、ルディンは敗訴した。アルサイエットはヴェールを脱ぐことを決断し、ドイツでの教員採用を約束されたものの、最終的にはヴェール着用が許容されているオーストリアに去っていった。

連邦憲法裁判所の判決を受けて法改正に乗り出した州のうち、すべての宗教的シンボルの着用を禁止したのはベルリンだけである。それ以外はイスラムのヴェールのみを禁止の対象とし、キリスト教やユダヤ教の宗教的シンボルは許可している。ヴェール禁止法をめぐる論点の一つはここにあると言える。ドイツにおいて国家の中立性は、一般に「開かれた中立性」と解されている。フランスのようにいっさいの宗教的要素を公的領域から排除するのではなく、すべての宗教・世界観に対して平等に開かれていることを特徴としているから、特定の宗教を狙い撃ちするかのような立法は違憲であると考えられる。連邦大統領ラウが敬虔なプロテスタントでありながらヴェール禁止法の制定に反対したのも、こうした理解を前提にしている。つまり、ヴェールを禁止するならば、原理上、十字架を含むすべての宗教的シンボルを禁止せざるをえず、それは国家とキリスト教の協力関係を損なうことになり、フランスのような世俗国家を招来してしまうことを危惧したのである。

にもかかわらず、ドイツが「キリスト教的‐西洋的」な社会であることを前提として、ヴェールと十字架を異なる次元に置く必要があろう。キリスト教はすでにわれわれの文化や伝統の一部、いわばナショナル・アイデンティティとして血肉化しているのであり、修道士が描かれたミュンヘンの市章を見て、特定の宗教を優遇しているとは誰も思わないように、キリスト教のシンボルはいまや文化的シンボルと見なされる――キリスト教がことさら信仰対象としては意識されなくなり、文化の一部として日常生活に溶け込んでいるヨーロッパの現状は、こうした論理が受け入れられる土壌を作り出している。

同時に、イスラムのヴェールは単なる宗教的シンボルではなく、自由と民主主義という西洋的価値への挑戦を意味する政治的シンボルとして表象されることになる。こうした理解の背景には、ムスリム移民の増大・可視化という現実、アメリカ同時多発テロを契機とする過激なイスラム主義への反発、西ヨーロッパ全体でのイスラモフォビアの高まりということがあろう。加えて、ムスリム女性は男性からヴェール着用を強制されているという見方はドイツでも一般化しており、女性抑圧のシンボルであるヴェールは、男女同権という現代ドイツの基本理念を否定するものとして非難されている。

ヴェール問題は、二〇〇六年、連邦議会議員エキン・デリゲツの発言が呼び水となって再燃した。デリゲツはトルコ出身のムスリム女性で、二〇代でドイツに帰化している。彼女はあるインタビューで、ムスリムのヴェールは女性抑圧のシンボルであり、ムスリム女性は男女同権に目覚め、ヴェールを脱ぐべきだと訴えた。当然、この発言にイスラム団体は一斉に反発したが、デリゲツ殺害の脅迫状が送り付けられるに及んで、議会では言論の自由を守れという声が高まり、メルケル首相やショイブレ内務大臣もデリゲツ擁護の立場を鮮明にした。

ルディン事件では教室における教師のヴェール着用が問われたのに対して、今度はそうした空間的限定がはずされて、ヴェール着用そのものが論点とされている。その意味で問題はより深刻化し、非妥協的なかたちをとるに至ったように見える。デリゲツらヴェール反対派は、ヴェール着用が女性の自己決定権と男女平等の価値を否定する行為であり、普遍的人権という西洋社会の価値観に反すると批判したが、二〇〇六年に公表された調査報告書は、それとは異なるヴェールの位相を伝えている。ドイツにおけるムスリム女性三一五人を対象におこなわれたこの調査によると、ムスリム女性のほとんどが「ヴェールを被るのは宗教的義務である」と答えているように、ヴェール着用は男性によって強制されたものというよりも、みずからの宗教的信念によって選び取っている事実が浮かび上がった。彼女らを取り巻く生活環境は、母親をはじめ女性のヴェール着用が自明視されているから、どこまでが自由意志ないし自己決定の結果と言えるかを疑問視する向きもあるが、少なくともヴェールを「抑圧のシンボル」と単純に決めつけることはできない。しかも、「ヴェールは私に自信を与えてくれる」と答えた者が八七パーセントにのぼるように、多くのムスリム女性にとってヴェールは自尊心の源泉でもあり、アイデンティティの一部として理解されていることを無視してはならないだろう。

イギリスのヴェール論争

ジルバブやニカブやブルカなど、ヨプケの言う「過激なヘッドスカーフ」を含めて、ムスリム女性に独特の着衣を公共の場で禁止する法律は、現在のイギリスには存在しない。とはいえ、これはイギリスにおいてヴェールが問題とされてこなかったという意味ではない。本書でも紹介されているように、たとえば教育現場での教師や生徒によるヴェール着用をめぐっては、一九八〇年代末からいくつかの有名な事件が起こったが、それらは学校における校則や教育効果といったきわめて限定的な観点から処理されたのである。

ヴェール問題がイギリスで国民規模の「論争」と呼びうるほどの顕著なかたちをとったのは、本書でも紹介されているジャック・ストローの発言を契機とする。ストローはイングランド・ランカシャー州ブラックバーン選出の下院議員で、ブレア労働党政権で内務大臣と外務大臣を務めた大物政治家である。彼は二〇〇六年一〇月に地元紙掲載のコラムで、ムスリム女性が選挙区事務所で自分と面談する際には、顔が見えるようにヴェールを脱いでほしいと述べた。彼はさらに議論を進めて、顔全体を覆うヴェールが「分離と差異の可視的な表明」として強力に機能していると指摘し、こうした行為がコミュニティ内での住民の融和を困難にする可能性について憂慮を示したのである。

前記のようなストローの主張は、彼の選挙区であるブラックバーンでは概して肯定的に理解されており、ムスリム女性も彼との個別面談の際には、すすんでヴェールを脱いでいたという。ヴェール問題に関して世間に一石を投じる意図があったことは、ストロー本人も認めていたにせよ、この件が自分の地元を超えて全国メディアで関心を集めるとは、どうやら予想していなかったようだ。ストローは二〇一〇年四月に当時を振り返り、自身の発言があれほどの騒ぎになるとは思っていなかったと述べ、遺憾の意を表している。ただし、ヴェールをめぐって深刻な対立がイギリス社会に伏在しているという認識自体は、ストローのみならず多数の人々が共有していたわけであり、だからこそ彼の発言はイギリス中で注目されるに至ったのである。

ストローの発言に対しては、当時の与党である労働党の議員の相当数からも賛意が示された。ブレア首相はストロー発言の直後の記者会見で、ヴェールがムスリムとその他のコミュニティを区別する「分離の指標」と化しており、だからこそムスリム以外の人々を不快にしているのだと指摘した。ブレア内閣の財務大臣だったゴードン・ブラウンもストローを支持し、他の有力閣僚もこれに倣った。彼らの議論によれば、ムスリム女性がヴェールを着用すること自体は一応容認できるとしても、そうした行為が公共の場でなされた場合に周囲に不快あるいは恐怖を感じさせているという事実も見落としてはならない。ムスリム女性がヴェールを着用するのは、自己のアイデンティティと信仰を周囲に訴えるためであり、「これが恐怖と怒りをムスリム以外の人々の間に引き起こし、差別へとつながりうる」と発言したのは、当時の地方自治担当大臣として人種・宗教関係を担当していた、労働党のフィル・ウーラスである。内閣の主管大臣がこのような批判を躊躇なく公にしたこと自体、多くのムスリム移民を抱えるイギリスにおいて、ヴェールが深刻な社会的断裂の象徴として広く認識されていたことの一つの証左と言えるだろう。また、野党である保守党の側でも、ストローを支持する議員は少なからず存在した。その代表としては、本書でも発言が引用されている、影の内閣の内務大臣デイヴィッド・デイヴィスが挙げられよう。デイヴィスは、ムスリムが閉鎖的なコミュニティを形成することで、イギリス社会の内部で一種の「自発的なアパルトヘイト」を推進していると非難したのである。

一方で、いわゆる政治的左派ならびに親イスラム勢力がストロー発言を一斉に非難したことは驚くにはあたるまい。労働党出身で当時の大ロンドン市長であったケン・リヴィングストンや、労働党から追放後にリスペクト党（二〇〇四年創立の左派政党で、イラク戦争への反対によりムスリム有権者から支持された）の中心メンバーとなったジョージ・ギャロウェイによる批判が、左派からの代表的なものとして挙げられよう。もちろん、イスラム人権委員会などのムスリム団体も激しい批判の声をあげたが、イギリスのムスリムがすべてストローを非難したわけではなかったことは特筆すべきである。たとえば英国ムスリム評議会のダウド・アブドラは、ムスリム女性がヴェールを着用する権利を認めつつ、同時にストローの不快感に対して一定の理解を示した。また、イギリス初のアジア系上院議員であり、みずからもムスリムである労働党のポーラ・ウディンは、ヴェール問題を取り上げる必要性は認識しながらも、ストローの議論には違和感を表している。ウディンによれば、ヴェールを分離の表明と見なすことは、イギリス社会におけるムスリム女性の存在意義を積極的に認めようとしていない点で、従来からの政府の態度と同じなのであった。

ヴェールを脱ぐことを求めたストローの発言はあくまで個人としての要請であり、彼自身は法規制には反対の立場をとっている。その一方で、保守党議員のフィリップ・ホロボーンのように、公共の場で顔を覆うヴェールを禁止しようとする議員が存在することも事実である。ホロボーンは二〇一〇年以来、議員立法によるブルカ禁止法の制定を目指して法案提出を続けているが、こうした動きに対しては保守党内部からも強い批判がある。保守党所属の欧州議会議員であるダニエル・ハンナンによれば、たとえブルカが西洋的価値観に挑戦する思想信条の象徴であったとしても、服装自体は法規制や裁判の対象とすべきではない。保守党の有力議員であるオリバー・レトウィンもハンナンと同様の立場に立ち、人々に何々を着ろと指図すること自体が危険な考え方だと述べている。またキャメロン内閣の移民担当大臣を務めたダミアン・グリーンは、公共の場での服装を法的に規制しようとする試み自体が「イギリス的でない」と切って捨て、寛容と相互の尊重を基調とするイギリス社会に背馳していると主張した。さらに、ムスリムの保守党上院議員であり、キャメロン内閣への入閣経験もあるサイーダ・ワーシは、ムスリム女性がブルカを選ぶ権利を強く擁護し、ブルカ着用を理由として社会参加の権利を奪うことは断じて容認できないと述べている。

ストロー発言によって火が付いたイギリスのヴェール論争は、その後は主に教育と司法という二つの場で、それぞれ展開していった。教育の場においては、ヴェール着用の是非の判断や関連規則を基本的に現場の裁量に委ねるという原則が依然として貫徹されている。二〇一三年九月、キャメロン内閣の内務大臣であり、連立与党の自民党所属のジェレミー・ブラウンは、公共の場におけるヴェール着用が国家によって規制されるべきか否かについて、いまや「国民規模の議論」が求められていると発言した。しかし一方で、学校・大学指導者協議会の書記長であるブライアン・ライトマンは、学校でのヴェールの着用については、各学校が校則によりこれを統括しているのだから、政府による規制は不要だと主張している。英国教育省も基本的にライトマンと同様の立場をとっており、学校には独自の制服関係規則を定める自由裁量権があると認めている。

教室で生徒が顔全体を覆っていては、表情も見えず教師と生徒のコミュニケーションや教育効果を減殺してしまうという意見はたしかに根強い。けれども、学生による校内でのヴェール着用については、現実にはこれを容認していく傾向が現れ始めている。たとえばバーミンガム・メトロポリタン・カレッジは、従来は保安上の理由から学生に顔を覆う着衣を禁じていたが、二〇一三年九月にこの校則を廃止し、学生が個人の「文化的価値」を表明する服装の一つとして、顔を覆うヴェールを容認するに至った。同カレッジの従来の校則を支持していたキャメロン首相も、制服関係の校則の制定と施行は個々の学校の裁量権の問題であるという立場を示し、こうした潮流に表立って反対してはいない。

他方、ヴェール論争は司法の場で、やや奇怪な展開を見せ始めたように思われる。発端となったのは、二〇一三年八月にロンドンのブラックフライアーズ刑事法院において、脅迫罪で訴追された若いムスリム女性が、法廷での証言に際してニカブを脱ぐことを拒否した事件である。本人確認ができず、また陪審員には被告人の表情が見えず、したがって彼らには被告人による証言の信憑性も判断できない状況で、担当裁判官は審理を中断するの止むなきに至った。脅迫罪の裁判については、女性係員が毎回の審理の前に、証人席で本人確認をおこなうというかたちで進行上の妥協が図られ、被告人も自身が証言するときを除いて、裁判中のニカブの着用を許された。

ただし、担当裁判官は本人証言の際のニカブ着用については、これを明確に禁じる判断を下している（被告人はそれでもニカブを脱がず、脅迫罪に関する抗弁を放棄して有罪を認め、最終的に懲役六か月の刑に服した）。ニカブを着用した状態では、他の者に見えるのは被告の目の部分だけである。裁判官は被告人が証言中に周りから見えないようにスクリーンで囲う、あるいはライブビデオでの中継によって別室から証言をおこなう可能性は認めたものの、その場合でも被告自身は裁判官や陪審員から見えなければならない。被告の証言の信憑性を正しく評価するためには、被告人自身をよく観察することが可能でなければならず、ニカブは明らかにその妨げとなる。担当裁判官はこの問題の裁定に際して、顔を覆うヴェールが裁判上の一大障害となっており、それをどう扱うべきかについて裁判官の間にも不安が広がっていることを指摘している。こういった事例に直面して、状況ごとに異なった対処がなされるならば、裁判自体に著しい混乱（担当裁判官はこれを「司法の無秩序状態」と呼んでいる）を招くことになろう。つまり判断のための統一的な基準が必要であり、この点については議会あるいは高等法院が近々結論を出すであろうと、担当裁判官は淡い期待を示している。しかし管見のかぎりでは、本書にも登場するヘイル最高裁副長官が二〇一四年の一二月に、証言の際のヴェール着用を新たな法制化によって規制すべきと発言している以外に、司法も立法も今日に至るまで踏み込んだ判断を下そうとした形跡はない。

欧州人権条約第九条は信仰そのものの自由、そして信仰の表明の自由を定めており、イギリスの国内法もこれに準拠した立場をとっている。したがって他の公共の場と同じく、法廷内のヴェールを禁じる法律は現在のイギリスには存在しない。このような状況の下に進行した前記の裁判は、宗教的マイノリティ集団の権利と市民としての義務の間に伏在する矛盾を浮き彫りにするものであった。信教の自由は万人に保障されるべきであるが、裁判が公明正大におこなわれるためには慣習法を含む一定の規則が遵守されなければならない。イギリス社会でそれぞれに正当と認められる二つの法理は、ムスリム女性による法廷でのヴェール着用という新たな事件を通じて、いまや正面から衝突しつつあるように見受けられる。

＊＊＊＊＊

ヨーロッパのイスラム問題やヴェール論争については、わが国にもすぐれた研究の蓄積がある。この訳者解題を執筆するにあたっても、数多くの先行研究を参照させていただいた。以下にその一部を掲げるので、本書のテーマに関心を持たれた読者は一読されることを薦めたい。

本書全体に関して

・内藤正典『ヨーロッパとイスラーム——共生は可能か』岩波新書、二〇〇四年
・内藤正典・阪口正二郎編『神の法vs.人の法』日本評論社、二〇〇七年

フランスに関して

・小泉洋一『政教分離の法——フランスにおけるライシテと法律・憲法・条約』法律文化社、二〇〇五年
・菊池恵介「「スカーフ論争」——問われるフランス共和主義」『前夜』第二号、二〇〇五年
・伊東俊彦「フランスの公立学校における「スカーフ事件」について」『応用倫理・哲学論集』第三号、東京大学文学部哲学研究室、二〇〇七年
・森千香子「「人権の国」で許容されるレイシズムとは何か?——フランスにおける極右、反移民政策、イスラモフォビア」駒井洋監修・小林真生編著『移民・ディアスポラ研究3　レイシズムと外国人嫌悪』(明石書店、二〇一三年)所収

ドイツに関して

・渡辺康行「文化的多様性の時代における「公教育の中立性」の意味——イスラーム教徒の教師のスカーフ事件を中心として」樋口陽一・森英樹・高見勝利・辻村みよ子編『国家と自由——憲法

学の可能性』（日本評論社、二〇〇四年）所収
・近藤潤三『移民国としてのドイツ』木鐸社、二〇〇七年
・堀彩子「ドイツにおけるスカーフ論争」内藤正典編『激動のトルコ――9・11以後のイスラームとヨーロッパ』（明石書店、二〇〇八年）所収

イギリスに関して
・佐久間孝正『移民大国イギリスの実験――学校と地域にみる多文化の現実』勁草書房、二〇〇七年
・浜井祐三子「多民族・多文化国家イギリス」木畑洋一編『現代世界とイギリス帝国』（ミネルヴァ書房、二〇〇七年）所収
・後藤拓也「多文化主義の実像――ムスリムをめぐる四つの物語」内藤正典編『激動のトルコ――9・11以後のイスラームとヨーロッパ』（明石書店、二〇〇八年）所収
・中井亜佐子「ヴェールの自伝」中井亜佐子・吉野由利編著『ジェンダー表象の政治学――ネーション、階級、植民地』（彩流社、二〇一一年）所収
・安達智史『リベラル・ナショナリズムと多文化主義――イギリスの社会統合とムスリム』勁草書房、二〇一三年

訳者あとがき

本書は、Christian Joppke, *Veil: Mirror of Identity*（Cambridge: Polity Press, 2009）の全訳である。原題は「ヴェール――アイデンティティの鏡」であるが、ここでは内容を考慮して、タイトルを変更した。

著者のクリスチャン・ヨプケは、ベルリン自由大学を経て、フランクフルト大学を卒業し、一九八九年にカリフォルニア大学バークレー校でPh.D.を取得している。南カリフォルニア大学で助教授を務めた後、欧州大学院大学、ブリティッシュ・コロンビア大学、ブレーメン国際大学、パリ・アメリカ大学を経て、現在はスイスのベルン大学教授の地位にある。

ヨプケの専門は比較政治社会学であるが、社会・政治理論、シティズンシップと移民、宗教、エスニシティ、社会運動など、その守備範囲は実に多岐にわたっている。ベルン大学のホームページに掲載された業績一覧によれば、単著としては以下のものがある。

Mobilizing Against Nuclear Energy: A Comparison of Germany and the United States（Berkeley and Los

Angeles: University of California Press, 1993)

East German Dissidents and the Revolution of 1989: Social Movement in a Leninist Regime (London: Macmillan and New York: New York University Press, 1995)

Immigration and the Nation-State: The United States, Germany, and Great Britain (Oxford: Oxford University Press, 1999)

Selecting by Origin: Ethnic Migration in the Liberal State (Cambridge, Mass.: Harvard University Press, 2005)

Veil: Mirror of Identity (Cambridge: Polity Press, 2009) ……本書

Citizenship and Immigration (Cambridge: Polity Press, 2010) ……『軽いシティズンシップ——市民、外国人、リベラリズムのゆくえ』(遠藤乾・佐藤崇子・井口保宏・宮井健志訳、岩波書店、二〇一三年)

The Secular State Under Siege: Religion and Politics in Europe and America (Cambridge: Polity Press, 2015)

一九九〇年代末以降、ヨプケはとくに移民問題に関して活発な議論を展開しており、本書はそのような関心の延長上に書かれたものとして、すでに邦訳のある『軽いシティズンシップ』と並んで、注目すべき業績の一つと言えるだろう。なお、これらの単著以外に、ヨプケには数冊の編著と膨大

な数の論文がある。そのなかでも本書と密接に関連する著作としては、ジョン・トーピーとの共著*Legal Integration of Islam: A Transatlantic Comparison* (Cambridge, Mass.: Harvard University Press, 2013) が挙げられる。

本書の序文にも述べられているように、欧米ではムスリムのヴェールを扱った研究はいまや相当の蓄積がある。そのなかで本書の特徴は、まずはイスラムをリベラリズムに対する根本的な挑戦であると認め、そのうえでリベラルな国家がその原則を譲ることなくイスラムを受容するにはどのような方途がありうるのかを、比較社会学の観点から探っている点にあるだろう。ヨプケによれば、フランスとイギリスは、それぞれ「共和主義」と「多文化主義」という対極的な原則にもとづいてヴェールに対応しているが、いずれもリベラリズムの枠内にとどまるのに対し、ドイツは「キリスト教的‐西洋的」な価値観が普遍性を僭称することで、リベラルな国家の枠組みを踏み外している。こうした整理はやや図式的でもあり、異論の余地もあるかもしれない。しかし、ヴェール問題が孕んでいる多様な側面を、一人の著者が一貫したパースペクティヴの下に描き出していることは、その功績とすべきである。欧米の数多くの大学で教鞭をとり、現地の事情に精通しているヨプケならではの議論と言えよう。

翻って日本では、たった一枚の布がこれほどまでに激烈な論争を巻き起こすということに、われわれの多くは想像が及ばないように思われる。「異文化理解」や「他者との共生」といった表現は月並みとなって久しいが、ことイスラムに関するかぎり、そこに内実を与える作業はまだ緒に就いたばかりと言わざるをえない。もちろん日本にもムスリムは存在する。けれどもその数は、外国人ムスリムと日本人ムスリムを合わせても一〇万人余りと推計されており、身近な隣人という実感を伴うにはあまりにも少数である。あまつさえ最近のイスラム関連のニュースは、この宗教を暴力や不寛容と同一視するステレオタイプを助長しかねないものばかりだ。パリの風刺週刊紙襲撃にせよ、「イスラム国」による日本人殺害にせよ、事件を起こした「過激派」や「テロリスト」が世界のムスリムを代表しているわけではないことは、何度でも強調しておくべきだろう。

さらに、西欧諸国が厳しい試練に耐えながら死守しようとしているリベラリズムは、はたして日本という国にどこまで血肉化しているのか、この点も自問する必要がある。ヨーロッパがヴェールへの対応にかくも苦慮しているのは、宗教戦争以来、リベラルな原則の重要性を痛切に認識してきた近代国家として、リベラリズムを——たとえそれが建前にすぎないとしても——放棄することが何を意味するのかを知っているからであろう。他方、これまで日本のリベラリズムは、幸か不幸か、その存在意義をしたたかに試される機会を持たなかったのではないか。そのような機会がなかったことは、しかし、この国にリベラリズムがしっかりと根づいていることを保証するわけではない。その意味でも、本書がヴェール問題への入門書としての役割を果たすだけでなく、われわれ自身のアイデンティティや国家を問いなおす契機となれば、訳者としては望外の喜びである。

本書の訳出にあたっては、伊藤が第一章、第四章、第五章を、長谷川が序文と第二章を、竹島が第三章を担当した。各自が訳文を作成した後、全体にわたり三人で検討を加え、修正を重ねて最終稿とした。正確さと読みやすさを両立させるべく努力したつもりであるが、思わぬ間違いや生硬な表現も残っているかもしれない。忌憚のないご批判をいただければ幸いである。

最後になったが、法政大学出版局編集部の奥田のぞみさんには、ひとかたならぬお世話になった。遅々として進まない作業を辛抱強く待っていただき、校正段階では訳文を丁寧に検討してくださった。翻訳上の誤りはもとより訳者の責任に帰するが、本書が少しでも読みやすい日本語になっているとしたら、奥田さんのおかげである。ここに記してお礼を申し上げたい。

訳者一同

二〇一五年四月

訳者

伊藤 豊（いとう　ゆたか）
1967年高知県生まれ。山形大学人文学部教授（比較文化，文化交流史）。
主な業績：ジェームズ・W. シーザー『反米の系譜学』（共訳）ミネルヴァ書房，2010年，『「リベラル・ナショナリズム」の再検討——国際比較の観点から見た新しい秩序像』（共著）ミネルヴァ書房，2012年ほか。

長谷川一年（はせがわ　かずとし）
1970年岡山県生まれ。南山大学法学部教授（政治思想史）。
主な業績：『政治概念の歴史的展開　第5巻』（共著）晃洋書房，2013年，デイヴィッド・ミラー「歪んだ材木か，曲げられた小枝か——バーリンのナショナリズム」（翻訳）『思想』第1087号，2014年11月ほか。

竹島博之（たけしま　ひろゆき）
1972年北海道生まれ。東洋大学法学部教授（政治哲学）。
主な業績：バーナード・クリック『シティズンシップ教育論——政治哲学と市民』（共訳）法政大学出版局，2011年，ウィル・キムリッカ『土着語の政治——ナショナリズム・多文化主義・シティズンシップ』（監訳）法政大学出版局，2012年ほか。

著者

クリスチャン・ヨプケ（Christian Joppke）
1959年生まれ。カリフォルニア大学バークレー校博士（社会学）。南カリフォルニア大学助教授，欧州大学院大学教授，ブリティッシュ・コロンビア大学教授，ブレーメン国際大学教授，パリ・アメリカ大学教授などを経て，現在，スイスのベルン大学教授。
既訳書には『軽いシティズンシップ——市民，外国人，リベラリズムのゆくえ』岩波書店，2013年がある。その他の主著としては，*Immigration and the Nation-State: The United States, Germany, and Great Britain*, Oxford University Press, 1999, *The Secular State Under Siege: Religion and Politics in Europe and America*, Polity Press, 2015 など。

サピエンティア　**40**

ヴェール論争
リベラリズムの試練

2015年6月10日　初版第1刷発行
2017年7月5日　　第2刷発行

著　者　クリスチャン・ヨプケ
訳　者　伊藤　豊・長谷川一年・竹島博之
発行所　一般財団法人　法政大学出版局
〒102-0071 東京都千代田区富士見2-17-1
電話03 (5214) 5540／振替00160-6-95814
製版・印刷　平文社／製本　誠製本
装幀　奥定泰之

ISBN 978-4-588-60340-2　　Printed in Japan

索　引

あ　行

アイデンティティ　vii–viii, 4, 11, 20–21, 39, 47, 106–107, 123, 125, 140, 143–144, 149, 162, 187, 195, 198, 200–201, 206–207, 211–212
アイヒェンドルフ，ジョセフ・フォン　Eichendorff, Joseph von　106
アウグスティヌス　Augustine, Saint　15–16
アサド，タラール　Asad, Talal　191
アズーイ，ムニル　Azzaoui, Mounir　133n
アズミ，アイシャ／アズミ事件　Azmi, Aishah　169–174
アハメド，ライラ　Ahmed, Leila　12–15
アブー＝ルゴド，ライラ　Abu-Lughod, Lila　14–15, 21
アフガニスタン　14, 108, 177
アブダラ博士　Dr. Abdallah　72
アフリカ　25, 47, 49
アマラ，ファドゥラ　Amara, Fadela　23, 84
アミール＝モアザーミ　Amir-Moazami, Schirin　100, 189
アメリカ合衆国　iii, v, 5–8, 16, 30, 143–145, 187–188, 193, 201, 209–210, 215
アメリカ化　201
アリストテレス　Aristotle　11, 14
アリバイ＝ブラウン，ヤズミン　Alibhai-Brown , Yasmin　175
アル＝カラダーウィー，ユースフ　Al-Qaradawi, Yusuf　53, 195–196
アルジェリア　13, 50, 77, 86n, 222
アルトリンチャム女子グラマー・スクール　Altrincham Girls' Grammar School　139
イーゼンゼー，ヨーゼフ　Isensee, Josef　115
イェステッド　Jestaedt, Matthias　121, 127
一神教　15, 17
イスラミズム／イスラム主義　15, 85, 88n
イスラム会議，ドイツ　98, 132n, 133n
イスラム恐怖症　153–159
イスラム憲章　197, 217n
イスラム研究センター，バーミンガム　181n
イスラム組織連合，フランス　75
イスラム復興　9–10, 14, 22
イスラム文化センター　181n
イスラム連盟，トルコ　102
一元論　15–17
移民　vii, 4, 6–7, 20, 47, 49–51, 54, 77, 79, 147, 156, 187, 189, 195–197, 199–200, 202, 207–208, 215, 218n

イラク　85, 177
イラン　8, 16
インド　153, 156, 169
ウーン，ロング・リット　Woon, Long Litt　6, 187
ヴェイユ，パトリック　Weil, Patrick　79, 83
ヴェーバー，マックス　Weber, Max　12, 115
ウェーバー，ユージン　Weber, Eugene　218n
ヴェール事件（1989 年）　3, 47, 61–63, 76, 139, 189
ヴェッス　Vaisse, Justin　85
ヴォーリング，J. M.　Woehrling, J. M.　59
運転規則庁　177
エジプト　iii, 8–9, 13, 56, 192, 195
エホバの証人　25, 97, 198
エリャス，ナディーム　Elyas, Nadeem　198
エル・グインディ，ファドワ　El Guindi , Fadwa　8
欧州憲法　207, 212
欧州人権裁判所　25, 83, 164–166
欧州人権条約　25, 75, 83, 153, 162–164, 172, 179n
欧州ファトワ研究評議会　195
欧州理事会　218n
欧州連合　213, 218n
欧州連合雇用指令　153, 169–170
オーストラリア　5, 140
オブライアン，ルース　O'Brian, Ruth　217n
「親の選択」運動　146
オランダ　3–4, 30–31, 35, 99, 101

か　行

鍵十字　66–67
『ガーディアン』　175
ガートン・アッシュ，ティモシー　Garton Ash, Timothy　43n
ガスパール，フランソワーズ　Gaspard, Francoise　20–22
可動式の家庭空間（モバイル・ホーム）　21
カトリシズム　12, 60
カトリック　27, 48, 55, 59–61, 63, 87n, 96, 99, 106–107, 116, 118, 123–124, 126, 130, 146, 150, 193, 211–212, 215
カナダ　5, 140, 207
家父長制　10–11, 17–20
カルタンバック　Kaltenbach, Jeanne-Helene　72
寛容　viii, 6, 8, 34, 41, 59, 63–65, 81, 100, 104, 111, 116, 118–119, 121, 123, 141–142, 144, 152, 162, 168, 202–204, 218n
寛容法（1689 年）　151
キムリッカ，ウィル　Kymlicka , Will　199
キュング，ハンス　Kung, Hans　7, 17, 194
教育・職業技能省「制服関連校則についての手引き」　177–178
「教師たちよ，降伏するな」　62, 71
共同体主義　71, 77
共和主義　iii–iv, 5, 40, 42n, 47, 49–50, 52, 55–59, 61, 63, 68–72, 75, 81–82, 84–85, 86n, 179n, 187, 191, 206–207, 210–211, 215
ギョレ，ニルファー　Gole, Nilufer

11
ギリシア・ローマ的伝統　14
キリスト教／教徒／教会　vi–vii, 3, 6, 12–16, 28–30, 37, 48, 60–61, 91–92, 95–98, 105–106, 108, 117, 119–130, 131n, 147, 150–151, 187–188, 194, 207, 211–212, 214, 216
キリスト教的－西洋的　vi, viii, 5, 40, 95, 103, 105–108, 116, 119, 122, 124, 127–128, 133n, 135n, 187, 206, 211, 216
近代性　9, 17, 20–21
クーパー，フレデリック　Cooper, Frederick　207
クール・ブリタニア　142
クラウセン，ユッテ　Klausen, Jytte　23, 155
クルーイックシャンク，ポール　Cruickshank, Paul　180n
グレイ，ジョン　Gray, John　v, 204
クレイユの退学処分　62, 64, 72
クローマー卿　Cromer, Evelyn Baring　13–14
啓蒙　11, 40, 60, 99, 116, 204
「啓蒙原理主義者」　40
ケスレル，ダヴィド　Kessler, David　69
結社法（1901 年）　58
ケルーアー裁定／事件　66, 69
ケルカル，ハレド　Kelkal, Khaled　78
ゲルナー，アーネスト　Gellner, Ernest　15–17
憲法愛国主義　207, 212
原理主義　16, 22, 56, 80, 99, 102, 130, 132n, 143, 176, 193
公共の秩序　27, 29, 31, 35, 38, 78, 162–164
公的領域　4, 47, 50, 104, 145
高等法院　40, 162–163, 165–166, 172–173, 177–178
国際危機グループ　101, 195
国務院　54, 56, 64–69, 71–74, 196
ゴーシェ，マルセル　Gauchet, Marcel　16
国教会　30, 96, 146, 149–151, 169
国教会法　150
コーポラティズム　28
コーラン　7, 9–10, 15–18, 25, 30, 53, 94, 99, 102, 131n, 193
コスロカヴァール，ファルハド　Khosrokhavar , Farhad　20– 22
国家－教会体制　28–30, 149–150, 213
コック，ギ　Coq, Guy　66–67
個別化　208–209
コペンハーゲン基準　218n
コリー，リンダ　Colley, Linda　144
コンブ，エミール　Combes, Emile　58

さ　行

差異　iv, vii, 13, 39, 50, 72, 110–111, 143, 145, 148, 168, 188
サーリンズ，ピーター　Sahlins, Peter　198
サクラーニ，イクバル　Sacranie, Iqbal　158
サッチャー政権　141, 146, 152, 179n
差別禁止平等推進高等機関　190
サラフィ派，イスラム　22
サルコジ，ニコラ　Sarkozy, Nicolas　29, 55–56, 61, 75–76, 78, 84, 86n, 88n, 215
サルワール・カミーズ　160–161, 163,

180n, 181n
シーク教徒　152, 160, 180n
ジェンキンズ，ロイ　Jenkins, Roy　140–141
ジェンダー　iv, 4, 12, 14, 42n
シティズンシップ　vii, 143, 146
私的領域　7, 12, 47, 50, 68, 104, 116, 145, 195
シフォイアー，ヴェルナー　Schiffauer, Werner　99
市民統合　199–202, 208
ジャーマ，ムスタフ　Jama, Mustaf　177
シャヴァン，アネッテ　Schavan, Annette　91, 124, 131n
シャヴィート，ウリヤ　Shavit, Uriya　196
社会学　12, 22, 37, 47, 51, 60, 70, 77, 79–80, 115
シャヒン対トルコ裁判（2004 年）　163–164
宗教教育　29, 146–147
宗教冒瀆禁止法　151, 157, 179n
十字架判決（1995 年）　96, 113, 129, 212
修道服　123–124, 126–127, 129
修道女　87n, 107, 123–124, 126–127, 129–130
シュナペール，ドミニク　Schnapper, Dominique　53, 70, 208
ショイブレ，ヴォルフガング　Schauble, Wolfgang　133n
植民地主義　100, 188
ジョスパン，リオネル　Jospin, Lionel　62, 73–74, 76
女性モスク運動　9–10, 192
シラク，ジャック　Chirac, Jacques　42n, 59, 76, 81
ジルバブ　3, 42n, 139, 143, 160–163, 166, 176, 180n
信教の自由　24, 26, 57, 64, 67, 78, 81, 93, 97, 108, 110, 153, 163–164, 197
人種関係法／政策　141, 152–153, 178
ジンメル，ゲオルク　Simmel, Georg　209
スカンジナヴィア　30
スキャンロン，トマス　Scanlon, Thomas　203
スコット，ジョーン・W.　Scott, Joan Wallach　iv, 22, 42n, 188, 190–191, 195, 210, 214, 217n
スタジ，ベルナール　Stasi, Bernard　23
スタジ委員会／報告書（2003 年）　71, 73, 77–79, 81–82, 190
ストルツェンバーグ，ノーミ　Stolzenberg, Nomi Maya　193
ストロー，ジャック　Straw, Jack　39, 143, 154, 157, 168, 182n
スンニ派，イスラム　161
政教分離法（1905 年）　27, 37, 57–59, 67–68, 86n
聖典主義　15, 17
聖母マリア　12
セクシュアリティ　10, 20, 42n, 175
世俗化　6, 9, 15–17, 27, 49, 60, 105, 123, 125, 151
世俗的ヒューマニズム　14–15
セン，アマルティア　Sen, Amartya　149
全国医学部長会議　177
ゾルバーグ，アリスティド　Zolberg,

Aristide　6, 187
ソロウシュ，アブドルカリム　Soroush, Abdolkarim　16

た　行

第三者（の権利／利益／関与）　24, 27, 31, 33, 163, 166, 206
大ロンドン庁　141
多文化主義　vii, 3, 5, 32, 40, 48, 55, 95, 139–142, 145, 148–150, 173–174, 176, 187, 199, 202, 204–205, 213
チェレビ，E.　Celebi, E.　12
チャートリーズ，リチャード　Chartres, Richard　154
チャールズ皇太子　Charles, Prince of Wales　151
中東　8, 78, 100, 156
中立性，国家の　vii, 35–36, 59, 92, 108–109, 111, 122–123, 126–127, 130
中立性，開かれた　40, 103–104, 109
ティーツェ，ニコラ　Tietze, Nikola　133n
デイヴィス，デイヴィッド　Davis, David　38, 183n
デュルケム，エミール　Durkheim, Emile　51, 61, 70
テロ　31, 35, 77–78, 149, 158, 174, 177
デンビー高校　160–162, 164, 166
デンマーク漫画事件（2005 年）　157
同化　102, 140–141, 167, 196, 201–202, 210
統合高等評議会　67
ド・ゴール　de Gaulle, Charles　59, 83
ドイツ基本法　25, 29, 91, 93, 97, 110–114, 117–118, 122, 128, 130, 197, 212
ドゥブレ，レジス　Debray, Regis　62, 70
ドゥブレ報告書　73
トクヴィル　Tocqueville, Alexis de　152
トリバラ　Tribalat, Michele　72
トルコ　11–12, 102, 133, 164
トルコ人／系　32, 93, 99–102, 132n
トルコ人協会，ドイツ　101–103
トルコ人同盟，ベルリン＝ブランデンブルク　102

な　行

ナショナリズム　5, 39, 92, 150, 187–188, 205, 212
ニカブ　3, 39, 42n, 139, 143, 161, 168–169, 172–177, 183n
二元論　16, 29, 73
ノイバーガー，ジュリア　Neuberger, Julia　154

は　行

「売女でもなく，忍従の女でもなく」　23, 84
バーカー，アーネスト　Barker, Ernest　144
ハーバーマス，ユルゲン　Habermas, Jurgen　iii, 194, 212
バーミンガム　179n, 181n
バーミンガム大学医学部　177
ハイエク，フリードリッヒ　Hayek, Friedrich　52
バイルの政令（1994 年）　71, 74, 76, 83
パキスタン　153, 156, 160, 169, 180n, 190
パスロン，ジャン＝クロード

Passeron, Jean-Claude　70
バダウィ，ザキ　Badawi, Zaki　159
バダンテール，エリザベート　Badinter, Elisabeth　62
バチカン　59
バチカン公会議，第二次　27, 193
バディ，ベルトラン　Badie, Bertrand　37
ハナーフィ派，イスラム　161
パリ・カトリック大学　217n
パリ地下鉄爆破テロ（1995 年）　77–78
バルラス，アスマ　Barlas, Asma　18–19
パレク，ビク　Parekh, Bhikhu　149
パレスチナ　78, 101
バングラデシュ　153, 156–157, 180n, 190
反国教会派プロテスタント　151
ハンセン，ランダル　Hansen, Randall　215
ハンチントン，サミュエル　Huntington, Samuel　193
ハンバリ派，イスラム　161
反ヘッドスカーフ法　5, 24, 35, 103, 106, 108, 112–113, 116–120, 126–130, 192
反ユダヤ主義　153, 155
ヒジャブ　41n, 86n, 159
ヒズブアッタハリル　160–161
BBC　158
ピュー研究所　214, 216
ヒルシ・アリ　Hirsi Ali, Ayaan　40, 43n
ビルンボーム，ピエール　Birnbaum, Pierre　37, 59
ビンガム卿　Bingham, Lord　167
ヒンドゥー教　147, 151, 160, 180n
ファヴェル　Favell, Adrian　142
ファノン，フランツ　Fanon, Frantz　13
『フィガロ』　88n
フィヨン，フランソワ　Fillon, Francois　88n
フィリップス，トレヴァー　Phillips, Trevor　142
フィンケルクロート，アラン　Finkielkraut, Alain　62
不寛容　200, 202
フーコー　Foucault, Michel　11
ブース，シェリー　Booth, Cherie　168
フェミニズム　13–14, 84, 192
フェリー，ジュール　Ferry, Jules　68–69
ブッシュ，ジョージ・W.　Bush, George W.　194
ブラウン，ゴードン　Brown, Gordon　143–144
ブリアン，アリスティド　Briand, Aristide　58
ブルーベイカー，ロジャース　Brubaker, Rogers　207
ブルカ　42n, 85
ブルカ禁止法　31–32, 35
ブルデュー，ピエール　Bourdieu, Pierre　47–48, 70
ブレア，トニー　Blair, Tony　38, 141–142, 146, 148, 168, 174
プロテスタント　16, 48, 55, 59, 96, 105, 131n, 150–151, 204
分離，政教／聖俗／国家と宗教の　6, 16–17, 37, 49, 57–59, 67–68, 86n, 104

「分離と差異の可視的な表明」 39, 143, 168
「分離の指標」 168, 174, 232
ヘイル法官議員 Hale , Baroness 166
ベーガム，シャビーナ／ベーガム事件 Begum, Shabina 159–160, 162–169, 172, 174, 178, 181n
ベッケンフェルデ, E.W. Bockenforde, E. W. 106, 114, 124, 127, 136n
ヘッドスカーフ，過激な 34, 38, 139–140, 143, 155, 161, 167, 172, 177–178
ヘッドスカーフ禁止法／ライシテ法（フランス，2004 年） 22–23, 47, 54, 56–57, 63, 71, 73–81, 84–85, 86n, 120, 211, 215
ベラー，ロバート Bellah, Robert 12
ボーウェン，ジョン Bowen, John iii, 47, 51, 87n
ホーマン＝デンハート，クリスティン Hohmann-Dennhard, Christine 133
ホッブズ Hobbes, Thomas 35, 204, 209
ボベロ，ジャン Bauberot , Jean 60–61, 79

ま 行

マーティン，デイヴィッド Martin, David 60
マーレンホルツ Mahrenholz, Ernst Gottfried 123, 126
マイノリティ vii, 4, 6, 28, 50, 92, 103, 141, 147–148, 151, 154, 156–157, 160–161, 167, 169, 199, 208–209, 213–216
マイヤー，ハンス Maier, Hans 116
マクゴールドリック，ドミニク McGoldrick, Dominic iv
マドゥード，タリク Modood, Tariq 151
マフムード，サバ Mahmood, Saba iii, 9–11, 42n
マリク，ケナン Malik, Kenan 155
マルクス主義 18
マンドラ対ダゥエル・リー裁判（1983 年） 152
ミッテラン Mitterand, Francois 59
緑の党，ドイツ 104, 126, 129, 133n
身分証明書 56, 75
ミッリー・ギョルシュ Milli Gorus 102–103, 109
ムスリム教育センター，オックスフォード 172
ムスリム中央評議会，ドイツ 101, 103, 109, 197–198, 217n
ムスリム調整評議会 98
ムスリム同胞団 56
ムスリム評議会，英国 158
ムスリム評議会，フランス 29, 55
ムハンマド Mohammad 7, 13, 15, 17, 157–158
モザート裁判（1992 年） 193
モスク・イマーム評議会 159
モルゲンシュテルン，クリスチャン Morgenstern, Christian 18
モロッコ 86n, 131n
モンフェルメイユ事件 65

や 行

ユダヤ（人／教／共同体） 6, 14–16, 37, 55, 78, 80, 98, 100–101, 117, 119, 135n
ユダヤ－キリスト教 194, 217n

ら 行

ライシテ iv, 27, 37, 40, 49–50, 52, 56–64, 67–79, 81–82, 84, 86n, 91–92, 104, 106–107, 109, 116–117, 120, 127, 188, 206, 211, 215
ラウ，ヨハネス Rau, Johannes 116–117
ラシュディ，サルマン／ラシュディ事件・論争 152, 179n, 189
ラスタファリ運動 25
ラッツィンガー枢機卿 Ratzinger, Joseph 27, 117
ラニミード・トラスト／報告 153–155, 157
ラファラン，ジャン＝ピエール Raffarin, Jean-Pierre 54, 82
ラボルド，セシル Laborde, Cecile 50
ラマダン，タリク Ramadan, Tariq 203
リヴェロ，ジャン Rivero, Jean 60
立憲政治 28, 41, 83, 165
リベラリズム／リベラル iv–v, 4–5, 9, 20, 23–25, 27, 31, 35, 39–41, 50–52, 58–59, 63–64, 66–74, 78, 81, 84, 86n, 92, 99–100, 104–105, 110, 115–116, 129, 140–143, 145, 148, 150, 155, 168, 179n, 191, 193, 198, 200, 203–206, 208–211, 213, 215, 217
ルソー Rousseau, Jean-Jacques 51
ルディン，フェレシュタ／ルディン事件 Ludin, Fereshta 92, 103, 108–112, 114, 116, 128–129, 131n, 134n, 212
ルペン，ジャン＝マリ Le Pen, Jean-Marie 76
レイシズム 5, 141, 156, 188, 191
レヴィ，リラ／アルマ Levy, Lila and Alma 80
レヴィンソン，メイラ Levinson , Meira 145, 149
レッシング，G. E. Lessing, G. E. 116
ロールズ，ジョン Rawls, John 27, 50–51, 191, 203
ローレンス Laurence, Jonathan 85
ロック，ジョン Locke, John 35, 51, 204
ロワ，オリヴィエ Roy, Olivier iv, 26–27
ロング，マルセル Long, Marcel 83
ロンドン大学インペリアル・カレッジ 177
ロンドン地下鉄爆破テロ（2005 年） 149, 158
ロンドン中央モスク 181n

参考文献

Abizadeh, Arash. 2005. 'Does collective identity presuppose an other?'. *American Political Science Review*, 99 (1), 45–60.

Abu-Lughod, Lila. 2002. 'Do Muslim women really need saving?'. *American Anthropologist*, 104 (3), 783–90.

Ahmed, Leyla. 1992. *Women and Gender in Islam*. New Haven: Yale University Press.〔ライラ・アハメド，林正雄・本合陽・森野和弥・岡真理・熊谷滋子訳『イスラームにおける女性とジェンダー——近代論争の歴史的根源』法政大学出版局，2000 年〕

Albers, Hartmut. 1994. 'Glaubensfreiheit und schulische Integration von Ausländerkindern'. *Deutsches Verwaltungsblatt*, 1 September, 984–90.

Altinordu, Ates. 2004. *The Meaning(s) of the Headscarf*. Typescript.

Amara, Fadela. 2003. *Ni putes, ni soumises*. Paris: La Découverte.〔ファドゥラ・アマラ，堀田一陽訳『売女でもなく，忍従の女でもなく——混血のフランス共和国を求めて』社会評論社，2006 年〕

Amir-Moazami, Schirin. 2004. *Discourses and Counter-Discourses: The Islamic Headscarf in the French and German Public Spheres*. Doctoral dissertation, European University Institute.

Amir-Moazami, Schirin. 2007. *Politisierte Religion*. Bielefeld: Transcript Verlag.

Ammann, Ludwig. 2004. *Cola und Koran*. Freiburg im Breisgau: Herder.

Ausschuss für Schule, Jugend, und Sport. 2004. *Gemeinsame öffentliche Anhörung des Ausschusses für Schule, Jugend und Sport und des Ständigen Ausschusses zu den Gesetzentwürfen zur Änderung des Schulgesetzes*. Stuttgart: 13. Landtag von Baden-Württemberg, 26. Sitzung des Ausschusses für Schule, Jugend und Sport, 12 March.

Avenarius, Hermann. 2002. 'Value orientation in German schools'. *Education and the Law*, 14 (1–2), 83–90.

Babés, Leïla. 1997. *L'Islam positif*. Paris: Ed. L'Atelier.

Bader, Johann. 2006. 'Gleichbehandlung von Kopftuch und Nonnenhabit?'. *Neue Zeitschrift für Verwaltungsrecht*, n. 12, 1333–7.

Bader, Veit. 2007. *Secularism or Democracy?* Amsterdam: Amsterdam University Press.

Badie, Bertrand and Pierre Birnbaum. 1983. *The Sociology of the State*. Chicago: University of Chicago Press. 〔B. バディ，P. ビルンボーム，小山勉訳『国家の歴史社会学』日本経済評論社，1990 年〕

Barbier, Maurice. 1993. 'Esquisse d'une théorie de la laïcité'. *Le Débat*, vol. 77, 73–88.

Barker, Ernest. 1951. *The Ideas and Ideals of the British Empire*. Cambridge: Cambridge University Press.

Barlas, Asma. 2002. *'Believing Women' in Islam*. Austin: University of Texas Press.

Basdevant-Gaudemet, Brigitte. 2000. 'The legal status of Islam in France'. In Silvio Ferrari and Anthony Bradney（eds）, *Islam and European Legal Systems*. Aldershot: Ashgate.

Baubérot, Jean. 1990. *Vers un nouveau pacte laïque?* Paris: Seuil.

Baubérot, Jean. 2004. *Laïcité, 1905–2005*. Paris: Seuil.

Baubérot, Jean. 2005. 'Les mutations actuelles de la laïcité en France après la Commission Stasi'. Available at: http://jeanbauberotlaicite.blogspirit.com/archive/2005/04/19/laicite_2005.html（last accessed 5 March 2006）.

Bellah, Robert. 1970. *Beyond Belief*. Berkeley: University of California Press.

Bielefeldt, Heiner. 2006. 'Islam und Grundgesetz'. In Ulrike Davy and Albrecht Weber（eds）, *Paradigmenwechsel in Einwanderungsfragen?* Baden-Baden: Nomos.

Birnbaum, Pierre. 2001. *The Idea of France*. New York: Hill and Wang.

Blair, Ann. 2005. 'R（SB）v. Headteacher and Governors of Denbigh High School – Human rights and religious dress in schools'. *Child and Family Law Quarterly*, 17（3）, 399–413.

Blair, Ann and Will Aps. 2005. 'What not to wear and other stories'. *Education and the Law* 17（1–2）, 1–22.

Böckenförde, Ernst-Wolfgang. 1967. 'Die Entstehung des Staates als Vorgang der Säkularisation'. In E. W. Böckenförde, *Recht, Staat, Freiheit*, Frankfurt am Main: Suhrkamp, 1991.

Böckenförde, Ernst-Wolfgang. 1973. 'Vorläufige Bilanz im Streit um das Schulgebet'. *Die Öffentliche Verwaltung*, 27 (8), 253–7.

Böckenförde, Ernst-Wolfgang. 2001. ' "Kopftuchstreit" auf dem richtigen Weg?'. *Neue Juristische Wochenschrift*, n. 10, 723–8.

Bourdieu, Pierre and Jean-Claude Passeron. 1970. *Reproduction in Education, Society and Culture*. London: Sage.〔ピエール・ブルデュー，ジャン・クロード・パスロン，宮島喬訳『再生産〔教育・社会・文化〕』藤原書店，1991 年〕

Bourdieu, Pierre and Loic Wacquant. 1992. *An Invitation to Reflexive Sociology*. Chicago: University of Chicago Press.〔ピエール・ブルデュー，ロイック・J. D. ヴァカン，水島和則訳『リフレクシヴ・ソシオロジーへ』藤原書店，1993 年〕

Bowen, John R. 2006. *Why the French Don't Like Headscarves*. Princeton: Princeton University Press.

Bowen, John R. 2007a. 'A view from France on the internal complexity of national models'. *Journal of Ethnic and Migration Studies*, 33 (6), 1003–16.

Bowen, John R. 2007b. *Recognizing Islam in France after 9/11*. Typescript.

Brenner, Emmanuel (ed.). 2003. *Les Territoires perdues de la république*. Paris: Editions Mille et une nuits.

Brettfeld, Katrin and Peter Wetzels. 2007. *Muslime in Deutschland*. Berlin: Federal Ministry of the Interior.

Brubaker, Rogers. 2003. 'The return of assimilation?'. In Christian Joppke and Ewa Morawska (eds), *Toward Assimilation and Citizenship*, London: Palgrave Macmillan.

Brubaker, Rogers and Fred Cooper. 2000. 'Beyond identity'. *Theory and Society*, 29 (1), 1–47.

Bundesministerium des Innern. 2008. *Deutsche Islam Konferenz (DIK): Zwischen-Resümee der Arbeitsgruppen und des Gesprächskreises*. Berlin, 13 March

2008.
Buruma, Ian and Avishai Margalit. 2004. *Occidentalism*. New York: Penguin.〔イアン・ブルマ，アヴィシャイ・マルガリート，堀田江理訳『反西洋思想』新潮社，2006 年〕
Campenhausen, Axel Freiherr von. 2004. ‘The German headscarf debate’. *Brigham Young University Law Review*, 665–99.
Cantle Report. 2001. *Community Cohesion*. London: Government Printing Office.
Carney, Damian and Adele Sinclair. 2006. ‘School uniform revisited’. *Education and the Law*, 18 (2–3), 131–48.
Colley, Linda. 1992. *Britons*. New Haven: Yale University Press.〔リンダ・コリー，川北稔訳『イギリス国民の誕生』名古屋大学出版会，2000 年〕
Commission on British Muslims and Islamophobia. 1997. *Islamophobia: A Challenge for Us All*. London: The Runnymede Trust.
Commission on British Muslims and Islamophobia. 2004. *Islamophobia: Issues, Challenges and Action*. Stoke-on-Trent (UK): Trentham Books.
Coq, Guy. 2003. *Laïcité et république*. Paris: Editions du Félin.
Davies, Gareth. 2005. ‘Banning the jilbab’. *European Constitutional Law Review*, 1, 511–30.
Debray, Régis. 1990. ‘La Laïcité: Une exception française’. In Hubert Bost (ed.), *Genèse et enjeux de la laïcité*, Genève: Labor et Fides.
Debré Rapport. 2003. *Rapport fait au nom de la mission d’information sur la question du port des signes religieux à l’école*. Paris: Assemblée Nationale, no 1275.
Dyson, Kenneth. 1980. *The State Tradition in Western Europe*. Oxford: Oxford University Press.
El Guindi, Fadwa. 1981. ‘Veiling Infitah with Muslim ethic’. *Social Problems*, 28 (4), 465–85.
El Guindi, Fadwa. 2001. ‘Hijab’. In *Oxford Encyclopedia of the Modern Islamic World* (edited by John Esposito), vol. 2. New York: Oxford University Press, pp. 108–11.
Evangelical Alliance. 2006. *Faith and Nation* (www.eauk.org).

Favell, Adrian. 1997. *Philosophies of Integration*. London: Macmillan.

Ferrari, Silvio. 1995. 'The emergent pattern of church and state in western Europe'. *Brigham Young University Law Review*, 421–37.

Ferry, Jules. 1883. *Lettre aux instituteurs*. Available at: http://s.huet.free.fr/paideia/paidogonos/jferry3.htm (last accessed 5 March 2006).

Fetzer, Joel and Christopher Soper. 2005. *Muslims and the State in Britain, France, and Germany*. New York: Cambridge University Press.

Foner, Nancy and Richard Alba. 2007. *Immigrant Religion in the US and Western Europe*. Typescript.

Fukuyama, Francis. 2006. 'Identity, immigration, and liberal democracy'. *Journal of Democracy*, 17 (2), 5–20.

Gaspard, Françoise and Farhad Khosrokhavar. 1995. *Le Foulard et la république*. Paris: La Découverte.

Gauchet, Marcel. 1997. *The Disenchantment of the World*. Princeton, NJ: Princeton University Press.

Gellner, Ernest. 1981. *Muslim Society*. Cambridge: Cambridge University Press. 〔アーネスト・ゲルナー，宮治美江子・田中哲也・堀内正樹訳『イスラム社会』紀伊國屋書店，1991 年〕

Gellner, Ernest. 1992. *Postmodernism, Reason and Religion*. London: Routledge.

Giry, Stéphanie. 2006. 'France and its Muslims'. *Foreign Affairs*, 85 (5), 87–104.

Glazer, Nathan. 1997. *We Are All Multiculturalists Now*. Cambridge, MA: Harvard University Press.

Göle, Nilüfer. 1996. *The Forbidden Modern*. Ann Arbor: The University of Michigan Press.

Göle, Nilüfer. 2003. 'The voluntary adoption of Islamic stigma symbols'. *Social Research*, n. 2, 809–29.

Goerlich, Helmut. 1999. 'Distanz und Neutralität im Lehrberuf'. *Neue Juristische Wochenschrift*, n. 40, 2929–33.

Gray, John. 2000. *The Two Faces of Liberalism*. Cambridge: Polity Press. 〔ジョン・グレイ，松野弘訳『自由主義の二つの顔――価値多元主義と共生の政治哲学』ミネルヴァ書房，2006 年〕

Gresh, Alain. J. 2004. *L'Islam, la république et le monde*. Paris: Fayard.

Gusy, Christoph. 2006. 'Integration und religion: Grundgesetz und Islam'. In Ulrike Davy and Albrecht Weber (eds), *Paradigmenwechsel in Einwanderungsfragen?* Baden-Baden: Nomos.

Habermas, Jürgen. 2006. 'Religion in the public sphere'. *European Journal of Philosophy*, 14 (1), 1–25.

Haddad, Yvonne Yazbeck and Tyler Golson. 2007. 'Overhauling Islam'. *Journal of Church and State*, 49 (3), 487ff.

Hansen, Randall. 2007. 'Free economy and the Jacobin state'. In Carol M. Swain (ed.), *Debating Immigration*, New York: Cambridge University Press.

Haut Conseil à l'intégration. 2000. *L'Islam dans la république*. Paris.

Hayek, Friedrich. 1960. *The Constitution of Liberty*. Chicago: University of Chicago Press. 〔F. A. ハイエク，気賀健三・古賀勝次郎訳『自由の条件』（ハイエク全集，第 5 巻，第 6 巻）春秋社，1986 年，1987 年〕

Heath, Anthony and Soojin Yu. 2005. *Explaining Ethnic Minority Disadvantage* (typescript).

Heinig, Hans Michael and Martin Morlok. 2003. 'Von Schafen und Kopftüchern'. *Juristenzeitung*, 15/16, 777–85.

Hepple, Bob and Tufyal Choudhury. 2001. *Tackling Religious Discrimination*. Home Office Research Study 221, Home Office Research, Development and Statistics Directorate, London.

Higonnet, Patrice. 1988. *Sister Republics*. Cambridge, MA: Harvard University Press.

Hillgruber, Christian. 1999. 'Der deutsche Kulturstaat und der muslimische Kulturimport'. *Juristenzeitung*, 11, 538–47.

Hillgruber, Christian. 2001. 'Der Körperschaftsstatus von Religionsgemeinschaften'. *Neue Zeitschrift für Verwaltungsrecht*, 20 (12), 1347–55.

Huntington, Samuel. 1996. *The Clash of Civilizations and the Remaking of World Order*. New York: Simon and Schuster. 〔サミュエル・P. ハンチントン，鈴木主税訳『文明の衝突』集英社，1998 年〕

Informationszentrum Asyl und Migration. 2004. *Kopftuchdebatte: Information*.

Nürnberg: Bundesamt für die Anerkennung ausländischer Flüchtlinge.

International Crisis Group. 2005. *Understanding Islamism*. Middle East/North Africa Report N. 37, 2 March.

International Crisis Group. 2006. *La France face à ses musulmans*. Rapport Europe N 172, 9 March.

International Crisis Group. 2007. *Islam and Identity in Germany*. Europe Report N. 181, 14 March.

Joppke, Christian. 1999. *Immigration and the Nation-State*. Oxford: Oxford University Press.

Joppke, Christian. 2004. 'The retreat of multiculturalism in the liberal state'. *British Journal of Sociology*, 55 (2), 237–57.

Joppke, Christian. 2005. *Selecting by Origin: Ethnic Migration in the Liberal State*. Cambridge: Harvard University Press.

Joppke, Christian. 2007a. 'State neutrality and Islamic headscarf laws in France and Germany'. *Theory and Society*, vol. 36, 313–42.

Joppke, Christian. 2007b. 'Beyond national models: Civic integration policies for immigrants in western Europe'. *West European Politics*, 30 (1), 2007, 1–22.

Joppke, Christian. 2008. 'Immigration and the identity of citizenship'. *Citizenship Studies* (December issue).

Joppke, Christian. 2009. 'Limits of integration policy: Britain and her Muslims'. *Journal of Ethnic and Migration Studies* (January issue).

Jouili, Jeanette and Schirin Amir-Moazami. 2006. 'Knowledge, empowerment and religious authority among pious Muslim women in France and Germany'. *The Muslim World*, 96, 617–42.

Kaltenbach, Jeanne-Hèlene and Michèle Tribalat. 2002. *La République et l'Islam*. Paris: Gallimard.

Kessler, David. 1993. 'Neutralité de l'enseignement public et liberté d'opinion des élèves'. *Revue française de droit administratif*, 9 (1), 112–19.

Klausen, Jytte. 2005. *The Islamic Challenge*. New York: Oxford University Press.

König, Matthias. 2003. *Staatsbürgerschaft und religiöse Pluralität in post-nationalen Konstellationen*. Doctoral Thesis, University of Marburg, April.

Koopmans, Ruud. 2005. *The Failure of Dutch Multiculturalism in Cross-National Perspective*. Typescript.

The Koran. 2003. (translated by N. J. Dawood). London: Penguin.〔井筒俊彦訳『コーラン　上中下』岩波書店，1957-58 年〕

Küng, Hans. 2004. *Der Islam*. München and Zürich: Piper.

Kumar, Krishan. 2006. 'English and French national identity'. *Nations and Nationalism*, 12 (3), 413–32.

Kymlicka, Will. 2007. 'Multicultural Odysseys'. *Ethnopolitics* 6 (4), 585–97.

Laborde, Cécile. 2000. 'The concept of the state in British and French political thought'. *Political Studies*, vol. 48, 540–57.

Laborde, Cécile. 2005. 'Secular philosophy and Muslim headscarves in schools'. *The Journal of Political Philosophy*, 13 (3), 305–29.

Laurence, Jonathan and Justin Vaisse. 2006. *Integrating Islam*. Washington, DC: Brookings Institution Press.

Levinson, Meira. 1997. 'Liberalism versus democracy? Schooling private citizens in the public square'. *British Journal of Political Science*, 27, 333–60.

Lewis, Bernard. 1992. *The Crisis of Islam*. New York: Random House.〔バーナード・ルイス，中山元訳『聖戦と聖ならざるテロリズム――イスラームそして世界の岐路』紀伊國屋書店，2004 年〕

Lewis, Bernard. 1993. *Islam and the West*. New York: Oxford University Press.

Lewis, Bernard. 2002. *What Went Wrong: Western Impact and Middle Eastern Response*. New York: Oxford University Press.〔バーナード・ルイス，臼杵陽監訳，今松泰・福田義昭訳『イスラム世界はなぜ没落したか？――西洋近代と中東』日本評論社，2003 年〕

Lorcerie, Françoise. 2005. 'La Politisation du voile islamique en 2003–2004'. In F. Lorcerie (ed.), *La Politisation du voile*. Paris: Harmattan.

Mahmood, Saba. 2001. 'Feminist theory, embodiment, and the docile agent'. *Cultural Anthropology*, 16 (2), 202–36.

Mahmood, Saba. 2005. *Politics of Piety*. Princeton, NJ: Princeton University Press.

Malik, Kenan. 2005. 'Islamophobia myth'. *Prospect*, 20 January.

Martin, David. 1978. *A General Theory of Secularization*. New York: Harper Colophon.

Marty, Martin. 2001. 'Religious fundamentalism'. In *International Encyclopedia of the Social and Behavioral Sciences* (edited by Paul Baltes and Neil J. Smelser). New York: Elsevier, pp. 13119–23.

Marx, Anthony. 2003. *Faith in Nation: Exclusionary Origins of Nationalism*. New York: Oxford University Press.

McGoldrick, Dominic. 2006. *Human Rights and Religion: The Islamic Headscarf Debate in Europe*. Oxford: Hart.

McLeod, Hugh. 1999. 'Protestantism and British identity, 1815–1945'. In Peter van der Veer and Hartmut Lehmann (eds), *Nation and Religion*. Princeton: Princeton University Press.

Messner, Francis, Pierre-Henri Prélet and Jean-Marie Woehrling (eds), 2003. *Traité de droit français des religions*. Paris: Litec.

Morin, Edgar. 1990. 'Le Trou noir de la laïcité'. *Le Débat*, vol. 74, 38–41.

Morlok, Martin and Julian Krüper. 2003. 'Auf dem Weg zum "forum neutrum"?'. *Neue Juristische Wochenschrift*, n. 14, 1020–1.

Nirumand, Bahman. 2008. 'Mohammed-nicht nur ein Sprachrohr Gottes'. *Neue Zürcher Zeitung*, 22 May 2008, p. 45.

Oestreich, Heide. 2004. *Der Kopftuch-Streit*. Frankfurt am Main: Brandes und Apsel.

Parekh, Bhikhu. 2000. *Rethinking Multiculturalism*. Houndmills, Basingstoke: Macmillan Press.

Parekh, Bhikhu. 2001. *The Future of Multi-Ethnic Britain*. London: Runnymede Trust.

Perry, Susan H. 2006. *Unveiling Politicised Islam: Legal Parameters of the Headscarf Issue in France and in Europe*. MSt dissertation, Kellogg College, Oxford University (manuscript on file with author).

Pew Research Center. 2006. *The Great Divide: How Westerners and Muslims View Each Other*. Washington, DC (www.pewglobal.org).

Policy Exchange. 2007. *Living Apart Together: British Muslims and the Paradox*

of Multiculturalism (by Munira Mirza, Abi Senthilkumaran and Zein Ja'far). London: Policy Exchange.

'Preventing Extremism Together' Working Groups. August–October 2005. (www.communities.gov.uk/index.asp?id=1502010).

Poole, Thomas. 2005. 'Of headscarves and heresies'. *Public Law* (Winter), 685–95.

Poulter, Sebastian. 1997. 'Muslim headscarves in school'. *Oxford Journal of Legal Studies*, 17 (1), 43–74.

Rawls, John. 1971. *A Theory of Justice*. Cambridge, MA: Harvard University Press.〔ジョン・ロールズ，川本隆史・福間聡・神島裕子訳『正義論』紀伊國屋書店，2010年〕

Rawls, John. 1993. *Political Liberalism*. New York: Columbia University Press.

Rivero, Jean. 1960. 'De l'idéologie à la règle de droit: La Notion de laïcité dans la jurisprudence administrative'. In Centre de sciences politiques de l'institut d'études juridiques de Nice (ed.), *La Laïcité*. Paris: PUF.

Roy, Olivier. 2004. *Globalized Islam*. New York: Columbia University Press.

Roy, Olivier. 2005. *La Laïcité face à l'islam*. Paris: Hachette (translated, by George Jr. Holoch, as *Secularism Confronts Islam*. New York: Columbia University Press, 2007; all references in the text are to the French original).

Ruthven, Malise. 2007. 'How to understand Islam'. *New York Review of Books*, 54 (17), 8 November.

Sackofsky, Ute. 2003. 'Die Kopftuch-Entscheidung'. *Neue Juristische Wochenschrift*, 56 (46), 3298–301.

Sahlins, Peter. 1989. *Boundaries: The Making of France and Spain in the Pyrenees*. Berkeley: University of California Press.

Schain, Martin. 2007. *Multiculturalism and its Discontents*. Typescript.

Scanlon, Thomas. 2003. *The Difficulty of Tolerance*. New York: Cambridge University Press.

Schiffauer, Werner. 2003. 'Muslimische Organisationen und ihr Anspruch auf Repräsentativität'. In Alexandre Esudier (ed.), *Der Islam in Europe*, Göttingen: Wallstein.

Schiek, Dagmar. 2004. 'Just a piece of cloth?'. *The Industrial Law Journal*, 33 (1), 68–73.

Schluchter, Wolfgang. 1991. *Religion und Lebensführung*, vol. 2. Frankfurt am Main: Suhrkamp.

Schnapper, Dominique. 1994. *La Communauté des citoyens*. Paris: Gallimard.

Schnapper, Dominique. 2006. *Providential Democracy*. New Brunswick: Transaction Publishers.

Scott, Joan Wallach. 2005. 'Symptomatic politics'. *French Politics, Culture and Society*, 23 (3), 106–27.

Scott, Joan Wallach. 2007. *The Politics of the Veil*. Princeton, NJ: Princeton University Press.〔ジョーン・W. スコット，李孝徳訳『ヴェールの政治学』みすず書房，2012 年〕

Sen, Amartya. 2006. 'The uses and abuses of multiculturalism'. *The New Republic*, February 9.

Shadid, W. and P. S. Van Koningsveld. 2005. 'Muslim dress in Europe'. *Journal of Islamic Studies*, vol. 16, 35–61.

Shavit, Uriya. 2007. 'Should Muslims integrate into the West?'. *Middle East Quarterly*, 14 (4), 13–21.

Shils, Edward. 1972. 'Center and periphery'. In E. Shils, *The Constitution of Society*. Chicago: University of Chicago Press.

Simmel, Georg. 1971. 'Group expansion and the development of individuality'. In Donald Levine (ed.), *Georg Simmel: On Individuality and Social Forms*. Chicago: University of Chicago Press.〔ゲオルグ・ジンメル，石川晃弘・鈴木春男訳『社会分化論——社会学的・心理学的研究』中央公論社，2011 年〕

Skerry, Peter. 2006. 'The American exception'. *Time*, 21 August, p. 30.

Stasi Report. 2003. *Rapport au Président de la République*. Paris: Commission de réflexion sur l'application du principe de laïcité dans la république.

Stolzenberg, Nomi Maya. 1993. ' "He drew a circle that shut me out": Assimilation, indoctrination, and the paradox of liberal education'. *Harvard Law Review*, 106, 581–667.

Stone Sweet, Alec. 2000. *Governing with Judges: Constitutional Politics in Europe*. Oxford: Oxford University Press.

Strayer, Joseph. 1970. *On the Medieval Origins of the Modern State*. Princeton: Princeton University Press.〔ジョセフ・ストレイヤー，鷲見誠一訳『近代国家の起源』岩波書店，1975 年〕

Thüsing, Gregor and Donat Wege. 2004. 'Das Kopftuch der Muslima vor deutschen und vor britischen Gerichten'. *Zeitschrift für Europäisches Privatrecht*, vol. 12, 399–423.

Tietze, Nikola. 2001. *Islamische Identitäten*. Hamburg: Hamburger Edition.

Tribalat, Michèle. 1995. *Faire France*. Paris: La Découverte.

Venel, Nancy. 1999. *Musulmanes françaises*. Paris: L'Harmattant.

Walter, Christian. 2005. 'Die Rahmenbedingungen für die Kooperation von religiösen Vereinigungen und Staat unter dem Grundgesetz'. In Beauftragte der Bundesregierung für Migration, Flüchtlinge und Integration, *Islam einbürgern*. Bonn: Bonner Universitäts-Buchdruckerei.

Weber, Eugen. 1976. *Peasants into Frenchmen*. Stanford, CA: Stanford University Press.

Weber, Max. 1976. *Wirtschaft und Gesellschaft*. Tübingen: Mohr.

Weber, Max. 1977. *Politik als Beruf*. Tübingen: Mohr.〔マックス・ヴェーバー，脇圭平訳『職業としての政治』岩波書店，1980 年〕

Weibel, Nadine. 2000. *Par-delà le voile*. Paris: Ed. Complexes.

Weil, Patrick. 2004. 'Lifting the veil of ignorance'. *Progressive Politics*, vol. 3, 1 March, non-paginated.

Willaime, Jean-Paul. 1998. 'Ecole et religions: Une nouvelle donne?'. *Revue Française de Pédagogie*, no 125, 7–20.

William, Jean-Claude. 1991. 'Le Conseil d'Etat et la laïcité'. *Revue française de sciences politiques*, 28–44.

Winkler, Heinrich-August. 2007. 'Der Westen braucht den Streit'. *Kölner Stadt-Anzeiger*, 16 February 2007.

Woehrling, Jean-Marie. 1998. 'Réflexions sur le principe de la neutralité de l'état en matière religieuse et sa mise en œuvre en droit français'. *Archives de Scien-*

ces sociales des Religions, no. 101, 31–52.

Yurdakul, Gökçe and Y. Michal Bodemann. 2006. ' "We don't want to be the Jews of tomorrow" '. *German Politics and Society*, 24 (2), 44–67.

Zolberg, Aristide and Long Litt Woon. 1999. 'Why Islam is like Spanish'. *Politics and Society*, 27 (1), 5–38.